Toolbox 精益管理工具箱系列

行政办公管理
实用制度与表格范例
—— 图解版 ——

企业管理工具项目组　组织编写

化学工业出版社
·北京·

内容简介

《行政办公管理实用制度与表格范例（图解版）》一书从行政办公管理实用制度与表格入手，第1部分详细讲解了行政管理体系的建立，具体包括行政管理体系概述、行政办公各项业务要点、行政部部门架构和行政部岗位说明；第2部分对如何制定行政办公管理实用制度进行了讲解，并提供了10项行政办公事务管理制度的模板和示例供读者参考使用；第3部分对如何设置管理表格进行了讲解，并提供了10项行政办公事务管理实用表格的模板和示例供读者参考使用。

本书进行模块化设置，内容实用性强，着重突出可操作性。本书另一大特色是在书中设置了二维码，读者可以扫描二维码获取表格范例模板，量身定做修改为自己公司的实用表格，提升工作效率。

本书可以作为行政管理人员、文秘进行管理的参照范本和工具书，也可供高校教师和专家学者作为实务类参考指南。

图书在版编目（CIP）数据

行政办公管理实用制度与表格范例：图解版/企业管理工具项目组组织编写． —北京：化学工业出版社，2021.5
（精益管理工具箱系列）
ISBN 978-7-122-38582-6

Ⅰ．①行… Ⅱ．①企… Ⅲ．①企业管理-行政管理 Ⅳ．①F272.9

中国版本图书馆CIP数据核字（2021）第032849号

责任编辑：陈　蕾　　　　　　　　　　　　装帧设计：尹琳琳
责任校对：李雨晴

出版发行：化学工业出版社（北京市东城区青年湖南街13号　邮政编码100011）
印　　装：大厂聚鑫印刷有限责任公司
787mm×1092mm　1/16　印张24　字数488千字　2021年5月北京第1版第1次印刷

购书咨询：010-64518888　　　　　　　　　售后服务：010-64518899
网　　址：http://www.cip.com.cn
凡购买本书，如有缺损质量问题，本社销售中心负责调换。

定　　价：98.00元　　　　　　　　　　　　　　　　　　版权所有　违者必究

前言

企业规范化操作是提高管理运营效率和使业务化繁为简的有效工具，它针对经营管理中的每一个环节、每一个部门、每一个岗位，以业务为核心，制定细致化、科学化、数量化的标准，并严格按照标准实施管理。这极大地提高了工作效率，使企业的经营管理模式在扩张中不变样、不走味，让企业以很少的投入获得很大的产出。

企业除了以全新的意识创造竞争条件来适应全新的竞争环境外，还必须从企业内部进行梳理，从内部挖潜力，实施精益化管理，且辅以过程控制，才能在竞争中立于不败之地，并获得持续发展。一个长期发展的企业，就要实施规范化管理，制度是所有管理模式的基础，没有制度的约束，任何管理都难以向前推进，进行制度化建设和管理可以促进企业向规范化方向发展。

依据制度办事，便于企业员工掌握本岗位的工作技能，利于部门与部门之间、员工与员工之间及上下级之间的沟通，使员工最大限度地减少工作失误。同时，实施规范化管理更加便于企业对员工的工作进行监控和考核，从而促进员工不断改善和提高工作效率。

依据表格管理，可以提高企业管理水平，尤其是提高企业管理效率，做到"事有所知，物有所管。人尽其职，物尽其用"的较好方式。以表格为载体，用表格化工作语言固化职能、优化流程、提高工作效率，实现管理创新。

企业一旦形成规范化的管理运作，对于规范企业和员工的行为，树立企业的形象，实现企业的正常运营，促进企业的长远发展具有重大的意义。这样使得企业的决策更加程序化和规范化，一些没有科学论证依据的决策被排除在外，从而大大减少了决策风险。

《行政办公管理实用制度与表格范例（图解版）》一书从行政办公管理实用制度与表格入手，第1部分详细讲解了行政管理体系的建立，具体包括行政管理体系概述、行政办公各项业务要点、行政部部门架构和行政部岗位说明4章；第2部分对如何制定行政办公管理实用制度进行了讲解，并提供了10项行政办公事务管理制度的模板和示例供读者参考使用，共11章；第3部分对如何设置管理表格进行了讲解，并提供了10项行政办公事务管理实用表格的模板和示例供读者参考使用，共11章。

本书进行模块化设置，内容实用性强，着重突出可操作性。本书另一大特色是在书中设置了二维码，读者可以扫码获取表格范例模板，量身定做修改为自己公司的实用表格，提升工作效率。

本书可以作为行政管理人员、文秘进行管理的参照范本和工具书，也可供高校教师和专家学者做实务类参考指南。

由于笔者水平有限，书中难免出现疏漏，敬请读者批评指正。

编写组

第3部分
206 张表格
请扫码下载使用

目录

第1部分　行政管理体系的建立

第1章　行政管理体系概述 ... 2

- 1-01　企业行政管理体系的功能 ... 2
- 1-02　企业行政管理体系的职能 ... 2
- 1-03　企业行政管理体系的任务 ... 3
- 1-04　企业行政管理体系的关键 ... 4

第2章　行政办公各项业务要点 ... 5

- 2-01　行政事务管理 ... 5
- 2-02　文书档案管理 ... 10
- 2-03　印章及证照管理 ... 12
- 2-04　会议与会务管理 ... 15
- 2-05　办公设备与用品管理 ... 17
- 2-06　车辆管理 ... 19
- 2-07　员工食宿管理 ... 19
- 2-08　卫生环境管理 ... 21
- 2-09　安保工作管理 ... 22
- 2-10　保密管理 ... 24

第3章　行政部部门架构···27

　　3-01　行政部的设置··27
　　3-02　行政部在企业中的位置··28
　　3-03　大型企业行政部常见架构··28
　　3-04　中小型企业行政部常见架构··29

第4章　行政部岗位说明···30

　　4-01　行政部经理岗位说明··30
　　4-02　保安主管岗位说明··31
　　4-03　门卫值班保安员岗位说明··33
　　4-04　巡逻保安员岗位说明··34
　　4-05　清洁主管岗位说明··35
　　4-06　清洁员岗位说明··36
　　4-07　食堂主管岗位说明··37
　　4-08　厨师岗位说明··38
　　4-09　宿舍主管岗位说明··39
　　4-10　宿舍管理员岗位说明··40
　　4-11　司机岗位说明··41
　　4-12　前台接待员岗位说明··42
　　4-13　办公室文员岗位说明··43
　　4-14　网络管理员岗位说明··44

第2部分　办公行政管理制度

第5章　办公行政管理制度概述···46

　　5-01　管理制度的内容组成··46
　　5-02　管理制度的文件样式··47

5-03　管理制度的实施 …………………………………………… 48
　　　5-04　办公行政管理模块及制度概览 …………………………… 49

第6章　行政事务管理制度 ……………………………………………… 51

　　　6-01　行政值班制度 ……………………………………………… 51
　　　6-02　出差管理制度 ……………………………………………… 54
　　　6-03　公务接待管理制度 ………………………………………… 60
　　　6-04　因公出国管理办法 ………………………………………… 62
　　　6-05　业务招待费管理制度 ……………………………………… 65
　　　6-06　公司因公出国人员费用开支标准及管理办法 …………… 70
　　　6-07　通信费用管理规定 ………………………………………… 72
　　　6-08　公司微信群管理办法 ……………………………………… 75
　　　6-09　微信公众号管理制度 ……………………………………… 77

第7章　文书档案管理制度 ……………………………………………… 83

　　　7-01　文书档案管理办法 ………………………………………… 83
　　　7-02　公司常用公文写作规范 …………………………………… 92
　　　7-03　文件收发管理制度 ………………………………………… 94
　　　7-04　文档分装工作规范 ………………………………………… 96

第8章　印章及证照管理制度 …………………………………………… 99

　　　8-01　公司印章管理办法 ………………………………………… 99
　　　8-02　分公司印章使用管理办法 ………………………………… 103
　　　8-03　电子印章使用和管理办法 ………………………………… 108
　　　8-04　公司证照管理办法 ………………………………………… 109
　　　8-05　公司介绍信管理规定 ……………………………………… 113

第9章　会议与会务管理 ………………………………………………… 114

　　　9-01　会议管理办法 ……………………………………………… 114

  9-02 公司会议费管理办法 ·· 118
  9-03 大型活动会务管理细则 ·· 120

第10章 办公设备、用品管理制度 ··· 139

  10-01 办公设备日常管理制度 ··· 139
  10-02 办公设备、耗材管理办法 ·· 147
  10-03 办公用品管理办法 ·· 150

第11章 车辆管理制度 ·· 153

  11-01 公司车辆管理办法 ·· 153
  11-02 私车公用管理办法 ·· 157
  11-03 中高层管理人员车辆补贴实施办法 ································· 159

第12章 员工食宿管理制度 ·· 162

  12-01 员工宿舍管理制度 ·· 162
  12-02 租房补贴管理办法 ·· 170
  12-03 员工伙食管理办法 ·· 171
  12-04 餐费补贴管理办法 ·· 175

第13章 卫生环境管理制度 ·· 176

  13-01 环境卫生管理办法 ·· 176
  13-02 卫生与环境管理制度 ·· 181
  13-03 办公室卫生管理制度 ·· 183
  13-04 厂区环境卫生管理制度 ·· 184

第14章 安全管理制度 ··· 188

  14-01 治安保卫管理制度 ·· 188
  14-02 保安管理制度 ·· 193

- 14-03 识别证管理办法 ... 200
- 14-04 门卫管理制度 ... 201
- 14-05 厂区出入管理规定 ... 203
- 14-06 消防安全管理制度 ... 205
- 14-07 消防安全应急预案 ... 208

第15章 保密管理制度 ... 213

- 15-01 公司保密制度 ... 213
- 15-02 员工保密承诺书签订规定 ... 218
- 15-03 文件、资料保密制度 ... 221
- 15-04 信息安全保密管理办法 ... 225
- 15-05 网络和信息安全事件应急处置和报告制度 ... 241

第3部分 行政办公管理表格

第16章 行政办公管理表格概述 ... 244

- 16-01 表格登记过程中常见的问题 ... 244
- 16-02 表格的设计和编制要求 ... 244
- 16-03 表格的管理和控制 ... 245
- 16-04 办公行政管理模块及表格概览 ... 245

第17章 行政事务管理表格 ... 252

- 17-01 值班工作安排表 ... 252
- 17-02 出差申请表 ... 253
- 17-03 差旅费用结清单 ... 253
- 17-04 出差业务报告书 ... 254

17-05	业务招待费申请表	254
17-06	招待物品购买申请表	255
17-07	公务接待用餐申请表	255
17-08	接待礼品领用单	255
17-09	招待物品领用单	256
17-10	业务接待住宿申请单	256
17-11	公务接待费审批单	257
17-12	公务接待购置物品审批单	257
17-13	出国申请表	258
17-14	出国人员承诺书	258
17-15	职工因私出境申请表	259

第18章　文书档案管理表格 260

18-01	内部文案审批单	260
18-02	文件传阅单	261
18-03	文件移交单	261
18-04	文书发送登记表	261
18-05	对外收/发文登记簿	262
18-06	档案索引	262
18-07	档案明细表	262
18-08	档案内容登记簿	263
18-09	档案目录卡	263
18-10	销毁文件清单	263
18-11	档案调阅登记簿	264

第19章　印章、证照管理表格 265

19-01	外借印章、企业档案申请表	265
19-02	公司印信使用、刻制、法人代表签名申请表	266
19-03	印章管理台账（发票专用章）	266
19-04	印章管理台账（法人私章）	267
19-05	关于公司启用有关_____专用章的通知	267

19-06	公司印章留样备案表	268
19-07	印章留样汇总记录表	268
19-08	行政公章保管委托书	269
19-09	合同专用章保管委托书	269
19-10	印章保管人责任状	270
19-11	公章保管责任书	270
19-12	公章保管员员工担保书	271
19-13	办公室主任施章管理责任书	272
19-14	分公司总经理用印责任书	272
19-15	印章使用申请单	273
19-16	印章外出使用审批单	273
19-17	用印审批记录单	274
19-18	合同专用章用印审批单	275
19-19	（　　）印章使用登记簿	276
19-20	印章借用/托管登记表	276
19-21	公章使用登记审批表	277
19-22	关于停用有关_____专用章的通知	277
19-23	印章交接单	278
19-24	印章专管人离职交接单	278
19-25	公司证照、印章使用登记表	279
19-26	证照办理（变更）申请表	279
19-27	证照使用申请表	280
19-28	证照使用归档登记单	281
19-29	证照借用申请表	281
19-30	证照借用登记表	281
19-31	介绍信使用审批单	282
19-32	开具介绍信审批表	282
19-33	开具法人委托书审批表	282

第20章　会议会务管理表格 ······ 283

| 20-01 | 会议申请单 | 283 |
| 20-02 | 会议议题报审单 | 284 |

20-03 会议经费预算报告审批表 284
20-04 会议经费开支明细单 285
20-05 会务费借支（业务）申请单 285
20-06 会务费借支（业务）核销单 286
20-07 会议费报销说明单 287
20-08 公司本部会议室使用申请单 287
20-09 公司外部场所召开会议计划表 288
20-10 公司外部场所召开会议申请表 288
20-11 承办会议审批表 289
20-12 会议（活动）安排申请表 290
20-13 会议通知 291
20-14 会议议程表 291
20-15 会议签到表 291
20-16 大型活动会务车辆保障专案表 292
20-17 接待规格及服务规范表 292
20-18 大型活动指挥部工作周报 292

第21章 办公设备用品管理表格 295

21-01 办公设备添置申请表 295
21-02 办公耗材购买申请表 296
21-03 办公设备报修申请单 296
21-04 办公设备报修记录表 297
21-05 办公设备报废申请单 297
21-06 设备借用登记表 297
21-07 办公设备管理卡 298
21-08 打印机、复印机、传真机、扫描仪管理人员名单 298
21-09 办公用品季度需求计划表 299
21-10 办公用品请购表 299
21-11 办公用品申购单 300
21-12 办公用品入库单 300
21-13 办公用品出库单 301

21-14 各部门领用办公用品登记表 ·· 301

21-15 办公用品移交登记表 ·· 302

21-16 办公用品报废单 ··· 302

21-17 办公用品盘存报表 ·· 302

21-18 办公用品领用表 ··· 303

21-19 办公用品耗用统计表 ··· 303

21-20 办公用品发放统计表 ··· 303

第22章 车辆管理表格 ·· 304

22-01 车辆（交通设备）管理簿 ··· 304

22-02 公务车辆使用申请表 ·· 305

22-03 车辆派遣登记表 ··· 305

22-04 车辆出车安排表 ··· 305

22-05 车辆出车登记表 ··· 306

22-06 车辆行驶日记 ·· 306

22-07 车辆行驶登记表 ··· 306

22-08 车辆加油统计表 ··· 307

22-09 备用卡加油统计表 ··· 307

22-10 车辆维修保养申请表 ·· 308

22-11 购车补贴申请表 ··· 308

22-12 车辆补贴协议书 ··· 309

22-13 补贴车辆里程登记表 ·· 310

22-14 私车公出核准申请书 ·· 310

22-15 车辆使用同意书 ··· 310

第23章 员工食宿管理表格 ·· 311

23-01 员工宿舍申请表 ··· 311

23-02 员工宿舍入住单 ··· 312

23-03 员工宿舍调房（床）申请单 ··· 312

23-04 宿舍员工入住情况登记表 ··· 312

23-05	宿舍员工退房登记表	313
23-06	员工宿舍物品放行条	313
23-07	宿舍日检异常记录表	314
23-08	亲人住宿申请单	314
23-09	员工宿舍来访登记表	315
23-10	员工宿舍内务、卫生、安全检查表	315
23-11	在职员工退房单	316
23-12	离职员工退房单	317
23-13	住房补贴申请表	317
23-14	员工意见表（食堂）	318
23-15	员工食堂意见汇总表	318
23-16	食堂伙食周报表	319
23-17	员工伙食补贴发放登记	320
23-18	取消员工住宿资格通知单	320
23-19	伙食补贴申请表	321
23-20	离职员工餐费扣除表	321
23-21	新入职员工餐费补发表	322
23-22	夜宵申请单	322

第24章　卫生环境管理表格 ……………………………………………… 323

24-01	办公室卫生值日表	323
24-02	办公区清洁责任划分表	324
24-03	办公室部门清扫行动检查表	324
24-04	生产部5S区域清扫要点与要求	325
24-05	公司卫生情况检查表	327
24-06	清洁卫生检查表	327
24-07	行政部卫生状况检查表	328
24-08	办公环境状况检查表	329
24-09	清洁卫生评分表	329
24-10	卫生区域计划表	329
24-11	行政部办公环境卫生检查表	330
24-12	宿舍环境卫生检查表	330

24-13 办公环境卫生检查汇总表 331
24-14 宿舍环境卫生检查汇总表 331

第25章 安全管理表格 332

25-01 员工识别证 332
25-02 来宾识别证 333
25-03 厂商（业者）出入厂登记簿 333
25-04 物品放行单 333
25-05 派车单 334
25-06 消防设施一览表 334
25-07 安全检查表 334
25-08 车辆/人员出入门证 335
25-09 车辆出入登记表 336
25-10 来访人员进出登记表（门卫） 336
25-11 员工出入登记表 336
25-12 人员放行条 337
25-13 物品放行条 337
25-14 公司公共活动场所使用申请单 337
25-15 消防设备巡查表 338
25-16 公司防火安全检查表 338
25-17 公司防火安全及安全生产检查表 339
25-18 消防设施检查记录表 339
25-19 应急预案演练记录 340

第26章 保密管理表格 341

26-01 员工保密承诺书 342
26-02 保密协议（适用于外协单位） 343
26-03 保密承诺书（适用于个人） 344
26-04 离职保密承诺书 344
26-05 保密承诺书签订情况汇总表 345
26-06 机要文档外送申请表 346

26-07	保密监督检查记录表	346
26-08	保密工作考核评分标准	347
26-09	涉密人员保密自查表	350
26-10	部门保密自查记录表	351
26-11	保密机要室保密自查表	352
26-12	文档档案保密自查表	354
26-13	计算机、办公自动化专项保密检查情况登记表	355
26-14	涉密单位、部门负责人____年保密工作情况	356
26-15	保密委员监督检查记录表	356
26-16	总经理保密监督检查记录表	357
26-17	保密检查整改通知书	357
26-18	__年上半年保密监督检查表	358
26-19	保密津贴考核发放表	359
26-20	涉密计算机及办公自动化保密管理情况检查表	360
26-21	非涉密计算机及办公自动化保密管理情况检查表	360
26-22	涉密移动存储介质保密管理情况检查表	361
26-23	非涉密移动存储介质保密管理情况检查表	361
26-24	涉密载体清理情况检查表	361
26-25	办公网络使用管理情况检查表	362
26-26	失泄密事件查处情况记录表	362
26-27	涉密载体销毁、涉密设备报废情况记录表	363
26-28	涉密会议活动情况记录表	363
26-29	信息发布保密审查情况记录表	363
26-30	计算机保密管理情况记录表	364
26-31	存储介质保密管理情况记录表	364
26-32	保密要害部门部位登记表	365
26-33	保密工作实施奖惩情况登记表	365
26-34	网络（网站）建设、运行保密管理情况记录表	365
26-35	涉密载体借阅登记表	366
26-36	涉密文件（资料）打印登记表	366
26-37	涉密文件（资料）复制登记表	367
26-38	涉密设备维修登记表	367

第1部分 行政管理体系的建立

企业行政管理体系，是企业的"中枢神经系统"，需深入企业各个部门和分支机构，推动和保证企业经营运作的顺利进行及各职能模块（如业务：销售、采购、生产、开发、市场、技术。资源：人员、设备、仓储、财务）的协调统一。企业行政管理就是建立管理模式，以利于提升行政人员的素质，使企业行政结构得到适应性的设计、变革，使行政的方式和方法得到改进，从而使行政过程和行政结果得到效能上的完善。

本部分共分为四章，如下所示：
- 行政管理体系概述
- 行政办公各项业务要点
- 行政部部门架构
- 行政部岗位说明

第 1 章 行政管理体系概述

本章阅读索引：

- 企业行政管理体系的功能
- 企业行政管理体系的职能
- 企业行政管理体系的任务
- 企业行政管理体系的关键

1-01 企业行政管理体系的功能

一个好的企业，首先要有一个坚实、高效的团队。

企业行政管理体系，可以说是企业的"中枢神经系统"。它是以总经理为最高领导，由行政经理负责，由行政各个部门具体组织实施、操作的一个完整的体系。企业管理的具体工作的广度涉及企业的全部运作过程，其深度涉及企业的各个部门和分支机构的方方面面，以及局外人难以想象的细枝末节。

企业行政管理体系担负着企业的管理工作。企业中除行政管理之外的工作，都是某个方面的"业务"。行政管理体系推动和保证着企业的技术（设计）、工程（服务）、资金（财务）、发展（营销）几大块业务的顺利、有效进行和相互之间的协调。

企业行政管理体系工作可以说是千头万绪、纷繁复杂。企业行政人员每天都面临着大量的、琐碎的、不起眼的事务。但是，这些事务只不过是行政管理这颗大树上的枝枝叶叶而已。

概括起来说，行政管理的企业中主要有管理、协调、服务三大功能，其中管理是主干，协调是核心，服务是根本。总而言之，行政管理的实质是服务。

1-02 企业行政管理体系的职能

行政部门应该兢兢业业、认真细致地做好种种行政事务工作，把领导和员工从繁重、琐碎的行政事务及生活琐事中解脱出来，可以集中精力、轻装上阵，研究市场形势，考虑公司的发展战略，探讨公司的组织架构，任用公司的各级干部，实施公司的经营方针，解决公司所面临的重大问题，以及专心做好每一笔重要业务等。

为了做好纷繁复杂的行政工作，企业必须建立健全和认真执行行政部门的各项管理制度、岗位责任制度、工作程序以及一系列规范化表格、图表等，从而建立起行政部门的"法治"秩序。更重要的是，要培养出一支高素质、高效率的行政人员队伍，同时要做好科学分工、管理层次和合理授权。一旦行政系统的一系列硬件（如办公设施、生活设施）、软件（如规章制度、工作程序）、人员队伍、分工协作和管理层次等建立健全起来，整个行政管理体系在很大程度上就会像一部自动机器一样运转，只在较少的场合才需要部门领导和上级领导辅以"人治"。

行政管理体系工作基本包括会议管理、办公物品管理、文书档案管理、安全保卫管理、各种实物资产管理、车辆管理、保密管理、卫生环境管理等，参与企业的监督、控制、决策工作；以全面提高组织效能、提供必要的保障为目的，对企业内部办公事务、后勤事务活动的构成要素及其管理流程所作的规划、组织、监控、控制、协调。

1-03　企业行政管理体系的任务

企业内部的各种事务是由多种要素构成的，人、财、物、信息、制度方法等都要参与其中，共同发挥作用，这就需要保持构成要素的齐全、有效，使要素之间有最佳的配合关系。

企业行政管理的任务就是通过对事务活动的构成要素及其流通过程实施科学有效的规划、组织、监督、控制、协调，为企业职能活动的高效开展创造条件、奠定基础、提供保障。企业行政管理体系的任务说明如图1-1所示。

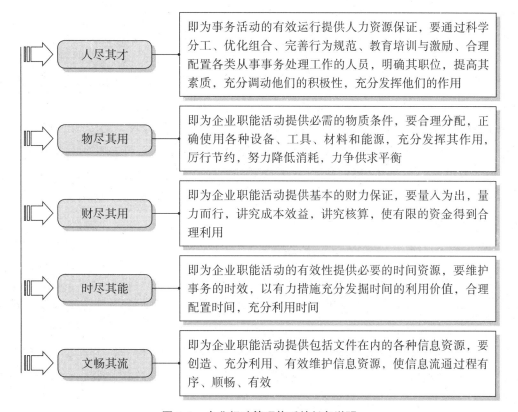

图1-1　企业行政管理体系的任务说明

1-04 企业行政管理体系的关键

企业行政管理体系的构建，可从以下几个方面着手。

（一）明确目标

企业行政管理的目标，是由行政管理的基本职能（服务、协调和管理）所决定的，应包括以下内容。

（1）更加有效地整合企业的整个行政架构，理顺企业的内外部关系，使企业快速高效地开展业务。

（2）更好地为企业的使命服务，为企业的各项活动提供最优的人力、财务、后勤保障、交往关系的支持。

（3）更有效地为企业提供监控和保护作用。

（4）更优地为企业提供文化支撑。

（二）设计企业行政权力构架

企业行政架构的设计与应时而变是企业行政管理的核心内容，这一问题主要涉及企业组织的概念、类型、治理结构、组织结构设计的原理和内容、企业组织力量的整合等。

（三）建立行政管理体系技术体系

这部分主要通过制度和程序等手段，规定企业行政管理中如何有效地领导与管理、如何沟通与协调、如何控制与监督，以实现企业管理的高效。整个企业行政管理新体系追求企业内部管理活动的制度化建设、模式化运作和规范化行为，包括行政架构设计、各种规章制度的建立、完善与革新，以及行政行为的实施和行政文化的推广等。但是，整个行政管理的设计基础、理念、方法，以及设计的目的都必须适应与配合企业的愿景、使命和战略，根据流程再造的要求不断革新行政管理流程，不断采纳各种新颖与科学的管理方式来达到企业的目的，持续性地追求稳定与变革的协调，探求规范化革新的道路。

（四）建立企业行政管理中的事务体系

企业行政管理中的事务体系包括行政事务管理、文书档案管理、公司印章及证照管理、会议与会务管理、办公设备与用品管理、车辆管理、员工食宿管理、卫生环境管理、安保工作管理、保密管理等方面。

企业在建构整个行政管理体系的过程中，从行政管理的目标开始到行政权力的合理配置，再到行政技术手段的采用、从行政理念的提出到具体行政作为表征，始终要有系统观。

第2章 行政办公各项业务要点

本章阅读索引：

- 行政事务管理
- 文书档案管理
- 印章及证照管理
- 会议与会务管理
- 办公设备与用品管理
- 车辆管理
- 员工食宿管理
- 卫生环境管理
- 安保工作管理
- 保密管理

2-01 行政事务管理

（一）值班工作

为保证企业工作的连续性和应急事件的及时处理，往往在节假日及晚上安排员工进行值班，这项工作统一由行政部来管理。

1.明确值班的工作职责

规模较大的企业，可在行政办公室下设值班室，并配备专职值班员，实行24小时昼夜值班制。其工作职责主要有如图2-1所示的几个方面。

职责一 承办上级主管部门交办的事项	职责二 处理各种紧急问题
主要工作包括 （1）传达有关主管部门对某一问题的指示意见 （2）督促检查对上级主管部门指示的落实情况 （3）通知、落实主管部门向职能部门临时交办的事项 （4）向主管部门询问有关问题 （5）传达临时性的会议通知 （6）委托、通知有关部门接送客人等	值班室在正常工作时间主要起信息传递的作用，而在公司员工下班后，则要直接担负起处理各种急电、紧急文件和突发事件的责任。值班人员在处理这类紧急电文和事件时 （1）要及时向有关领导汇报、请示，以便迅速处理 （2）如来不及请示，要根据实际情况做好应急处理

图 2-1

职责三　**负责信息传递**

值班室每天都要接到大量的电话、电报和信函，有来自上级主管部门的指示，对某项工作的布置，对某一问题的查询及会议通知；有来自平行部门的协商事项；有来自下属公司的请示、报告或查询某项指示或文件等
（1）值班人员在接到这些信息后，要立即做好记录
（2）根据内容的紧急程度，送有关主管部门审阅
（3）由有关主管部门或领导者交办后，值班人员则要立即通知有关部门或人员办理

图 2-1　值班的工作职责

2. 规定值班工作要求

值班室的工作任务重，内容多，接触面广，对值班室工作人员的素质要求很高。

3. 做好值班工作的安排

值班工作一般是在行政经理的领导下，由行政人员具体安排、制定值班表，包括下班以后或节假日值班人员安排。

（1）值班表一般包括值班日期及地点、领班人及电话、值班人、值班任务、注意事项等。

（2）值班安排好以后，通知有关部门及人员，将值班表发给每位领班人及值班人员，让其做好准备。

4. 做好值班的记录

企业应要求值班人员认真做好值班（图2–2）记录，以备存查及据此安排有关事宜。

建立值班日志 ⇨ 值班日志以天为单位，记录值班中遇到的情况和工作经历。值班日志的内容一般包括值班期间的来人、来电、来函、领导批示、领导交办事项、值班人员办理事项等

做好请示汇报工作 ⇨ 值班期间发生重大情况或突发事件，值班人员要立即向领导报告，必要时可形成书面值班报告呈送有关领导

来宾登记 ⇨ 无论是办公时间或生产时间，还是非办公时间或非生产时间，对来公司的外来人员及其乘坐的车辆、携带的物品，都要认真办理登记手续。登记可以由进出人员自己进行，也可由值班人员代为登记

电话记录 ⇨ 电话是值班室使用最频繁的对外联系工具。举办各种重大活动，召开重要会议，邀请领导出席活动或会议，以及值班室反映情况、联系事情等，大多数是用电话向有关人员通知的。电话记录稿要简明、扼要、口语化，避免或尽量少用同音字、怪僻字。在通话过程中若要做必要解释，说完后要向对方复述一遍，以便确认。记录电话及办理情况，要用统一格式的专用记录表，认真准确地记录

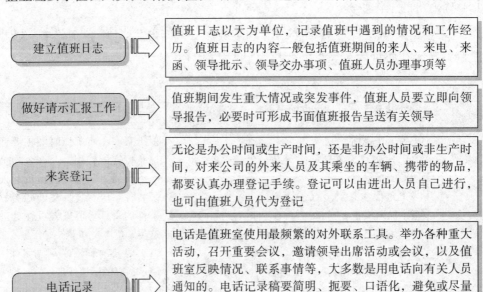

图 2-2　值班记录

（二）差旅管理

对出差实施管理，可以确保员工提高办事效率、完成出差任务，同时强化成本管理意识，合理控制差旅费开支，从而达到控制差旅成本的目的。

1. 出差制度

企业行政部必须从出差申请和审批开始着手，直到出差费用报销，对这一系列活动进行有效的出差管理。在出差管理中，制定切实可行、要求严格的出差管理制度，可加强对企业员工出差事务的管理，保证出差活动的有效性，节省不必要的出差费用开支以及严格有关出差组织纪律。

2. 出差管理的程序

出差管理的基本程序如图2-3所示。

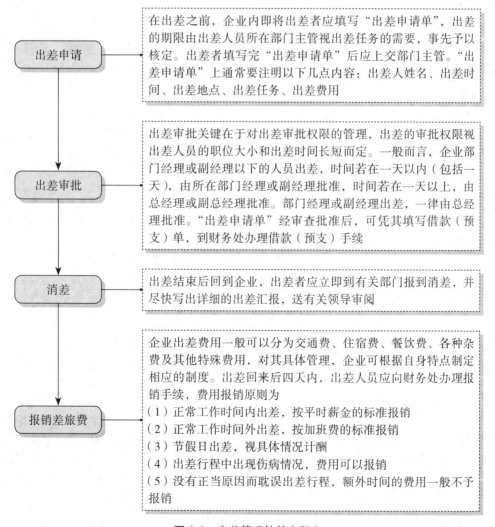

图2-3　出差管理的基本程序

（三）做好接待工作

1. 接待规格

接待的规格主要指接待的条件及陪同者的级别。一般根据来客的具体情况确定。

接待规格包括高格接待、低格接待和对等接同三种形式。例如，客户方的代表到公司商谈重要事宜，或下属公司人员来办理重要事项等，都要采用高格接待，即陪客职务要比来客职务高的接待。而例如外地参观团来公司参观等，可采取低格接待，即陪客职务可以比来客职务低。对一般性业务来往，公司采用同等接待，即陪客与客人职务、级别大致一样的接待。

2. 接待工作程序

企业在接待工作上应有一套严格的程序，要求接待人员按程序办事，以确保接待工作的顺利进行。

（1）接待工作的准备。接待工作的准备很重要，它是整个接待工作中重要的一环。准备工作做得好，就使接待工作有了良好的基础，才能接待好客人。否则，接待工作就很难达到应有的工作质量和接待效果，就可能出现忙乱、被动和漏洞、差错。接待工作的准备事项如图2-4所示。

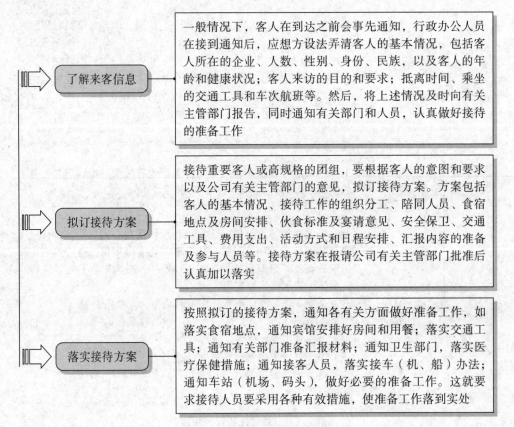

图2-4　接待工作的准备事项

（2）正式接待的工作。

正式接待的工作包括表2-1所示内容。

表2-1 正式接待的工作内容

序号	工作内容	说明
1	迎接来宾	根据来宾的不同身份迎接来宾。如果是异地重要客人到达，应安排公司高层管理人员前往车站（机场、码头）迎接；如果是一般来宾到达，则由办公室主管前往迎接。迎接人员要在来宾所乘车（机、船）到达之前到场等候，宾主见面，第一礼节就是握手，然后进行身份介绍。身份介绍有两种情况，一种是自我介绍，另一种是引见介绍。自我介绍一般在小型的会见或者是主宾两个人会见时采用；而引见介绍通常是由第三者、陪同人员及秘书介绍。引见介绍时要注意两点：一是有礼貌地以手示意，但不要用手指指点点，应简要地说明被介绍人的所在部门、职务及姓氏；一是引见介绍的顺序，一般是先介绍身份较低、年纪较轻的，并先把男士介绍给女士。如果是几位客人同时来访，应按职务高低依次介绍
2	安排生活	客人到宾馆后，接待人员要把客人引送到事先安排好的房间内。如果客人较多，房间一时难以落实时，可先请客人到门厅休息，然后再联系房间。客人全部住下后，把就餐的时间、地点告诉他们。对重要客人，则安排专人送他们到餐厅就餐
3	商议日程	在客人的食宿安排妥当后，要对客人进一步了解来访意图，以便商议活动日程。把活动的内容、日程、方式、要求等及时通知有关方面，以便进行工作
4	组织活动	接待人员必须严格按照日程安排，精心组织好各种活动。客人如听取汇报或召开座谈会，要安排好会议室，通知参加人员准时到场并把与会者名单及汇报材料提供给客人。客人如要视察、参观、游览，应安排好交通工具和陪同人员，并把到达的准确时间通知所去的部门
5	安排看望和宴请	安排好公司领导前往宾馆看望客人。如需要宴请客人，则按照有关规定，根据客人的情况，确定宴请的时间、地点、标准和陪同人员。一般情况下，只安排一次宴请
6	听取意见	在客人的活动全部结束后，再安排一定的时间，请公司领导与客人会面，听取客人对公司工作的意见，交换看法
7	安排返程	按照客人的要求，订购车（机、船）票，商议离开时间，协助客人结算各种费用。安排好送行车辆和送行人员，把客人送到车站（机场、码头），使客人满意而归

3.总结收尾工作

总结收尾工作如下。

（1）电话通知客人所属企业，告之客人所乘车（机、船）的班次及时间，以便接站。

（2）要与有关部门结算账目，及时付款。
（3）把接待工作中形成的文件、材料收集齐全，以备查用。
（4）总结接待工作的经验教训。
（5）立卷归档。

（四）国外出差出入境手续办理

随着经济全球化与企业国际化的发展，国际间的人员往来日益增多，企业的领导、业务人员出国考察访问、洽谈等已属平常，而出国就要办理出入境事务。这一事务一般由行政部门来承担。出国申请手续主要流程步骤有：递呈出国申请书→办理护照→申请签证→办理健康证书→办理出境登记卡。

（五）进行公务费用管理

公务费包括差旅费、办公用品费、水电费、取暖费、邮电费、行政设备维修费等项目。

业务费在公用经费中所占比重大，伸缩性也较强，审核业务费时应请有关领导把关，各业务部门具体掌握。有条件的企业还可以制定合理的定额，进行定额管理。对于大项业务费用，应实行专款专用，以保证这项业务工作的正常进行。业务费管理要点如图2-5所示。

要点一：明晰各类账目，专项管理。业务费涉及面较广，各类专门经费的使用所需资金都集中在一起，因此必须分清明细账目，专款专用

要点二：专人负责，监督使用。业务费的使用与管理还必须由财务部门专人负责，并有一定的监督机构与机制，合理地使用业务费

要点三：增收节支，发挥最大效能。业务费的使用，要本着节约的原则，拓展新的渠道及开展新的业务，都应从发挥最大效能的角度出发来考虑问题

要点四：建立预算体制，制订收支计划。业务费的管理必须在有计划的基础上，切实地建立经费预算体制，制订计划，合理地使用和正常地管理

图2-5 业务费管理要点

2-02 文书档案管理

（一）文书收发的管理要点

收发文书通常是由行政部的文员或者台来完成的，其内容主要涉及以下几方面。

1.文件签收

文件到达时，行政部的文员要做好签收工作。签收时要注意检查文件是否完整，并

且加盖章印。

2.文件登记

登记的项目应简单，一般包括收到时间（急件应注明具体时、分）、登记人姓名、发件单位、收件单位、封皮编号、文件号、件数、附件、办理情况、收件人签名、备注等。收发室只是信件的收转部门。因此，登记时按来件的外部标志登记即可，不需另行编号或加注其他标记。

3.文件分发

文件分发时，要求收件人进行清点，并在"收入件登记簿"上签字，以防止出现差错、明确责任，便于以后查对。

4.文件投递

投递可以根据轻重缓急等不同情况，以平信、挂号、特快专递、航空四种类别寄发，如下所示。

（1）比较重要的信件为防止丢失，可以寄挂号信。

（2）邮寄实物或票证时可以用特快专递。

（3）邮寄急件时可用航空信，通过邮局寄发信件，必须向邮局支付邮资。

为避免不必要的工作，当信件数量多且邮寄面广时，可以采取邮资总付的办法，由邮局按大宗邮件统一结算。

（二）档案管理的实施要点

档案要注意以下内容。

1.文书立卷

行政办公人员应根据案卷类目及时把文件归入按条款设置的卷内，就是平时立卷。做好平时立卷工作要注意如图2-6所示的事项。

编好案卷类目	准确确定立卷归档的范围
案卷类目就是按照立卷的原则和方法，为便于立卷而编出的案卷名册。案卷类目是由类目和条款组成的。案卷类目对平时立卷工作是十分重要的，可以保证文件的完整，便于平时查找、使用文件	一个企业每年经过文书处理的文件、材料是大量的，但不能将所有的文件、材料都立卷归档。立卷归档的重点，应以本单位形成的文件、材料为主

图2-6 平时立卷工作的注意事项

2.文件归档

在文件归档时，主要涉及以下工作。

（1）复查案卷文件，确定保管期限。

（2）排列与编写卷内文件。
（3）装订案卷。
（4）填写案卷封面。

2-03　印章及证照管理

（一）印章的管理

印章是印信凭证的一种，是刻在固定材料上的代表机关、组织或个人权力、职责的凭据。盖印，标志着文书生效和对文书负责。

1. 印章的刻制

印章的刻制是印章工作的一个重要环节。无论刻制哪一级单位的印章都要有上级单位批准成立该单位的正式公文。刻制印章时，必须由本单位、本部门申请，开具公函，并详细写明印章的名称、式样和规格，经上级单位批准。到单位所在地的公安部门办理登记手续。印章必须在持有公安部门颁发的特种行业营业执照的刻字单位制作。在刻制过程中，要严格按保密要求办理。承担刻制印章的单位和刻字者，一律不许留样和仿制。本单位不许自行刻制自己单位的印章。刻制本单位的业务用章，也须持有本单位的正式公函，刻字单位才能办理刻制手续。

2. 印章的启用

印章的启用是指印章从何时开始生效使用。受印单位在收到上级单位颁发的印章后，是不能随便启用的，应该从便于工作的衔接上考虑，来确定印章的启用时间。在选择好启用印章的时间时，应该提前向有关单位发出正式启用印章的通知，注明正式启用日期，并附印模，同时报上级单位备案。颁发机关和使用机关、单位都要把启用日期的材料和印模立卷归档，永久保存，在启用印章通知规定的启用日期之前，该印章是无效的，只有在规定日期开始后，印章才能使用。

业务用章的启用，可以由各单位的领导自行决定。对外产生效用的印章，如财务专用章、收发文件专用章等，在启用时，应该将启用的时间、印章式样通知有关单位。

3. 印章的保管

（1）选择好印章放置的地方。一般放在企业的机要室或办公室较好。若企业不设机要室或办公室，则应指定专人负责印章保管，并存柜加锁。

（2）选择好管理印章的人员。企业应选择责任心强、保密观念强、敢于坚持原则的人员来保管印章。

（3）印章的保管应建立起严密的制度。

①要建立印章保管登记册，载明什么印章、印文、印模和保管人姓名等项。

②对印章保管人员应该明确责任，保证印章的正常使用和绝对安全，防止印章被滥用或盗用。

③按保密要求，印章保管人员不得委托他人代取代用。

④保管印章要牢固加锁，防止被盗。用完印章后要随手锁好保管柜，不能图省事而将印章随意放置在办公室桌上或敞开保管柜。对于印章被盗用而产生的后果，保管人员应该负有法律上的责任。

⑤一旦发现保管的印章有异常情况或丢失，应该保护现场，报告领导，查明情况，及时处理。必要时，应该报告公安机关协助查找。

⑥印章保管人员还要注意保养印章，及时进行清洗，以确保盖印时清晰。印章使用的时间一长，表面就会被印泥渣子糊住，使盖印时字迹不清楚，难以辨认。保管人员可以先把印章浸湿，擦上肥皂或洗衣粉，再用小刷子或旧牙刷反复在清水下刷洗，就可除去印泥渣子。

4. 用印

在使用印章时要十分谨慎，要求每次用印都要履行批准手续，并进行登记。

5. 印章的停用

企业印章在企业名称变更、企业撤销、式样改变或其他原因时，印章停止使用。应该按照上级规定及领导的指示，认真负责地做好印章停用后的善后工作。首先要发文给与企业有业务往来的单位，通知已停止印章的使用，并说明停用的原因，标明停用的印模和停用的时间。其次要彻底清查所有的印章。停用的废印章不能在原企业长期留存，要及时地送交颁发单位处理。

正式印章停用或作废，并启用新章时，要发旧章作废、启用新章的通知。作废的旧印章在"印模栏"内，用红色；启用的新章印在"方框栏"内，用蓝色，表示刚刚启用。

按规定，旧印章停用后，已失去原有的法人标志，不能作为现行企业职权和活动的凭证。在特殊情况下，必须使用原企业名称时，也要坚持原则，必须使用新印章，不能使用旧印章。但可到公证处进行公证，公证"××"单位就是"原××单位"。这样，既遵守了印章使用制度，又做出了灵活处理。

6. 废印章的存档和销毁

旧印章停用后，印章管理人员应清查全部印章，并把清查结果报告管理者，请管理者审定旧印章的处理办法。根据管理者的批示，分别不同的情况，或者上缴颁发机构切角封存；或由印章作废单位填制作废印章卡片，连同作废印章一起交给当地档案馆（室）立卷备查，并将作废印章予以销毁；或由本企业自行销毁。

销毁废印章，印章管理人员必须报请企业负责人批准，销毁时要有主管印章的人员监销。所有销毁的废印章都要留下印模保存起来，以备日后查考。

（二）电子印章的管理

企业使用电子印章时，可采用多种电子信息载体。另外，根据保护电子印章所使用的安全措施不同，其安全级别也不同，实施费用也不同。当然还要考虑到电子印章便于统一管理、集中或分散使用以及在线认证的功能等因素。

1.电子印章的申请

使用电子印章的组织（或个人）首先需要到电子印章（管理）中心（平台）申请电子印章，在履行完正常手续并确认无误、合法的情况下，为申请者制作电子印章，并将制作好的电子印章导入特定的存储介质，如USB-Key或IC卡等，并提交给申请者。

2.电子印章客户端系统

电子印章产品提供商给用户提供电子印章的同时，还会提供一套电子印章客户端系统。这套系统应该安装在电子印章保管者所使用的终端计算机中。电子印章客户端系统的主要作用就是用于进行盖章、验章以及电子印章管理等功能。

3.电子印章的使用

电子印章的使用和传统印章的使用方式基本相同。如上所述，首先需要有一台专用的电子印章客户端系统，该系统由电子印章管理平台（电子印章中心）提供并安装在特定的计算机终端上。接下来的步骤一般如下。

（1）得到有关主管领导的批准。

（2）将存有电子印章的实体（如USB-Key）插入计算机终端的USB接口。

（3）启动电子印章客户端系统。

（4）读入需要加盖电子印章的电子文书。

（5）在电子文书中需要盖电子印章的地方点击菜单上的"盖章"功能按钮。

（6）系统提示输入印章实体的密码。

（7）输入正确的电子印章密码，则该文书就被盖上电子印章了。

4.电子印章的验证

验证带有电子印章的电子文书时，也需要装有电子印章客户端系统的终端计算机。当带有电子印章的电子文书被打开后，电子印章客户端系统会自动验证该电子文书的电子印章是否有效。如果电子文书被非授权修改过，或电子印章是被复制粘贴在当前的电子文书上的，则电子印章客户端系统能够发现并立即警告用户电子文书已被修改过或电子文书上所加盖的是无效电子印章，且使得电子印章不能正常显示，从而达到了保护电子文书的完整性以及检验电子印章和特定的电子文书必须是相关联的目的。

5.电子印章遗失

若发生电子印章遗失事件，应立即到电子印章平台（中心）进行挂失，其过程与证书作废处理方式基本相似。

（三）介绍信的管理

介绍信是一种使用相当广泛的身份证明。企业的人员要出差办事，需有说明任务、证明身份的介绍信。

1.开具介绍信的手续

需要企业介绍信者,应填写企业介绍信签批单,经所属主管批准后,行政部人员根据此单填写介绍信,盖章后发给需用人。履行签批手续,一可防止个人乱用介绍信,二可使企业领导掌握情况。

2.介绍信本的管理

企业介绍信的管理,应建立一种严密的有据可查的方法。大规模企业的介绍信,往往分给几个部门管理使用,行政部门在给职能部门分发空白介绍信本时必须严格履行登记签收手续。

(四)凭证的管理

不管是哪种凭证,都需要用印。有的用钢印,如工作证;有的用缩印,如票证;有的用领导专用章,如学生证要用校长专用章;有的用铅印等。无论用什么印,都要有严格的制度。

2-04 会议与会务管理

(一)会前准备管理

对于企业管理来说,会议管理是一项常见的管理项目。但开好会首先必须做好会前的准备,其管理内容如表2-2所示。

表2-2 会前准备管理内容

序号	管理项目	内容说明
1	安排会议议题	会议议题就是会议要解决的问题。会议议题一定要由管理者确定。行政部应做的工作是根据管理者的指示,收集议题,并根据轻重缓急排出顺序,提出建议以供管理者决断
2	确定会议步骤	安排议题后,还要确定议程、程序、日程,也即会议步骤
3	拟订与会人员的范围或名单	哪些人参加会议,须根据管理者的意图和会议的性质、任务、内容拟订
4	签发会议通知	(1)签发方式。签发会议通知可用书面、电话、电子邮件或网站公告等方式 (2)通知的内容。通知的内容包括会议名称、会议目的和主要内容、会期、地点、与会人员、报到日期和地点、携带的材料和个人支付的费用、主办单位、联系人姓名和电话等 (3)编号要求。重要的、大型的会议通知要编号,一般的会议通知不编号
5	准备会议文件和材料	会议文件、材料是指与会领导的讲话稿或工作报告、典型经验、会议须知、日程表、编组名单等

续表

序号	管理项目	内容说明
6	选择和布置会场	开会要借助一定的场所。会场诸方面条件的好坏、舒适程度的高低,对与会人员的心理起着不可忽视的作用。而与会者的心理状态,直接影响到会议效果。因此,要重视会场的选择和布置
7	主席台座次	主席台座次以主席台人员的职务(或社会地位、声望)高低排列。最高的排在主席台第一排的正中间,其余按高低顺序,以正中间座位为点,面向会场,依左为上、右为下的原则排列。若有几排座位,其他各排的排位可灵活掌握。座位上要摆置名片。座次须报领导审定
8	妥善安排后勤服务事宜	后勤服务包括会议的物资、资金,与会人员的住宿、膳食以及交通、医疗等工作,如 (1)要制定住房分配方案,对不同级别的与会人员,要分配不同的住房 (2)对年老和体弱的,要适当给予照顾 (3)饭菜要可口、实惠,让与会者吃得满意

(二)会中管理

会议召开了,还必须做好会议的服务工作。会中管理项目及内容如图2-7所示。

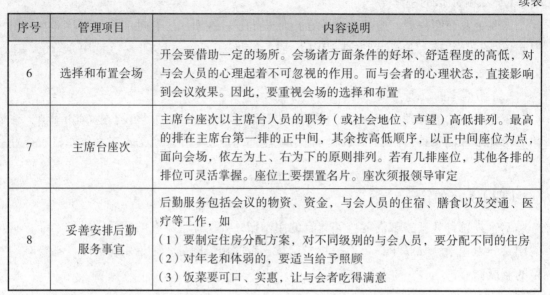

图2-7 会中管理项目及内容

（三）会后的服务工作

会后的服务工作事项如图2-8所示。

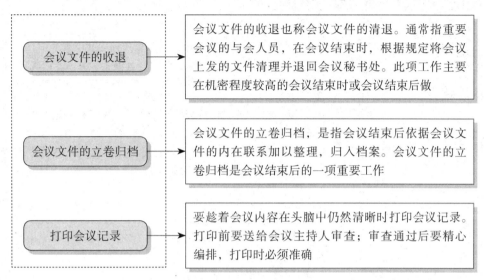

图 2-8　会后的服务工作事项

2-05　办公设备与用品管理

（一）办公用具的管理

1.管理上的关键

管理上的关键其实是企业为了统一各式各样的管理准则而设立的，其关键如下。

（1）办公用具表单格式统一化。

（2）办公用具管理编号统一化，其形式、尺寸规格等都有一定的编号。

（3）办公用具的一览表制定、种类的分类表的设定、商品折旧额一览表的设定等。

2.明确管理负责人

为了达到办公用具管理目的，可设一位管理负责人来管理办公用具事宜。办公用具管理是财产管理中非常重要的项目，该管理会直接影响到企业的经费。所以必须和日常用具或消耗品等管理配合好，这对企业发展很重要。这是个重要的业务，所以确定这位负责人需要非常谨慎。

3.办公用具管理卡制作和记入

企业在购入事务用具时应将它们的相关资料登记在办公用具管理卡中，正式成为公司内的资产。有些公司会依照事务用具购买时的价格来分类处理。

办公用具管理卡是办公用具管理部门中最重要的执行项目。该卡登记内容是记录办公用具的相关管理事务（新购入的文具用具，用具的新旧替换购买、修理、保管等项目)。这类管理卡犹如医师将患者的病情一一记入病历表一样,它是一项重要资料。

4.制定办公用具管理规则

如图2-9所示是拟订管理规则应注意的事项。

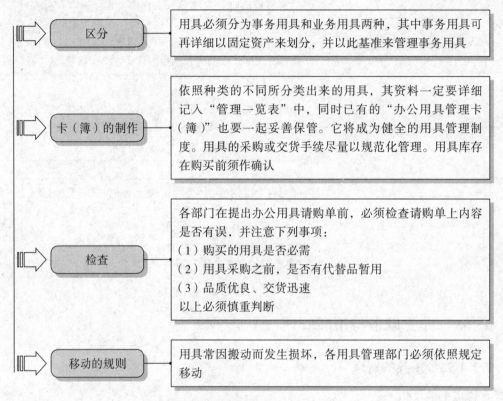

图2-9 拟定管理规则应注意的事项

(二)办公用品管理

1.办公用品的采购

采购工作要根据库存及消耗情况,按采购计划要求的质量、数量、品种进行采购,做到既保证需要又不积压过多。企业在采购时,要选取物美价廉的办公用品,尽量节减行政经费的支出。采购员购进物品之后,要将发货票交给保管员,由保管员凭票清点入库,做到正常交接,手续完备。

2.办公用品的保管

办公用品的保管,主要指办公用品的登记、收藏、分配、使用责任的确认以及盘点、交换和养护等,目的是保持办公用品的效能。如果企业的办公用品因保管不良而变质、变形、损坏或丢失,会造成极大浪费。因此,购进办公用品以后,应妥善保管。办公用品的保管一般要设专门的库房和专人进行管理。保管员对采购员购入的办公用品,按照规格、数量、质量,认真验收、登记、上账、入库,精心保管。库房内的各种物品要摆放合理,并做到整齐、美观。要经常检查库房内的物品,防止损坏、变质、变形。

在保管工作中,管理人员要及时登记保管账卡,定期(季度或半年)清理库存,做到账物相符。保管员还要根据库存和需求情况,定期提出采购计划。在做计划时,要注意防止物资的积压,努力压缩库存,做到节约资金。对库房还要注意加强安全防范工作,经常进行安全检查,防止各种意外事故的发生。

3.办公用品的发放使用

对办公用品的发放管理,要建立正常的发放和使用制度,要严格掌握办公用品的发放范围,根据实际需要进行发放,避免浪费。在办公用品领取和发放工作中,保管员要坚持原则,对不符合领取规定的,要做好解释工作,使之能够理解。

2-06 车辆管理

(一)车辆管理的对象

企业内部车辆的管理对象如图2-10所示。

图2-10 企业内部车辆的管理对象

(二)车辆管理的内容

企业内部的车辆管理主要涉及以下内容。

(1)新车及二手车的购买、废弃处理等有关管理,有关供给厂商及车辆的异动、登录更换等。

(2)行驶管理、运行目的地以及运行预订表的活动。

(3)维护和修理,是否有定期性的安全检查。有违安全时应即时维修。

(4)对车辆的损坏意外、保险契约等加保状况的管理。

2-07 员工食宿管理

(一)食堂管理的基本内容

食堂管理的基本内容如图2-11所示。

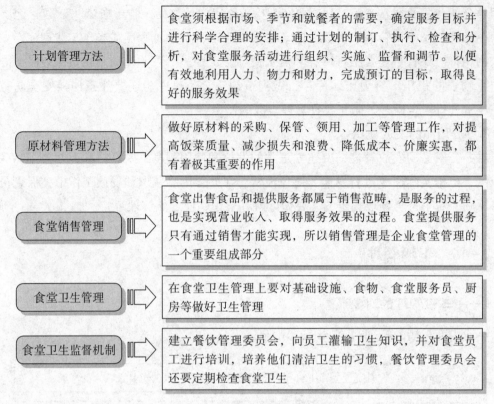

图 2-11 食堂管理的基本内容

（二）宿舍管理的基本内容

员工的宿舍管理，主要包括以下几方面的内容。

1.宿舍设备物品管理

（1）要科学使用设备、精心维护、及时检修，确保技术状况良好。对锅炉等压力容器和电视机等贵重物品，要单独建账设卡，指定专人管理。

（2）加强库房管理，各类物品分类摆放整齐，做到无损失、无霉烂，账物相符。

（3）给宿舍员工配发卧具等物品，要做到及时准确、手续完备、账物相符。

2.宿舍服务管理

（1）充分发挥现有人员和服务设施的作用。组织好常规性的服务活动，即让住宿人员在理发、洗澡、洗缝衣物、购买日用品、收发邮件、办理暂住证等证件、打电话、预定"三饭"（病号饭、员工生日饭、团聚饭）、看病及煎中药、接待返探亲友和客人住宿十个方面不出宿舍。

（2）活跃单身员工的文化生活。电视室、阅览室、游艺室每天按规定的时间开放，电视节目每天预告。每周举行小型文娱活动，四大节日（元旦、春节、劳动节、国庆节）时举办大型文体活动。

（3）提供服务项目。调查某些单身员工的特殊需要，开办新的服务项目。例如，给倒班的员工提供叫班服务；为少数民族单身员工代购代做节日传统用（食）品；代员工接待客人或传达客人留言；为单身员工提供生活咨询服务等。

3. 宿舍安全管理

（1）定期进行安全教育。企业对宿舍的锅炉工、电气工进行专业安全技术培训，经考核合格，才能上岗操作；要制定安全责任制度，明确规定住宿管理人员、服务人员、设备操作者的安全责任和权利；要坚持安全检查制度，定期检查安全责任制落实情况和班组安全活动开展情况，定期检查机电设备和建筑设施的安全状况，发现隐患，及时处理。

（2）严格执行治安管理规章制度。企业要加强门卫管理，建立、健全暂住人口、会客登记制度；传达员、服务人员要严格贯彻宿舍管理的各项制度，做好交接班记录；要与治安保卫部门和员工所在企业配合，加强宿舍秩序管理，防止酗酒闹事、打架斗殴、赌博盗窃、嫖娼卖淫等现象的发生。

2-08 卫生环境管理

（一）办公区环境卫生管理

办公区环境的管理是一项由企业行政部门推动、全员参与的活动。其内容不仅在环境卫生上，还应该包括工作的规律化、用品工具摆置的固定化、环境的整洁化等。日本企业较早推行的"5S"运动，就是一个很好的管理方法。"5S"管理内容具体如下。

1. 整理

整理就是将办公区内杂乱无章的部分加以收拾、分类、废弃等，如下所示。

（1）个人部分的桌面、桌底、抽屉、橱柜等以及公用部分的储藏室、会议室、档案室、洗手间、饮水间、复印室、仓库等，都应逐一收拾、清理。

（2）把不需要的、过时的、作废的、破损的资料、档案、书籍、杂志、手册、物品文具等清理出来。

（3）该丢弃的丢弃、该变卖的变卖、该撕毁（用碎纸机）的撕毁，使空间腾出来，把需要的、完好的、常用的、不常用的一一给予分类。

2. 整顿

把空间重新分配并给予系统化、规律化、固定化。

3. 清扫。

如果说整理是针对"乱"，那么清扫则是清除"脏"。办公区环境中的垃圾区、卫生间等都是藏污的地方，如果不常清扫，将会严重影响办公环境。

4. 清洁

清洁主要包括以下几个方面：维持整理、整顿、清扫后的成果，并坚持下去；寻找脏乱的原因，杜绝脏乱的源头。

5. 素养

"5S"最后的目的就是要让大家养成良好的工作和生活习惯。有了良好的习惯，自然就不会出现脏乱问题，如下所示。

（1）物归原位，工具、文具、档案、资料用完后就回归定位，将来需要时就不会找不到，不要乱丢废弃物。

（2）开完会议随手将纸、杯带走，将椅子摆放整齐。

（3）印错、作废的复印件放置在固定的纸箱内，可供行政办公部门再利用。

（4）饮水机上不要倾倒其他杂物等。

（二）生活区环境卫生管理

生活区环境卫生管理主要包括以下几方面的内容。

1. 宿舍区的环境卫生管理

宿舍区的环境卫生管理细分到公用楼梯间、走廊通道、公用厕所、水沟、宿舍室内、阳台等。室内和阳台卫生一般由住宿员工自行负责，其他地方设专职清洁人员打扫。

2. 餐厅区的环境卫生管理

餐厅内的卫生一般由餐厅工作人员负责。企业专职清洁人员一般不干涉餐厅内的卫生，只负责餐厅外围，如水沟、走廊的清洁工作。

3. 娱乐场所的环境卫生管理

有些企业为了解决员工下班后的业余文化生活问题，建立了一些内部的休闲场所。对这些场所的清洁作业，一般由娱乐场所的工作人员负责。

4. 福利社区的环境卫生管理

福利社区的环境卫生与宿舍的环境卫生管理相同，如医务室、小卖部、理发室等的室内卫生由福利社区的工作人员自行负责。原则上，走廊、水沟的清洁工作可由清洁组负责。

2-09 安保工作管理

"安全生产重于泰山"，这句话耳熟能详，其重要性人人皆知，也是企业中所有人员都要关注的事。作为行政管理者，更是要把安全放在首位，要从行政的角度来抓安全。

（一）治安防范四大措施

一个企业，无论其规模大小、员工多寡；无论其行业特点、地理位置各异，均希望具有稳定的内部治安环境，根据治安防范工作的经验教训，建议企业可采取以下防范措施。

1. 设施防范

（1）企业一般应建立会客室和更衣室。会客室可设在传达室内或附近，可由门卫人员兼职管理人员。凡遇外来人员会客，门卫应做鉴别，除确因工作需要可办理登记手续后入内外，其余来访者一律在会客室会客，由门卫负责通知被访者并做好登记。更衣室可以车间、基层为单位设立，应与生产现场、物资仓库保持一定距离，符合一人一箱、定时开放、专人管理等基本要求。

（2）将计算机、保险箱和其他贵重物品相对集中放置。计算机已成为每个企业日常生产、设计、管理工作中的必需品。如分散放置于各生产、工作场所，管理措施难于落实，稍有不慎极易造成被盗。同时，保险箱管理的情况也基本类似。目前，不少企业都拥有保险箱，保险箱的分散存放给安全防范带来隐患，企业有必要将保险箱按使用性质、开启频率等实行就近相对集中存放，既便于管理，又从根本上减少不安全因素。

（3）实行治安安全合格化制度。其主要标志是对企业内财物集中的部位，重点工间如财务室、计算机室、保险箱集中处、物资仓库、档案室等重点、要害部位分别按治安防范规范化要求进行加固，添置防盗门窗和其他防盗设施，便于实行封闭式管理，并由公安机关验收合格确认，提高企业整体防范能力。

2. 技术防范

推广运用区域防范报警系统，其主要特点是企业技术防范系统进入区域联网，由地区公安机关接警中心统一控制、统一接警处警，具有灵敏度高，报警正确、及时，处警迅速等优点。

3. 制度建设

制定一整套完整的具体的成网络状的规章制度体系，尤其是各重点防范部位、要害部位和治安复杂场所的制度必须针对性强，具有可操作性。重要规章制度的制定必须经过企业职代会通过，力求从内容到形式均合法、完善。企业决策者应把内部治安管理目标列入年度企业总体工作目标中，并将目标层层分解落实到各部门、基层乃至各班组、岗位，做到目标、任务、职责、考核、奖惩五明确，做到权利义务相一致。

4. 人员防范

（1）企业领导包括中层领导的重视。只有当企业领导真正认识到内部治安防范工作同企业生产经营两者之间相辅相成的关系，才能在人、财、物等方面加大投入。同时，只有领导重视并身体力行，各项防范制度才能得到顺利贯彻。

（2）员工具有较高的防范意识。一是个体防范意识强，能妥善保管个人的现金、贵重物品及公物不致被窃；二是群体防范意识高，当发现公私财物被窃或遇有被窃可能的不安全因素时，要勇于制止，抓获作案者或主动向企业领导或专门机关提供线索、信息，形成群体监督氛围。

（3）拥有专职全天候守护巡查队伍。对队伍成员的素质要求：责任心强、身体素质好，年龄一般不超过40岁。对守护巡查人员须进行一定的业务训练，使之具有处置突发事件和及时消除隐患漏洞的能力。

（二）消防安全管理

公司应备有充足的消防器材，并严格按保养要求进行保养，如发现任何不良，应立即予以维修。

（1）每个月对公司内部消防设施进行一次全面的检查，并将检查结果记录在相应的记录表中；每次消防演习前检查所有消防设施是否良好。

（2）若检查到器材有损耗或损坏等不常现象，须于发现日起一周内更换或维修，并将结果记录在相应的检查记录表上。

（3）对公司新进厂员工应进行消防基础知识的培训，对于消防小组成员每半年组织一次安全消防知识讲座，做到消防知识人人有，灭火器人人会使用。

（三）节假日加强治安防范

企业应根据本区域治安的特点，做好节日期间治安防范，制定节假日期间的保障措施。

（1）加强治安防范，维护资产安全。突出防盗抢安全工作，健全生产、办公和生活区域的防范体系，落实好人防、物防、技防措施。加强门卫管理、岗位巡检和夜间督查，突出要害部位和公共场所安全，确保重点、关键设备的防范安全。

（2）抓实"四防"措施，加强区域防盗反盗安全工作，预防侵财性违法犯罪案件。巡逻中队在全面负责区域防范的基础上，加大巡查力度，细化责任区域。

（3）制止超时娱乐，查禁一切违法、违规行为。节日前后由保安队长带队，不定期组织对厂区进行治安清查，消除各种不安定因素。

（4）做好节日交通管理，加强工厂内道路交通管制和发运协调组织，落实现场监控措施，加大对现场违规违纪车辆治理，落实节日期间交通保障措施。

（5）要求各岗位执勤保安要认真履行职责，注重岗位环境治理，坚持文明执勤，按"精、细、严"要求，进一步规范管理行为，统一思想，凝心聚力，扎实做好节日期间治安防范和安全管理工作，确保各项工作有序推进。

2-10 保密管理

（一）保密范围和密级确定

要做好保密工作，首先要确定公司的保密范围和密级。

1.保密范围

公司秘密通常包括下列秘密事项。

（1）公司重大决策中的秘密事项。

（2）公司正在决策中的秘密事项。

（3）公司内部掌握的客户、意向客户资料，合同、协议、意向书及可行性报告、主要会议记录。

（4）公司财务预算报告及各类财务报表、统计报表。

（5）公司计划开发的、尚不宜对外公开的项目信息。

（6）公司职员人事档案以及工资性、劳务性收入和资料。

（7）其他经公司确定应当保密的事项。

一般性决定、决议、通知、行政管理资料等内容文件不属于保密范围。

2.密级

保密级别划分如图2-12所示。

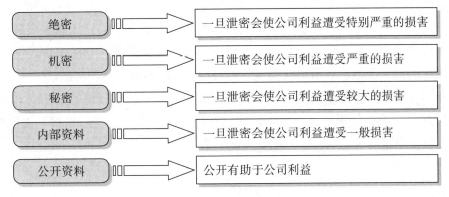

图2-12 保密级别划分

合理划分、确立密级，该保密的必须保密，该公开的必须公开。

公司经营发展中，直接影响公司权益的重要决策文件资料和正在洽谈的尚未公开的新项目为绝密级。

公司的规划、财务报表、统计资料、重要会议记录、公司经营情况为机密级。

公司人事档案、合同、协议、员工工资收入的各类信息为秘密级。

属于公司秘密的文件、资料，应当依据规定标明密级，并确定保密期限。保密期限届满，自行解密。

（二）保密措施

保密工作是从企业的安全和利益出发，将企业的商业秘密控制在一定的范围和时间内，防止被非法泄露和利用，使其自身价值得到充分有效的实现而采取的一切必要手段与措施。企业保密工作是一项复杂的系统工程，它需要企业在管理机制、制度拟定、物质技术、信息系统等方面都充分予以保证。

1.管理体制

企业做好保密工作首先必须在管理体制及组织机构的合理设置方面有所保证。企业各级领导要加强对保密工作的指导，设置保密组织机构；各部门的办公室也要根据保密工作的实际情况配备专兼职保密人员，形成有效的管理机制。

2.制度拟定

企业为了保守商业秘密必须制定保密条款，在制度方面完善企业对重要信息的重点管理。

3.物质技术

物质技术主要是指保密工作中所采用的技术保障手段和措施。它是现代科技高度发展的产物，是做好保密工作的物质基础。企业在保密工作方面的物质技术分为两类：一类是企业办公室的保密技术装备和设施；另一类是保密工作部门办公自动化设备，包括办公、宣传教育、保密检查的技术设备等。

4.信息系统

只有建立一个高效率的信息网络，企业的商业秘密和重要信息才能为决策层充分掌握，为正确决策提供可靠依据。保密工作信息系统不仅要搜集、利用保密工作开展过程中的信息，而且要了解、利用影响保密工作的各种外部因素变动的信息。

企业的保密工作特别重要，往往一个小小的疏忽就可能使公司的劳动成果全部被竞争对手所拥有，从而抢得市场先机。因此，在保密工作方面要特别重视，需层层设防，同时对重点信息进行重点保护，以确保万无一失。

第3章 行政部部门架构

本章阅读索引：

- 行政部的设置
- 行政部在企业中的位置
- 大型企业行政部常见架构
- 中小型企业行政部常见架构

企业是由不同部门组建的，每个部门都是企业的重要组成部分。但是如果部门架构设计不当，很容易造成各种问题，例如人浮于事或者人手紧缺等。因此，每个企业都应当根据自己的具体情况，来选择最合适的部门架构。行政部是企业的行政管理部门，设置合适的架构才能使部门始终保持高效运转，为企业提供良好的行政支持。

3-01 行政部的设置

行政部是企业的"大管家"，负责企业各项行政事务。一般而言，企业在设置行政部时应按表3-1所示要求进行。

表3-1 行政部设置要求

序号	设置要求	详细说明
1	职权明确，层次分明	（1）遵循职权明确、层次分明的要求，确定每个层次人员的岗位职责 （2）授予完成相关工作的员工必要的权限 （3）根据各个工作环节的关系，确定每个层次的人员配置，做到少而精，避免人浮于事、因人设岗 （4）每个人员的分工要清楚，做到任何情况下都能按分工标准找到经办的人员
2	管理幅度合理，统一指挥	（1）设置行政部时要考虑管理幅度，即一名管理者能管理的合适人数。管理幅度与企业的规模、管理者的素质和能力、管理者的技能和经验等有直接关系 （2）如果管理幅度设计不合理，将会出现管理的空白点或越权管理的现象 （3）管理幅度适宜可以避免多头领导，不至于让下属无所适从
3	信息畅通，提高工作效率	行政部的设置要有助于保证各项信息准确、及时地流通，这对提高管理效率有十分重要的作用 对于行政部而言，必须克服信息传递缓慢的现象，建立一个健全的信息反馈系统，以保证信息反馈快、办事过程短、公文处理迅速、准确、安全

3-02　行政部在企业中的位置

在生产制造型企业中，虽然因为情况不同，导致各企业架构有所不同，但是一些基本的部门，如行政部、生产部等，是必须配备的。行政部所处的位置如图3-1所示。

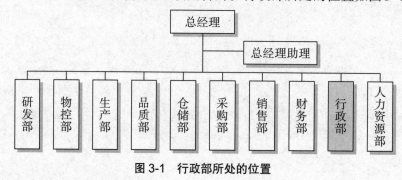

图3-1　行政部所处的位置

备注：
① 行政部是企业的综合办事部门，其在企业中起到综合协调的作用。它同时负责贯彻领导的指示，做好各部门之间的联络沟通工作，及时向领导反映情况。
② 行政部为各部门提供必要的办公用品、办公设备，为各部门提供后勤支持，同时也对各部门的用车申请、差旅费申请等进行审批。

3-03　大型企业行政部常见架构

大型企业行政部常见架构如图3-2所示。

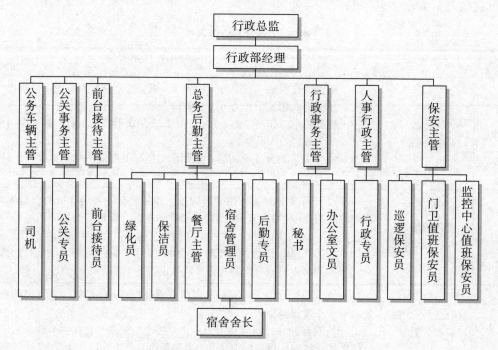

图3-2　大型企业行政部常见架构

备注：
① 大型企业的组织架构层级较多，往往在行政部经理之上再设一个行政总监，全面负责行政部的各项事务。
② 大型企业往往设有专门的前台接待主管和前台接待专员来负责接待事务，同时由于人员较多，公务繁忙，会设有公务车辆主管，负责对多位司机的管理工作。

3-04 中小型企业行政部常见架构

中小型企业行政部常见架构如图3-3所示。

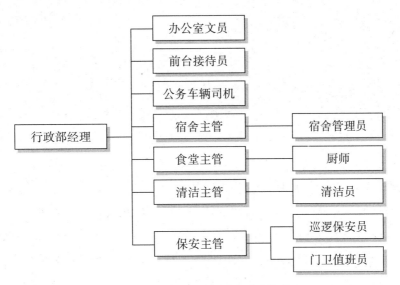

图3-3 中小型企业行政部常见架构

备注：
① 根据《中小企业划型标准规定》，对中小企业的划型规定如下：从业人员1000人以下或营业收入40000万元以下的为中小微型企业，也就是通常所说的中小型企业。本书内容主要针对中小型企业。
② 中小型企业行政部层级较少，职责较为明确，其与相关部门之间的沟通比较简单。

第4章 行政部岗位说明

本章阅读索引：

- 行政部经理岗位说明
- 保安主管岗位说明
- 门卫值班保安员岗位说明
- 巡逻保安员岗位说明
- 清洁主管岗位说明
- 清洁员岗位说明
- 食堂主管岗位说明
- 厨师岗位说明
- 宿舍主管岗位说明
- 宿舍管理员岗位说明
- 司机岗位说明
- 前台接待员岗位说明
- 办公室文员岗位说明
- 网络管理员岗位说明

对企业来说，每个岗位都代表着一份工作。只有对岗位进行最准确的说明才能为招聘人员提供最佳的参考意见，也才能使在该岗位任职的员工充分了解并圆满完成该岗位的工作内容。不同行业的行政部岗位设置可能有所不同，但一些核心岗位是必须配备的，如行政部经理、门卫值班保安员等，本章对他们的岗位进行详细说明。

4-01 行政部经理岗位说明

行政部经理岗位说明可使用以下说明书。

行政部经理岗位说明书

岗位名称	行政部经理	岗位代码		所属部门	行政部
职系		职等职级		直属上级	总经理
1.岗位设置目的 　全面负责公司的行政管理工作，督促行政部各级员工做好岗位内工作					
2.岗位职责 （1）组织制定行政部工作发展规划、计划与预算方案 （2）组织人员进行行政办公、员工生活及劳保用品等物资的采购、保管、发放和登记工作 （3）组织制定行政管理规章制度及督促、检查制度的贯彻执行 （4）组织、协调公司年会、员工活动、市场类活动及各类会议 （5）负责外联工作及办理公司所需各项证照					

续表

（6）组织好来客接待和相关的外联工作 （7）对公司设备使用、维修等情况进行监督管理 （8）组织专人负责公司办公区和生活区的卫生保洁 （9）负责公司安保、消防管理、劳动保护以及环境建设 （10）组织建立和完善公司档案管理体系；组织制定公司档案借用、复印、借阅等管理制度；组织制定公司档案分类标准和档案编号标准，并进行分类存档、保管 （11）搜集、整理公司内部信息，及时组织编写公司大事记 （12）负责公司重要资质证件的管理 （13）完成上级交办的其他事项
3. 工作关系 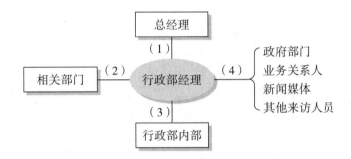 （1）向总经理提供行政管理建议，并落实其工作安排 （2）与相关部门做好沟通工作，向其提供办公用品、办公设备以及车辆 （3）带领下属员工做好行政部的日常工作 （4）接待政府部门的检查，同时主持接待业务关系人、新闻媒体以及其他来访人员的来访管理工作
4. 任职要求 （1）教育背景：大专以上学历，行政管理或相关专业 （2）经验：5年以上行政管理工作经验 （3）专业知识：熟悉行政管理工作，具有较丰富的行政管理知识 （4）能力与技能：较好的组织、沟通协调能力、文字表述能力和公关社交能力
5. 工作条件 （1）工作场所：行政部办公室 （2）工作时间：固定（五天八小时制） （3）使用设备：计算机、电话、计算器等

4-02 保安主管岗位说明

保安主管岗位说明可使用以下说明书。

保安主管岗位说明书

岗位名称	保安主管	岗位代码		所属部门	行政部
职系		职等职级		直属上级	行政部经理

1. 岗位设置目的

　　全面负责公司的保安管理工作，维护公司安全

2. 岗位职责

　　（1）工作对行政部经理负责

　　（2）协助行政部经理处理保安日常工作，制定保安部内部管理规定并实施

　　（3）负责下属（保安人员）的工作班次安排及工作监督考评

　　（4）处理突发事件（包括工伤事故、员工冲突、防台风等）及违规行为的处理，并做记录，存档上报

　　（5）负责安排保安人员做好监控系统的维护与使用

　　（6）定期组织保安人员进行专业知识学习，提高保安上岗执勤素质

　　（7）定期组织保安人员进行业务、消防训练，提高其应对突发事件的能力

　　（8）负责组织保安人员维护考勤、宿舍、食堂秩序

　　（9）带头工作，团结同事，虚心接受工作意见和建议

　　（10）负责公司的消防设施、消防用水管道的检查维护工作

　　（11）负责公司员工打卡秩序及文明生产的巡逻监督工作

　　（12）负责后勤食堂食品采购的检查监督及开饭秩序的维护跟踪（排队）等工作

　　（13）负责公司物资、设备及个人财物的安全防护措施的监督落实，准确跟踪相关事务

　　（14）负责公司用电安全检查和车间、仓库、宿舍等防火工作及消防安全培训工作

　　（15）负责夜间巡逻、值班工作的监督、抽查及处理，处罚违规下属

　　（16）负责公司车辆出入及车辆停放秩序，停放调度事宜

　　（17）负责预防治安事件（赌博、打架）的发生和打击不法分子的骚扰

　　（18）指导下属正确填制车辆出入登记表，外来车辆出入登记表，人员、行李出入登记表，认真填写值班日记，详细记录值班情况

　　（19）定期对新进员工讲解消防器材使用方法及组织实战演习

　　（20）完成上级交办的其他事项

3. 工作关系

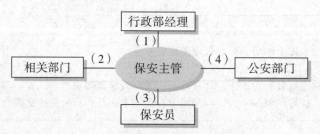

　　（1）接受行政部经理的直接领导，协助其完成公司的安全保卫工作

　　（2）与各相关部门做好沟通工作，安排保安员到各部门进行安全巡查

　　（3）指导门卫值班保安员守卫大门，指导巡逻保安员开展巡逻工作

　　（4）公司内部发生重大治安事件时，及时与当地公安部门联系解决

4. 任职要求

　　（1）教育背景：中专以上学历（警校毕业优先）

　　（2）经验：3年以上保安行业工作经验

　　（3）专业知识：熟悉保安管理工作，具有较丰富的保安管理知识

　　（4）能力与技能：具备必备的擒拿格斗技术，较好的组织、沟通协调能力，较强的保安管理能力

5. 工作条件

　　（1）工作场所：不固定，公司全部区域

　　（2）工作时间：固定（五天八小时制）

　　（3）使用设备：计算机、对讲机等

4-03　门卫值班保安员岗位说明

门卫值班保安员岗位说明可使用以下说明书。

门卫值班保安员岗位说明书

岗位名称	门卫值班保安员	岗位代码		所属部门	行政部
职系		职等职级		直属上级	保安主管

1.岗位设置目的
负责公司大门的守卫工作，防止无关人员进入公司
2.岗位职责
（1）工作对保安主管负责 　　（2）监督员工排队上下班并佩戴厂证、着厂服、按规定排队打卡 　　（3）负责来访登记及进出公司车辆登记 　　（4）上班时间监督职员/员工外出情况，一律凭部门主管签署的放行条放行 　　（5）监控公司车辆外出，一律凭相关负责人签署的车辆放行条放行；材料、货物凭出货单放行；私人行李凭行政部经理签署的私人物品放行条放行 　　（6）客户小车及公司经理级以上领导坐小车进出公司一律行军礼（未经许可，出租车不得进入公司） 　　（7）监督车间员工，未经许可不得进入办公楼 　　（8）禁止外来、无关人员进入厂区及监督厂门口一带不得有闲人逗留 　　（9）负责公司周边及办公楼的巡查工作 　　（10）负责看管员工车棚，确保车辆安全 　　（11）完成上级交办的其他事项
3.工作关系
 　　（1）接受保安主管的直接领导，并协助其做好大门的守卫工作 　　（2）监督相关部门员工的进出，凭证才能出入 　　（3）禁止外来无关人员进入公司，对前来拜访的人员同前台接待员做好沟通工作
4.任职要求
（1）教育背景：初中以上学历 　　（2）经验：1年以上保安行业工作经验 　　（3）专业知识：熟悉门卫值班工作流程 　　（4）能力与技能：具备必要的擒拿格斗技术，善于辨别非法人员，发现安全隐患
5.工作条件
（1）工作场所：门卫值班室 　　（2）工作时间：固定（五天八小时制） 　　（3）使用设备：监视器、对讲机等

4-04 巡逻保安员岗位说明

巡逻保安员岗位说明可使用以下说明书。

巡逻保安员岗位说明书

岗位名称	巡逻保安员	岗位代码		所属部门	行政部
职系		职等职级		直属上级	保安主管

1.岗位设置目的 　　对公司各部分区域进行巡逻，确保公司各区域安全
2.岗位职责 　（1）工作对保安主管负责 　（2）每半小时巡逻一次 　（3）检查电路、开关、消防设施是否完好，确保厂区消防安全 　（4）重点巡视周边围墙、仓库、总装车间，严防偷盗 　（5）监督员工严格遵守操作规程 　（6）完成上级交办的其他事项
3.工作关系  　（1）接受保安主管的直接领导，并协助其做好公司的巡逻工作 　（2）巡逻工作中与被巡逻的部门做好沟通工作，对其提出的安全问题进行记录，并向其提供安全管理建议
4.任职要求 　（1）教育背景：初中以上学历 　（2）经验：1年以上保安行业工作经验 　（3）专业知识：熟悉巡逻保安工作流程 　（4）能力与技能：具备必要的擒拿格斗技术，善于辨别非法人员
5.工作条件 　（1）工作场所：不固定，公司全部区域 　（2）工作时间：固定（五天八小时制） 　（3）使用设备：监视器、对讲机等

4-05 清洁主管岗位说明

清洁主管岗位说明可使用以下说明书。

清洁主管岗位说明书

岗位名称	清洁主管	岗位代码		所属部门	行政部
职系		职等职级		直属上级	行政部经理

1.岗位设置目的
领导下属清洁员进行公司各区域的清洁工作，为公司员工提供干净、整洁的工作环境

2.岗位职责
（1）工作向行政部经理负责 　　（2）负责清洁工的班次安排 　　（3）监督清洁工完成每天的工作任务 　　（4）负责对清洁工劳动纪律的管理 　　（5）负责办公楼各部门的清洁卫生并保管好各部门的钥匙 　　（6）要求清洁工按公司的规章制度进行清洁作业 　　（7）组织清洁工做好下雨前的准备工作 　　（8）完成上级交办的其他事项

3.工作关系
 （1）接受行政部经理的直接领导，协助其完成公司的清洁管理工作 （2）与需要清洁的相关部门做好沟通工作，安排好清洁时间、人员等 （3）制订清洁计划，指导清洁员开展清洁工作

4.任职要求
（1）教育背景：高中以上学历 　　（2）经验：3年以上清洁管理经验 　　（3）专业知识：具有较丰富的清洁管理知识以及清洁用品、清洁器具的知识 　　（4）能力与技能：有良好的沟通能力和协调能力

5.工作条件
（1）工作场所：不固定，公司全部区域 　　（2）工作时间：固定（五天八小时制） 　　（3）使用设备：吸尘器、打蜡机等

4-06 清洁员岗位说明

清洁员岗位说明可使用以下说明书。

清洁员岗位说明书

岗位名称	清洁员	岗位代码		所属部门	行政部
职系		职等职级		直属上级	清洁主管

1.岗位设置目的
负责公司各区域的具体清洁工作

2.岗位职责
（1）工作对清洁主管负责 （2）服从清洁主管的管理，按时上下班，不得缺勤 （3）负责按要求认真清理好自己所辖区域的卫生 （4）在打扫卫生时要小心谨慎，不要碰坏各类办公用具、家具等，否则责任自负 （5）在清理卫生的过程中，不可将公司或他人的物品挪作己有 （6）清理垃圾出厂时应主动接受保安检查 （7）完成上级交办的其他事项

3.工作关系

（1）接受清洁主管的直接领导，并协助其做好公司各部门、各区域的具体清洁卫生工作 （2）在各部门开展清洁卫生工作时，做好沟通，避免清洁时损伤其文件资料等

4.任职要求
（1）教育背景：初中以上学历 （2）经验：1年以上清洁工作经验 （3）专业知识：具有较丰富的清洁工作知识以及清洁用品、清洁器具的知识 （4）能力与技能：具有良好的沟通能力和执行能力

5.工作条件
（1）工作场所：不固定，公司全部区域 （2）工作时间：固定（五天八小时制） （3）使用设备：吸尘器、打蜡机等

4-07 食堂主管岗位说明

食堂主管岗位说明可使用以下说明书。

食堂主管岗位说明书

岗位名称	食堂主管	岗位代码		所属部门	行政部
职系		职等职级		直属上级	行政部经理

1.岗位设置目的
负责食堂的日常管理工作，为员工提供良好的饮食和就餐环境

2.岗位职责
（1）工作对行政部经理负责 　（2）负责安排、监督厨师的日常工作及教育培训 　（3）负责带领下属厨师准时供应饭菜 　（4）负责食堂的卫生管理工作（包括个人、餐具、食品、餐厅卫生等），严守卫生防疫制度，购买合格食品，杜绝食物中毒事件的发生 　（5）负责做好灭鼠、灭蚊蝇等工作，防止饭菜污染 　（6）负责定期组织厨师体检，预防传染病 　（7）负责按时供应车间开水、凉茶 　（8）负责按时保质保量供应车间员工夜宵 　（9）负责跟踪员工对食堂提出的建议并及时制定改善方案 　（10）负责食堂的消防安全管理工作 　（11）负责带领下属努力改善营养结构，坚持菜谱多样化 　（12）负责管理好食堂的设施设备 　（13）完成上级交办的其他事项

3.工作关系
 （1）接受行政部经理的直接领导，协助其完成公司的食堂管理工作 （2）向相关部门提供高质量的食品，向采购部提出食材等餐饮物品采购申请，同清洁主管协商食堂的清洁工作 （3）指导厨师制作可口的菜肴

4.任职要求
（1）教育背景：中专以上学历（旅游学院酒店专业毕业优先） 　（2）经验：4年以上餐饮管理经验 　（3）专业知识：具有较丰富的餐饮管理知识以及各类菜品相关知识 　（4）能力与技能：有良好的沟通能力和协调能力，会烹饪各类菜肴

5.工作条件
（1）工作场所：食堂 　（2）工作时间：固定（五天八小时制） 　（3）使用设备：烹饪设备

4-08　厨师岗位说明

厨师岗位说明可使用以下说明书。

厨师岗位说明书

岗位名称	厨师	岗位代码		所属部门	行政部
职系		职等职级		直属上级	食堂主管

1.岗位设置目的
负责食堂的日常实际菜品制作工作，向员工提供安全、可口的食物
2.岗位职责
（1）工作对食堂主管负责 　　（2）保持仪容仪表整洁、干净，不留长指甲，按公司规定着装 　　（3）对待就餐人员要热情礼貌，服务周到 　　（4）每天对食堂的厨具、餐具等进行清洁和消毒，保障食堂卫生，及时清倒垃圾 　　（5）各种主副食品在加工制作前必须清洗干净 　　（6）食堂采购人员不得采购变质的食材和不新鲜的蔬菜 　　（7）对所剩的新鲜食物要及时入冰柜或纱窗柜，防止腐烂变质或蝇、鼠污染，定期灭蝇、灭鼠 　　（8）厨师应爱岗敬业，不断提高烹饪技术，努力为员工提供新鲜可口的饭菜 　　（9）必须及时供应车间开水、凉茶（包括晚上车间加班） 　　（10）按时保质保量供应车间员工夜宵 　　（11）每半年到医院体检一次并提供健康证明交行政部存档 　　（12）安全使用燃气、电气设备，注意防火防爆 　　（13）爱护食堂厨具、餐具等设施设备 　　（14）完成上级交办的其他事项
3.工作关系  　　（1）协助食堂主管做好食堂的日常工作 　　（2）为相关部门员工提供良好的食品，并接受其对餐饮方面的意见和建议
4.任职要求 　　（1）教育背景：初中以上学历，厨师技校毕业 　　（2）经验：1年以上餐饮经验 　　（3）专业知识：具有较丰富的菜品相关知识 　　（4）能力与技能：有良好的沟通能力和协调能力，会烹饪各类菜肴
5.工作条件 　　（1）工作场所：食堂 　　（2）工作时间：固定（五天八小时制） 　　（3）使用设备：烹饪设备

4-09　宿舍主管岗位说明

宿舍主管岗位说明可使用以下说明书。

宿舍主管岗位说明书

岗位名称	宿舍主管	岗位代码		所属部门	行政部
职系		职等职级		直属上级	行政部经理

1.岗位设置目的
负责对所有员工宿舍的管理，为员工提供良好的住宿环境

2.岗位职责
（1）工作对行政部经理负责 　（2）带领各宿舍管理员认真监督公司员工严格执行宿舍各项管理规定 　（3）负责对宿舍卫生、安全、纪律、设施的管理 　（4）负责公司员工的入宿安排 　（5）坚持每天不定时巡查各宿舍，发现问题及时做好记录并上报行政部经理处理 　（6）负责组织各宿舍管理员对各宿舍进行检查评比，并将评比结果上报行政部经理 　（7）负责每月向行政部上报上一月的员工住宿登记表、扣缴水电费明细表、宿舍财产统计表等 　（8）完成上级交办的其他事项

3.工作关系

（1）接受行政部经理的直接领导，协助其做好公司各宿舍的日常管理工作 　（2）与相关部门做好沟通工作，及时安排其员工入住宿舍，协助保安部做好员工宿舍的安全管理工作 　（3）指导宿舍管理员管理好各宿舍

4.任职要求
（1）教育背景：初中以上学历 　（2）经验：3年以上员工宿舍管理经验 　（3）专业知识：熟悉员工宿舍的各类设施设备、日常工作手续等 　（4）能力与技能：较好的组织、沟通协调能力和出色的领导能力

5.工作条件
（1）工作场所：员工宿舍 　（2）工作时间：固定（五天八小时制） 　（3）使用设备：计算机、电话、计算器等

4-10 宿舍管理员岗位说明

宿舍管理员岗位说明可使用以下说明书。

宿舍管理员岗位说明书

岗位名称	宿舍管理员	岗位代码		所属部门	行政部
职系		职等职级		直属上级	宿舍主管

1.岗位设置目的
协助宿舍主管管理各宿舍的具体工作，为员工提供良好的住宿环境

2.岗位职责
（1）工作对宿舍主管负责 　（2）协助宿舍主管做好本宿舍的管理工作 　（3）监督宿舍住宿员工严格执行宿舍各项管理制度 　（4）每周按时参加宿舍评比活动 　（5）负责落实宿舍每天的卫生轮流值班，定期组织本宿舍全体员工进行大扫除，确保宿舍清洁、干净 　（6）负责禁止非本公司人员进入宿舍，监督各住宿员工对宿舍管理规定的执行情况 　（7）负责禁止员工在宿舍内聚赌、大声喧哗等现象 　（8）监督宿舍员工爱护宿舍公共设施 　（9）负责本宿舍新入职员工的床位安排及离职人员行李的检查 　（10）完成上级交办的其他事项

3.工作关系
 　（1）协助宿舍主管做好本宿舍的管理工作，定期向其汇报宿舍情况 　（2）办理相关部门员工的入住、住宿、退宿管理工作

4.任职要求
（1）教育背景：初中以上学历 　（2）经验：1年以上行政工作经验 　（3）专业知识：熟悉员工宿舍的各类设施设备、日常工作手续等 　（4）能力与技能：较好的组织、沟通协调能力，较强的执行能力

5.工作条件
（1）工作场所：员工宿舍 　（2）工作时间：固定（五天八小时制） 　（3）使用设备：计算机、电话、计算器等

4-11 司机岗位说明

司机岗位说明可使用以下说明书。

司机岗位说明书

岗位名称	司机	岗位代码		所属部门	行政部
职系		职等职级		直属上级	行政部经理

1.岗位设置目的
负责公司车辆的使用、管理工作，为公司用车人员提供车辆服务
2.岗位职责
（1）工作对行政部经理负责
（2）保持良好的个人形象，注意个人言行、卫生，在驾驶过程中保持端正姿态
（3）遵守交通规则，确保交通安全，维护公司形象
（4）遵守公司保密制度，不与客人谈论公司事务，当客人问起公司有关商业性问题时应婉言回避
（5）车辆实行专人驾驶保管，责任到人，未经公司领导批准严禁交给他人驾驶
（6）经常清洗车辆，保持车内外清洁、美观
（7）严格按照派车单的要求出车
（8）手机24小时开机，下班或节假日如遇公司有紧急任务时应及时赶到
（9）及时申报有关车辆维修、保养、年审、季审、保险等工作
（10）保管好车辆的行驶证、保险卡、营运证、购置附加费证、路费证及加油登记本等资料
（11）出车前要坚持检查，做到机油、汽油、刹车油、冷却水、轮胎气压、制动转向、喇叭、灯光等安全可靠，保证车辆处于良好状态
（12）出发前应确认路序和目的地，选取最佳行车路线
（13）坐车人（特别是公司客户和领导）上下车时，应主动打招呼，为其开关车门
（14）用车人如有不合交通规则或公司规定的要求时应委婉拒绝
（15）司机因事需离开车辆时，必须锁死车门
（16）完成上级交办的其他事项
3.工作关系

（1）接受行政部经理的直接领导，协助其做好车辆管理工作
（2）为相关部门员工提供车辆服务
（3）接受办公室文员的用车通知，用车结束后及时向其报告
4.任职要求
（1）教育背景：初中以上学历
（2）经验：具备资质合格的驾照，3年以上行车经验
（3）专业知识：熟悉车辆驾驶知识，了解必要的车辆保管、维修等知识
（4）能力与技能：较好的组织、沟通协调能力，较强的执行能力
5.工作条件
（1）工作场所：不固定
（2）工作时间：固定（五天八小时制）
（3）使用设备：车辆等

4-12 前台接待员岗位说明

前台接待员岗位说明可使用以下说明书。

前台接待员岗位说明书

岗位名称	前台接待员	岗位代码		所属部门	行政部
职系		职等职级		直属上级	行政部经理

1. 岗位设置目的
   负责对来宾的接待工作以及各类电话的转接工作

2. 岗位职责
   （1）工作对行政部经理负责
   （2）注重自身形象、仪表端庄
   （3）负责接听电话，接听电话时要注意声音清脆、流利
   （4）熟练、礼貌地接转电话，保障电话信息的准确传递
   （5）对来访的客人进行接待
   （6）负责传真文件的收发及登记工作
   （7）完成上级交办的其他事项

3. 工作关系

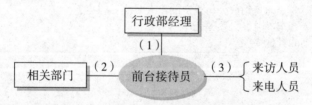

   （1）接受行政部经理的直接领导，并协助其做好来访接待工作
   （2）与相关部门做好沟通工作，为其转接电话、转发传真、文件等，同时安排来访工作
   （3）接待好来访人员，同时来电人员来电后要及时接听，并做好沟通

4. 任职要求
   （1）教育背景：中专以上学历，行政管理或相关专业
   （2）经验：2年以上前台工作经验
   （3）专业知识：熟悉前台工作流程、工作手续
   （4）能力与技能：较好的组织、沟通协调能力、文字表述能力和社交能力

5. 工作条件
   （1）工作场所：前台
   （2）工作时间：固定（五天八小时制）
   （3）使用设备：计算机、电话、计算器、传真机等

4-13 办公室文员岗位说明

办公室文员岗位说明可使用以下说明书。

办公室文员岗位说明书

岗位名称	办公室文员	岗位代码		所属部门	行政部
职系		职等职级		直属上级	行政部经理

1.岗位设置目的
负责行政部办公室的日常管理工作，确保行政部办公室保持正常运行

2.岗位职责
（1）注重自身形象、仪表端庄 （2）负责管理各类文件资料 （3）负责管理档案库房，并定期整理档案 （4）协助打印、复印本部门及公司领导交办的文件及其他相关工作 （5）负责公司车辆专用油票的领用、登记和保管工作 （6）负责食堂餐卡的发放、回收、统计上报工作 （7）负责办公用品的申购、保管、发放工作 （8）完成上级交办的其他事项

3.工作关系
 （1）接受行政部经理的直接领导，并协助其做好日常行政管理工作 （2）为相关部门安排车辆，受理其办公用品、办公设备的采购申请，并监督其发放工作 （3）向司机发出用车通知，并做好用车记录

4.任职要求
（1）教育背景：大专以上学历，行政管理或相关专业 （2）经验：2年以上行政工作经验 （3）专业知识：熟悉行政管理工作，具有较丰富的行政管理知识 （4）能力与技能：较好的组织、沟通协调能力、文字表述能力和公关社交能力

5.工作条件
（1）工作场所：行政部办公室 （2）工作时间：固定（五天八小时制） （3）使用设备：计算机、电话、计算器、传真机等

4-14 网络管理员岗位说明

网络管理员岗位说明可使用以下说明书。

网络管理员岗位说明书

岗位名称	网络管理员	岗位代码		所属部门	行政部
职系		职等职级		直属上级	行政部经理

1.岗位设置目的
全面负责公司网站建设与内部网络管理，确保内部网络安全，保管好网络资料
2.岗位职责
（1）负责公司网站域名注册、审核以及内部局域网建设 　　（2）负责服务器和网络软件的安装、维护、调整及更新 　　（3）负责协调解决各联网单位网络使用中的问题 　　（4）监督机房网络设备及软件的正常运行 　　（5）开发和建设公司公共服务信息管理系统，提供公共服务信息的发布、查询等功能 　　（6）负责网络实体，如服务器、交换机、集线器、路由器、配线架、网线、接插件等的维护和管理 　　（7）负责网络账号管理、资源分配、数据安全和系统安全 　　（8）参与网络值班，监视网络运行，调整网络参数，调度网络资源，保持网络安全、稳定、畅通 　　（9）负责计算机系统备份和网络数据备份 　　（10）保管网络拓扑图、网络接线表、设备规格及配置单、网络管理记录、网络运行记录、网络检修记录等网络资料 　　（11）监督公司员工对网络的使用，阻止非法行为的发生 　　（12）完成上级交办的其他事项
3.工作关系 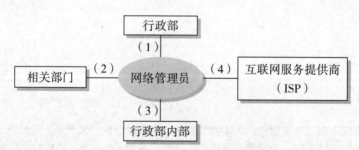 　　（1）接受行政部经理的直接领导，协助其完成公司的网络管理工作 　　（2）与相关部门做好沟通工作，做好各部门员工的账号、密码的管理维护，协助其发布公共信息 　　（3）与行政部内部员工就行政事务管理进行沟通协调，排除网络故障 　　（4）与互联网服务提供商（ISP）保持联系，维持公司网络的正常运行
4.任职要求 　　（1）教育背景：大专以上学历，计算机、信息管理或相关专业 　　（2）经验：2年以上行政工作经验 　　（3）专业知识：熟悉网络管理工作，具有较丰富的网络管理知识 　　（4）能力与技能：较好的组织、沟通协调能力、文字表述能力和公关社交能力，具备出色的网络技能
5.工作条件 　　（1）工作场所：行政部办公室 　　（2）工作时间：固定（五天八小时制） 　　（3）使用设备：计算机、电话、计算器等

第2部分 办公行政管理制度

没有完善的管理制度，任何先进的方法和手段都不能充分发挥作用。为了保障办公行政管理系统的有效运转，企业必须建立一整套办公行政管理制度，作为办公行政工作的章程和准则，使办公行政管理规范化。

本部分共分为11章，如下所示：
- 办公行政管理制度概述
- 行政事务管理制度
- 文书档案管理制度
- 印章及证照管理制度
- 会议与会务管理
- 办公设备、用品管理制度
- 车辆管理制度
- 员工食宿管理制度
- 卫生环境管理制度
- 安全管理制度
- 保密管理制度

第5章 办公行政管理制度概述

本章阅读索引：

- 管理制度的内容组成
- 管理制度的文件样式
- 管理制度的实施
- 办公行政管理模块及制度概览

"一切按制度办事"是企业制度化管理的根本宗旨。企业通过制度规范员工的行为，员工依据制度处理各种事务，而不是以往的察言观色和见风使舵，使企业的运行逐步规范化和标准化。一个具体的、专业性的企业管理制度一般由一些与此专业或职能方面相关的规范性的标准、流程或程序，和规则性的控制、检查、奖惩等因素组合而成。在很多场合或环境里，制度即规范或工作程序。

5-01 管理制度的内容组成

从一个具体的企业管理制度的内涵及其表现形式来看，企业管理制度主要由以下内容组成。

（1）编制目的。

（2）适用范围。

（3）权责。

（4）定义。

（5）作业内容，包括作业流程图，及用5W1H（Who——何人，When——何时，Where——何地，What——什么，Why——为什么，How——怎样做）对作业流程图的要项逐一说明。

（6）相关文件。

（7）使用表单。

一般来说，编写管理制度的内容时，应按照如表5-1所示的要领进行。

表5-1 管理制度内容编写要领

序号	项目	编写要求	备注
1	目的	简要叙述编制这份制度的目的	必备项目
2	范围	主要描述这份制度所包含的作业深度和广度	必备项目
3	权责	列举本制度和涉及的主要部门或人员的职责及权限	可有可无

续表

序号	项目	编写要求	备注
4	定义	列举本制度内容中提到的一些专业名称、英文缩写或非公认的特殊事项	可有可无
5	管理规定	这是整篇文件的核心部分。用5W1H的方式依顺序详细说明每一步骤涉及的组织、人员及活动等的要求、措施、方法	必备项目
6	相关文件	将管理规定中提及的或引用的文件或资料一一列举	可有可无
7	使用表单	将管理规定中提及的或引用的记录一一列举,用以证明相关活动是否被有效实施	可有可无

5-02 管理制度的文件样式

严格来说,制度并没有标准、规范的格式,但大多数企业都采用目前比较流行的、便于企业进行质量审核的文件样式,如表5-2所示:

表5-2 制度样式

××公司标准文件		××有限公司 ×××管理制度/工作程序	文件编号××-××-××	
版次	A/0		页次	第×页

1.目的
2.适用范围
3.权责单位
   3.1部门
      负责××
   3.2部门
      负责××
      ……
4.定义
5.管理规定/程序内容
   5.1
      5.1.1
      5.1.2
   5.2
   …				

续表

6.相关文件					
××文件					
7.使用表单					
××表					
拟定		审核		审批	

5-03 管理制度的实施

企业管理制度的执行，是企业管理的实践者。它们既有联系又有区别：制度是文件，是命令；执行是落实，是实践；制度是执行的基础，执行是制度的实践，没有制度就没有执行；没有执行，制度也只是一个空壳。所以要想贯彻落实企业管理制度，还需做到以下几个方面。

（一）需要加强企业管理制度和执行所设的内容在员工中的透明度

员工是企业管理制度落实到位的主要对象。如果员工连遵守什么、怎样遵守都不明白或不完全明白，就是没有目的或目的（目标）不明确，后果将导致公司制定的管理制度"流产"。企业管理制度是员工在工作中不可或缺的一部分，制度遵守得好坏，取决于员工的工作态度和责任心。如果员工把平时的工作表现和制度执行的好坏程度分开来衡量自己是不恰当的。因为制度和工作在性质上不可分，是相互联系和依存的。制度遵守得好，工作起来就好，就顺心，没有压力；反过来，工作上的每一次过失和失误，大多是不遵守制度、遵守制度不彻底而引起的。因此，遵守企业管理制度虽然提倡自觉性，但同时不能忽略强制性，对少数员工实行罚款、辞退、开除等执行措施是很有必要的。

（二）企业管理人员在制度和执行上应做到"自扫门前雪"

管理人员有宣贯公司管理制度的义务和责任，制度的拟定者和执行者都应把心态放正，不要掺杂个人感情在制度中。同时要杜绝一问三不知。在企业管理制度的执行上对执行者要做到相互监督、落实。

企业管理制度执行本身就具有强制性的特征。没有过硬的强化手段，有些刚建立的企业管理制度就是一纸空文。一般地讲，制度的制定，来自于基层，也适应于基层，为基层服务。因此，建立持久的强化执行方案是完成管理制度最有效的方法。当一种企业管理制度，经过一定阶段强化执行后，它就逐渐形成了一种习惯，甚至可以成为一种好的企业传统发扬下去。

企业管理人员应有好的决心，才有好的制度执行力。优秀的领导应从宏观角度去监督指导企业管理制度执行的程度，随时检查纠正，调整执行方案、执行方法，不断完善企业管理制度，推动公司制度的执行在干部、员工的行为中的深入度，坚持用诚实可信、勤恳踏实的务实敬业作风去感化和影响自己的下属，为自己的工作服务，为企业服务。

5-04 办公行政管理模块及制度概览

本书为企业的行政管理提供了一些实用的制度范本供参考，具体包括如表5-3所示的几个方面。

表5-3 办公行政管理模块及制度概览

序号	管理模块	制度名称
1	行政事务管理制度	行政值班制度
		出差管理制度
		公务接待管理制度
		因公出国管理办法
		业务招待费管理制度
		公司因公出国人员费用开支标准及管理办法
		通信费用管理规定
		公司微信群管理办法
		微信公众号管理制度
2	文书档案管理制度	文书档案管理办法
		公司常用公文写作规范
		文件收发管理制度
		文档分装工作规范
		文件、资料保密制度
3	公司印章及证照管理制度	公司印章管理办法
		分公司印章使用管理办法
		电子印章使用和管理办法
		公司证照管理办法
		公司介绍信管理规定
4	会议与会务管理	会议管理办法
		公司会议费管理办法
		大型活动会务管理细则
5	办公设备、用品管理制度	办公设备日常管理制度
		办公设备、耗材管理办法
		办公用品管理办法

续表

序号	管理模块	制度名称
6	车辆管理制度	公司车辆管理办法
		私车公用管理办法
		中高层管理人员车辆补贴实施办法
7	员工食宿管理制度	员工宿舍管理制度
		租房补贴管理办法
		员工伙食管理办法
		餐费补贴管理办法
8	卫生环境管理制度	环境卫生管理办法
		卫生与环境管理制度
		办公室卫生管理制度
		厂区环境卫生管理制度
9	安全管理制度	治安保卫管理制度
		保安管理制度
		识别证管理办法
		门卫管理制度
		厂区出入管理规定
		消防安全管理制度
		消防安全应急预案
10	保密管理制度	公司保密制度
		员工保密承诺书签订规定
		文件、资料保密制度
		信息安全保密管理办法
		网络和信息安全事件应急处置和报告制度

第6章 行政事务管理制度

本章阅读索引：

- 行政值班制度
- 出差管理制度
- 公务接待管理制度
- 因公出国管理办法
- 业务招待费管理制度
- 公司因公出国人员费用开支标准及管理办法
- 通信费用管理规定
- 公司微信群管理办法
- 微信公众号管理制度

6-01 行政值班制度

××公司标准文件		××有限公司 行政值班制度	文件编号××-××-××	
版次	A/0		页次	第×页

1. 目的

为保障××公司（以下简称"公司"）行政值班工作正常运转，提高工作质量与效率，根据省公司行政值班管理有关要求，按照"规范有序、敏锐高效、准确可靠、服务大局"的功能定位，特制定本办法。

2. 适用范围

本办法适用于公司本部及基层单位行政值班工作管理。

3. 责权

（1）总值班室是公司内外联络的形象窗口，是服务行政工作的保障中心，是公司政务信息集散的运转枢纽，是应对紧急突发事件的重要平台。公司总值班室管理职责如下。

①负责统筹安排公司行政值班工作。

②负责重大突发事件的协调处置工作。

③按照《值班重大事项请示报告制度》规定程序、时限和要求，报送重大事项。

④负责协调公司领导公务活动安排。

⑤负责值班信息审核。

⑥负责登记领导批示，跟踪督办，及时汇报落实情况。

⑦制定公司行政值班管理方面的有关制度、流程及标准。

⑧起草、发布有关值班工作文件。
⑨负责与相关专业部门的沟通、协调与衔接。
⑩负责值班一体化信息平台的应用和维护。
⑪动态掌握公司作为成员单位的各市级领导小组、工作委员会的相关信息。
（2）公司办公室负责公司系统行政值班日常管理工作。
（3）非工作时间值班人员职责（公司本部人员轮值）如下。
①负责当日值班报岗、值班日志的填写。
②负责在值班时间内办理来文来电工作。
③负责值班期间有关事项的协调和联络。
④协调处理值班期间的突发事件和应急事项。

4.管理规定

（1）按照"准确、有序、敏锐、高效"的原则办理值班各项事务。
（2）坚守值班岗位，保持24小时连续在岗职守。按照"首接负责制"做好办理事项的汇报、联络、协调、跟踪和落实工作。
（3）记录值班期间来文来电，做好信息的整理和编报工作，建立严格的审核机制，保证相关信息和数据的准确，按时发布相关刊物。
（4）严格遵守交接班、换班等规章制度，严守值班工作纪律和保密要求。
（5）公司行政值班工作分为四个层级：公司领导带班、特殊时期部门领导在岗带班、总值班室值班、非工作时间本部人员轮流值班。
①领导带班。公司领导参与法定节假日、重大保卫、突发事件、抗灾抢险特殊时期的带班工作，带班期间对公司值班工作及突发事件进行总体指挥和决策。
②特殊时期部门领导在岗带班。公司本部部门领导以在岗带班方式，参与公司特殊时期值班工作，值班期间负责相关工作的具体组织和协调。
③总值班室值班。
a.工作时间内，公司本部总值班室值班员负责行政值班工作，特殊时期参与相关事务的组织与协调。
b.节假日值班安排时必须明确值班车辆车牌号、联系方式及应急服务值班人员联系方式。
c.按照本部部门排序，安排非工作时间、特殊时间行政值班工作。
d.指导非工作时间本部值班人员准确处理来文来电。
e.公司防汛、防灾等生产值班安排要与公司行政值班安排相衔接，总值班室负责值班人员安排，带班领导的排班原则上以生产部门意见为主，生产部门起草的生产值班相关文件，需办公室会签。

④非工作时间本部人员轮流值班。

a.公司本部在职人员参与非工作时间、节假日及特殊时期的行政值班工作。

b.周一至周五期间负责夜间值班工作,下午18:00接班,上午8:30交班。

c.节假日实行24小时两值值班制,白班上午8:30接班,下午18:00交班;夜班下午18:00接班,次日上午8:30交班。

d.应在总值班室到岗值班,坚决杜绝因值班不到位而发生重要来文来电漏接、迟接等情况的发生。

e.值班期间禁止饮酒、脱岗等。

(6)带班制度。特殊时期,本部副职级以上干部在岗带班周期为24小时,需保持通信畅通。要求接到通知后,30分钟内到达总值班室。

(7)交接班制度。

①交班时间:按照规定的交班时间,接班人员提前15分钟到达总值班室,按照《值班日志》中的规定进行交接班。

②交接班的主要内容:来文来电情况、突发事件处置情况、文件流转的具体办理情况、重要信息获取情况、领导批示意见、领导交办事项办理情况。以上内容均由交班值班员填入《值班日志》和《值班台账》中,交班人员重点说明未办结事项的详细情况,保证值班工作的连续性。

③接班值班员上岗前应认真查看《值班日志》和《值班台账》中的内容,了解上值各项工作情况,做到情况明确、内容清楚。

④办公室人员对每日交接班情况进行监督。

⑤交班值班员应全面认真地完成本班的各项工作,不得无故将本值工作任务拖延至下一值。交接完毕后,交接班双方值班员在《值班日志》和《值班台账》上签字确认。如果由于交班值班员漏交或未交清楚而出现问题,责任由交班值班员承担。

⑥在交接班签字前,接报突发事件或紧急情况需立即处置的,应停止交接班,由交班值班员负责处理,接班值班员配合。待处置完毕或短时不能完成但已告一段落,经总值班管理专责同意,完成交接班。

(8)备班制度。当发生突发情况或有紧急工作任务,需要对当日值班人员进行支援补充时,由办公室统一安排备班人员,备班人员包括办公室主任、副主任、值班管理专责和值班员,备班人员上岗时间原则上不超过24小时。备班人员在备班期间保持通信畅通,不得离开主城区和饮酒,在接到通知后30分钟内到达总值班室。

(9)换班制度。值班人员因故不能到岗的,按照自愿协商的原则进行换班,换班值班员原则上不得连续两日值班。

（10）应急制度。值班期间接到紧急重大事项信息后，根据公司领导批示，需启动紧急应急响应的，总值班室要及时将应急职能移交公司应急指挥中心，并做好工作及相关信息传递的衔接。

（11）奖惩规定。

①公司根据《行政值班工作考核评价细则》，每年对行政值班工作进行综合考核评价，评价结果在公司进行通报，并纳入考核。

②公司本部人员因值班工作不到位或方式方法不当造成不良后果的，要追究其责任，并向公司绩效考核委员会提出相应的部门考核意见。

| 拟定 | | 审核 | | 审批 | |

6-02 出差管理制度

××公司标准文件		××有限公司 出差管理制度	文件编号××-××-××	
版次	A/0		页次	第×页

1. 目的

为规范公司出差管理工作，保障出差手续办理迅速、快捷，流程规范，促进业务工作开展，同时为加强出差费用管理，增收节支，特制定本制度。

2. 适用范围

本制度适用于出差员工在工作地以外公出所产生的国内、国际差旅费用，主要包括往返交通费、住宿费、当地交通费、餐费及其他日常支出（国际出差中包括签证费）。

3. 管理规定

3.1 出差管理原则

3.1.1 各级管理人员对所属员工的出差负有直接管理职责，综合部协助各级管理人员对员工出差进行管理。各级审批人负责按照本制度及审批权限，对员工出差申请、出差费用的真实性、合理性进行审批。

3.1.2 出差人员须在核定的预算范围内，合理地安排业务活动。必须按照高效、经济、安全、便捷的原则选择交通工具、住宿地点、路线和时间，反对浪费行为，并对限额控制的差旅费用实行超支自理。

3.1.3 普通员工出差时限由部门经理视情况需要予以核定，部门经理出差时限由总经理视情况需要予以核定。

3.1.4 员工出差必须事先获得批准或被安排出差。因突发事件或紧急公务情况，未能履行出差审批程序的,出差前可以通信方式请示部门经理及总经理,经口头批准后方可出差,同时报综合部备案,出差后须立即补办手续,对擅自主张以及未补办手续者不予报销差旅费,出差期间按照未出勤处理。

3.1.5 凡可通过视频、电话会议等远程手段或委托当地平台人员代为办理等方式能解决的问题,原则上均不得安排出差。

3.1.6 出差人员在没有完成预订任务的情况下,中途因个人原因需要回公司或去其他地点的,必须事先报部门经理及总经理批准,而且由个人负担出差地返回公司或其他地点的差旅费。

3.1.7 员工出差期间因工作需要而延长出差时限的,须报请部门经理及总经理审核批准;因病或其他不可抗力因素需要延长出差时限的,须及时通知部门经理及总经理,报综合部备案,并在出差结束后提供相关证明。未经许可逾期返回的,扣减其逾期天数的住宿费及出差补助。

3.1.8 出差时须按照规定标准乘坐交通工具、住宿,如无特殊原因,超出标准的部分,一律由个人负担。

3.1.9 使用公司车辆,请参考公司其他相关制度。

3.1.10 员工出差期间不报支加班费。

3.1.11 财务部负责按本制度的规定,复核差旅费借款及报销申请是否符合要求。出差票据(车票、住宿票、杂费票、招待及其他发票)的真实性(含票据的真实、发生时间的真实、金额的真实)由财务人员依据公司财务制度、相关管理制度进行审查、审核。发现票据不符合规定或弄虚作假的,一律按废票据处理,并酌情给予纪律处分。

3.2 出差审批程序

3.2.1 出差员工应提前3～5日在"××集团智能网络办公系统"的工作流程模块发起"出差申请审批流程",须注明出差事由、地点、行程、日期、随行人员、交通工具、费用预借等必要项目;由部门经理及总经理审批,并报财务部与综合部备案后方可办理出差借款,及执行出差任务。

3.2.2 同一部门共同出差的,"出差申请"由主要责任人填报;其他部门协同出差的,"出差申请"由协同人员自行填写。

3.2.3 出差预计费用超过1000元的,可申请办理出差借款。

3.2.4 员工差旅费借款原则上应以选择合理交通工具的往返路费、预估出差期间不同地点的路费和按照合理预估的住宿天数、住宿标准上限计算的住宿费为限;出差借款限额=人数×计划出差天数×各项差旅费标准合计×1.2。

3.3 出差时间规定

出差时间核算如下。

(1)出差当日12:00以前出发按1天计算。

（2）出差当日12：00以后出发按半天计算。

（3）出差当日12：00以前返回按半天计算。

（4）出差当日12：00以后返回按1天计算。

（5）此处涉及的时间以飞机、车、船票等起/至时间提前/滞后2小时为准。

3.4 交通工具选择标准与规定

3.4.1 出差交通工具选择需根据业务重要程度、时间要求及路途长短等客观因素确定。

3.4.2 员工短途出差（单程距离在200千米以内）一般乘坐长途客车、火车前往，已经配有公务、自用车的员工短途出差，可按照公司相关用车规定前往，但存在下述情况之一时，经主管领导批准，可申请派用车辆。

（1）符合配车标准，但尚未配备公务、自用车的人员短途出差。

（2）同行人数超过2人，派车费用经济时。

（3）随身携带物品较多或极为重要时。

（4）乘坐长途客车或火车不方便，且需要速去速归时。

3.4.3 长途出差（单程距离在200千米以上）乘坐火车、船、飞机的等级标准，按下列上限规定执行。

行政级别	交通工具			
	飞机	高铁	火车	轮船
总(副)经理、总监及以上级别	经济舱	一等车厢	软卧、动车组一等车厢	一等舱
部门经理	经济舱	二等车厢	软卧、动车组二等车厢	二等舱
其他人员	经济舱（经批准）	二等车厢（经批准）	硬卧、动车组二等车厢	一等舱

3.4.4 乘飞机需经批准的标准：出差路途较远（乘快车、动车、轮船连续八小时以上且没有直达车、船）或出差任务紧急、乘其他交通工具来不及的，或相比其他方式总体可缩减出差费用的，经审批人批准方可乘坐飞机。

3.4.5 乘坐高铁需经批准的标准：出差路途较远（乘快车、动车、轮船连续八小时以上且没有直达车、船），乘坐高铁费用低于飞机的，或出差任务紧急、乘快车、动车等其他交通工具来不及的，或相比其他方式总体可缩减出差费用的，经审批人批准方可乘坐高铁。

3.4.6 飞机票一律由综合部负责订票工作，如特殊情况下需自行订票的需经综合部同意。因个人原因产生的退票费不予报销，因公司原因产生的退票费，请在报销时向财务人员提供审批人签字的退票原因说明。

3.4.7 出差期间市内交通费报销规定

（1）机场及火车站往返的费用须提供相关票据，据实报销。

（2）出差期间在目的地产生的交通费，部门经理（含部门经理）以上人员可据实报销，其他人员凭票报销，上限40元/天。

3.5 出差住宿标准与规定

出差住宿补贴标准如下。

（1）副省、省级省会城市：总（副）经理、总监及以上级别，实支/天；部门经理，300元/天；其他人员，250元/天。

（2）地级城市以及江苏、浙江、广东等发达县级城市：总（副）经理、总监及以上级别，实支/天；部门经理，250元/天；其他人员，200元/天。

（3）省内以及县级城市：总（副）经理、总监及以上级别，实支/天；部门经理，200元/天；其他人员，150元/天。

（4）总（副）经理及总监最高上限额600元，更高级别人员不限。

（5）2人或2人以上人员出差，若级别不同，则住宿费按随行两人中较高级别人员的标准执行。

（6）住宿费在标准内凭票报销，节约不归己，超支自负。

（7）因客观原因需要而产生的超出本人标准的住宿费，由出差人另附情况说明，经上级领导审批，总经理批准后可据实报销。

（8）出差期间无须住宿或因工作关系获得免费住宿的，不得报销住宿费。无该次出差有效住宿单据的，视同取得免费住宿。

3.6 出差补助标准与规定以及出差招待费补助规定

3.6.1 出差补助标准与规定。

（1）公司因公出差补贴，包括伙食补贴，实行限额包干，按出差的实际天数计发。

（2）出差补助标准统一定为：80元/天。

（3）出差人员有对外招待业务的，按发生因公招待餐费次数每次核减日餐费补助的40%；全天均有招待业务的，核减当日全部餐费补助；招待费另行审批报销。

（4）外出培训或参加相关会议人员，交纳的会务费、培训费已经包含食宿费用的，不得再报销该期间的住宿费和获得出差补助。如会议组织者不统一安排食宿的，按出差标准执行。

3.6.2 出差招待费补助规定。

（1）出差期间，因公要请客用餐、交纳费用等各种规定之外的开支，需先征得本部门经理及总经理同意再行开支。报销时，报销人应填制《费用报销单》并按规定程序报销。

（2）出差人员因公交际应酬费用除部门经理及总经理核准部分由公司开支外，均应自理。

3.7 驻外员工补助标准与规定

3.7.1 驻外员工补助

（1）驻外员工定义：外派到本公司任一工作地点（有办公场所及宿舍），且在当地连续工作时间超过10天的各级员工。

（2）驻外津贴统一标准：60元/天。

（3）驻外员工不再享受3.6.2中相关出差补助规定。

3.7.2 驻外员工休假

（1）员工在驻外分公司每工作一年可享受20天带薪驻外假，原则上外省3月一次，每次5天；本省1～2月一次，每次2天。往返交通费按公司财务报销制度核定的标准报销。

（2）员工也可由家属进行反向探亲，报销一个人往返的标准路费。

（3）休假期间不享受驻外补助。

（4）不休带薪假坚持上班的驻外员工由公司进行补贴（不补路费），补贴标准：100元/天。

（5）本人结婚、有供养关系的直系亲属丧事、家庭、自然灾害等特殊原因，经公司同意后，可报销一次往返标准路费的60%。

（6）具体休假时间根据工作需要由本人申请、经公司批准。原则上员工休假应服从公司安排，依次有序进行，不得影响工作。

3.7.3 驻外员工住院

（1）异地办理住院必须办理急诊入院。

（2）在三个工作日内电话通知医保中心备案。

（3）出院后一个月内到医保中心报销。

3.8 出差费用报销规定

3.8.1 员工出差完毕，向直接上级提交《出差报告》并得到批准后，方可填制《差旅费报销单》办理报销事宜。一同出差的，应一同或同时办理报销手续。差旅费的报销程序如下。

（1）出差人填写差旅费报销单，需要注明出差申请流水号。

（2）部门经理审核。

（3）财务审核。

（4）总经理审批。

3.8.2 出差费用报销手续，出差人员必须于返回公司五个工作日内完成。外派人员在每月规定的时间内将上月差旅补助方面的单据邮寄回公司报销。

3.8.3 差旅费报销票据：须依据合法票据，在规定的补助标准内实报实销。不可用非出差城市或非差旅费发票报销领取差旅费。票据粘贴整齐，项目填写清楚，填制的《差旅费报销单》应全面反映差旅行程，形成完整的环形路线，否则财务人员有权不予报销。

3.8.4 陪同领导（非直接负责人）或是客户出差而导致差旅费用超标时，需在报销单据中说明原因，并经随行领导或部门经理确认批准。

3.8.5 出差员工超标准支出的差旅费用，除特殊情况特批外，一律按照公司相应标准报销，超出部分由出差人个人承担。

3.8.6 出差期间，因公要请客用餐、交纳费用等各种规定之外的开支，先征得本部门经理及总经理同意再行开支。报销时，报销人应填制《费用报销单》并按规定程序报销，不能和差旅费票据粘贴在同一张报销单上。

3.8.7 报销时，财务人员按以下规定对有关单据费用进行处理。

（1）交通费报销以实际单据为准；确因业务需要乘坐市内出租车，出租车票应记载时间、始发地、到达地等内容。

（2）出差期间因业务需要产生的传真费、邮寄费，应在票据背面填写清楚事由，据实报销。

（3）调入员工可报销路费及行李托运费。享受安家费待遇的，不再报销调入费用；应届毕业生学校已发派遣费的，报销符合标准的报到费用减去派遣费后的余额部分。

3.9 出差报告

3.9.1 员工出差或外派期间每到一个地方，须及时向直接上级报告所在地点、联系方式及工作开展等事项，并请示关事宜。

3.9.2 员工按计划完成出差任务后，应在1个工作日内提交书面《出差报告》，并报部门经理和总经理审阅。

3.9.3 员工向直接上级提交《出差报告》并得到批准后，方可办理报销事宜。

4.附则

本制度未尽事宜，均按公司其他相关制度或国家有关法律法规执行。本制度条款与《员工手册》有冲突时，以本制度为准。

| 拟定 | | 审核 | | 审批 | |

6-03　公务接待管理制度

××公司标准文件		××有限公司 公务接待管理制度	文件编号×× - ×× - ××	
版次	A/0		页次	第×页

1. 目的

为规范公司公务接待管理，提高公务接待水平，节约行政成本，结合公司实际，制定本制度。

2. 适用范围

本制度适用于公司本部各部门、所属各企业、各项目筹备处的公务接待行为。

3. 管理规定

3.1 公务的定义

本办法所称公务，是指出席会议、考察调研、执行公务、学习交流、检查指导、请示汇报工作等公务活动。

3.2 公务接待原则

公务接待应当坚持有利公务、务实节俭、严格标准、简化礼仪、高效透明、尊重少数民族风俗习惯的原则。公司公务接待人员在对外接待中要自觉遵守公关礼仪，做到热情、周到、诚恳、礼貌、严谨，树立公司良好形象。

3.3 公务接待管理

总经理工作部是公司对外公务接待的归口管理部门，负责公司的全面接待工作；公司各部门负责其业务范围内的具体接待工作，并报总经理工作部审核。

3.4 接待范围和程序

3.4.1 接待对象

（1）上级公司、地方政府、行业主管单位人员的检查和指导。

（2）兄弟单位的工作走访、调研、学习交流等。

（3）接洽业务的相关单位人员。

（4）其他来访人员的来访。

3.4.2 接待程序

（1）了解来访人员的单位、身份、人数、来意、抵达时间、大致停留时间、接送站情况。需接送站的，应当安排接送站人员及车辆。

（2）做好公务接待活动的准备工作，明确接待人、汇报人、汇报提纲、参观时间、参加人等。公务接待活动中需要文字资料、投影、摄影、录像的，接待人员要提前做好人员、资料、设备安排。

（3）按照对口接待原则，安排来访人员的食宿和用车。按照有利公务、务实节俭的原则，公务接待应当首选食堂或协议酒店。接待规格按照大体对等的原则，安排好来访期间公务用车和接送站车辆。

（4）行程计划、活动内容如有变更，应当及时通知有关人员，做好变更后安排；对接待活动中临时出现的重要问题要及时向领导报告，做到妥善处理。

（5）接待活动完成后，应当及时进行费用结算。

3.4.3 接待工作要注意原则性和保密性。

3.5 接待标准及费用结算

3.5.1 就餐标准。

（1）工作餐标准。一般性业务往来、技术指导、设计服务、参观学习均应安排普通工作餐，标准为100元/人餐。

（2）宴请用餐标准。

①公司正职领导参加的宴请，一般标准为300元/人餐。

②公司副职领导参加的宴请，一般标准为200元/人餐。

③公司部门一般不安排宴请，如确需安排，应履行用餐审批手续，标准为不超过150元/人餐。

（3）有关陪餐人员的规定。

①集团公司部门主任级及以上，副总工程师级及以上，地方党委、政府的来访领导安排用餐，由公司主要领导陪餐。

②非直接主管部门的领导和与公司业务密切的单位主要领导，可根据级别安排客餐，由公司领导或部门负责人陪餐。

③宴请上级领导、重要来宾等，陪餐人员数量由公司领导依据情况确定。一般部门宴请陪餐人员控制在3人以内。

④司机一律不参加陪餐，司机就餐按照工作餐标准执行。

（4）公务接待活动原则上不得赠送纪念品，确因工作需要赠送纪念品的，每次人均不得超过300元。

3.5.2 审批程序及费用结算。

（1）审批程序。

①需安排用餐或因公务需要购置并赠送纪念品的，应当填写"公务接待费审批单"或"公务接待购置物品审批单"，经总经理工作部审核通过、分管领导批准后，方可开展公务接待活动，并在公务接待活动结束后及时到财务部办理招待费用报销手续。

②如因特殊情况，不能及时填写审批单，要提前电话告知总经理工作部负责人，经其同意后，再以短信方式进行确认，并在费用产生之日起一周内补办完成公务接待费用申请手续。逾期一律不予受理。

③未按本办法履行就餐审批手续，擅自安排就餐所产生的费用，总经理工作部不予审核，财务部不予报销。

（2）费用结算和报销。公务接待费用结算和报销要严格执行公司财务相关制度及标准。公务接待费用报销凭证应当包括发票及公务接待费用审批单，并如实反映出接待对象、公务接待活动内容、接待费用等情况。公司领导的公务接待所产生的费用应当由接待部门及时结算、报销。

3.5.3 住宿标准。

（1）上级主管部门来访人员的住宿标准。

①集团公司部门主任级及以上、本部副总工程师级及以上、地方党委、政府正处级及以上的来访领导安排住套间或商务（行政）间。

②其他来访人员一律安排住单人间或标准间。

③对非直接主管部门的领导，可根据级别参照以上标准安排住宿。

（2）商务来访人员的住宿标准。因商务活动来公司办事、执行公务的来宾，总经理工作部可代为办理住宿预订手续，房型按照来访人员的要求预订，住宿费用全部由来访人员自理。

（3）重要来访人员房间摆放鲜花、水果、烟、洗漱用品等。

3.5.3 住宿费用的结算。

（1）来访人员住宿费用原则上由其自理，特殊情况需经公司负责人批准后可由公司支付。

（2）来访人员的住宿地点、标准由总经理工作部根据实际情况指定。

（3）因特殊情况未按住宿标准产生的费用，报经公司负责人审批同意后，按照公司财务报销管理办法报销。

拟定		审核		审批	

6-04　因公出国管理办法

××公司标准文件		××有限公司 因公出国管理办法	文件编号××-××-××	
版次	A/0		页次	第×页

1.目的

公司对因公出国实行统一管理、分级把关，集中办理出国手续。为此，根据国家有关出国的政策规定和公司实际，制定本办法。

2.适用范围

适用于公司员工因公出国的管理。

3.管理规定

3.1 因公出国管理

3.1.1 出国组团。

派遣出国组团,包括临时出国考察、参加会议、签订协议、执行合同、考察项目、推销产品及短期或长期(半年以上)培训等。出国组团要严格控制压缩。出国任务、出访国别及路线、停留时间等必须明确。不得擅自绕道旅游,在外拖延,否则财务部门不予报销出国费用。一般出国组团(举办大型展览、技术培训除外)应控制在5人以内。

3.1.2 出国审批。

公司中处级以下管理人员、工人出国,由组团单位填写《出国审批报告》,经各部门、子公司领导审查后,上报公司主管领导审批;各部门、子公司正职人员出国,须经公司主管领导审核后报总经理批准,总公司领导出国,须上报国务院外事领导小组审批。

3.1.3 出国政审

公司中级以下管理人员、工人出国,由各部门、各子公司主管人事工作的领导审批;公司高级管理人员出国,由人事部审批。参加外单位组团出国人员的《出国人员政审批件》由人事部统一办理。初次出国人员填写以《初次出国人员审查表》;再次出国人员填写《再次出国人员审查表》;出国政审一年只审一次,同一年再次出国不再政审。《出国人员政审表》同《出国审批报告》一同上报,一并审批。

出国人员要求政治思想好,业务熟悉,身体健康。以下人员不得派出国外。

(1)试用期(半年)和实习期(一年)未满人员。

(2)在政治、经济、外事方面存有问题尚在审查的人员。

(3)受各种处分不满一年的人员。

(4)患严重疾病的人员。

(5)与出国任务关系不大的人员。

出国政审,要求各级领导严格把关,发现问题,如实上报,否则追究领导责任。

3.1.4 办理护照

《出国审批报告》经批准后,组团单位即可办理护照。办理护照,出国人员需填写《出国任务批件》《护照申请表》,提供三张照片,经人事部审核签字,统一呈外交部办理。办妥后即通知组团单位领取(外交部按规定收取一定的护照费)。

3.1.5 办理签证

办理签证需提供护照、签证申请表、照会、邀请信或邀请电函、名单表、照片、签证手续(收费标准各国不一)等,经人事部审核后,统一送有关国家驻华使馆办理;办理某些国外签证,先呈外交部审核,并由外交部统一办理。办理签证时间,各国规定不一,且时有变化,组团单位须酌情预订机(车)票,以免被动。有特殊问题可与人事部协商解决,不得私自去使馆办签,也不得直接向使馆催办,以免影响使馆正常工作。出国组团必须在国内办好各国签证,不得留待出境后再行办理其他国家签证。

3.1.6 出国证明

所有出国人员，无论持用何种护照，无论前往哪个国家（地区），一律凭有效签证和《出国（境）证明》出境。在有效签证办妥后，出国人员需在出境前一周以内，先在本部门开《出国（境）证明》通知后，再到人事部办理《出国（境）证明》。外单位组团出国人员，须持各省（市）外办部门出具的《出国（境）证明》出境。

3.1.7 出国教育

出国教育由组团单位负责实施。出国前，要组织出国人员学习外事纪律和有关文件，并结合实际提出具体要求。出国期间，要严守外事纪律，妥善保管护照、经费，坚持外出请销假制度。归国后，要坚持汇报制度，写出书面总结，各级领导要认真审阅，发现问题及时上报。

3.2 出国人员护照管理办法

3.2.1 公司对出国人员护照实行统一办理，集中保管。出国人员应持公司领导批准的出国审查报告，到人事部办理制作或借用护照的手续。

3.2.2 认真执行外交部关于个人不得同时持有两本护照的规定，坚持收旧发新的原则。如发现个人持有两本护照（含外单位发放的护照），应及时收缴。

3.2.3 为加强护照管理，今后发放五年有效公务护照时，实行收取押金制度，每本收100元。

3.2.4 本市单位出国人员回国后，应在入境两个月以内，将护照直接交人事部保管。非本市单位出国人员应在回国后三个月以内，将护照交给人事部保管。对按期交护照者如数退回押金。对持护照人所持一次性两年有效护照，不再收缴，由个人妥善保管。

3.2.5 出国人员回国后应按期交还护照，对不能按期交还护照者，要扣罚押金（迟交一天，罚款1元）。对无故迟交护照和不遵守护照管理办法者，除按规定扣罚押金外，今后将不再为其办理出国签证手续。对此，人事部将负责检查、监督，及时通报有关情况。

3.2.6 出国人员回国后，在护照交还日期内再一次奉派出国，其护照的交还日期可从再次回国入境时间起计算。如果超过护照交还日期，需继续办理出国签证，应按照本办法第3.2.4条办理。

3.2.7 出国人员要妥善保管护照，不得损毁、外借，防止丢失。一旦丢失，本人应写出书面检查并交罚款100元，由所在单位提出处理意见，报外交部办理护照注销手续。

3.2.8 对于调出、辞职、开除、除名等人员的护照，应由各级人事部门负责收回，上缴人事部保管并销毁。调出、辞职人员在未交还护照前一律不得办理调出辞职手续，否则发生问题后要追究当事人和领导责任。对过期失效护照，也应由各级人事部门（人事干部）负责收缴送人事部统一销毁。

3.2.9 各单位对于在境外出逃人员的情况，要及时报告人事部，以便办理护照注销手续。

3.3 公司职工因私出境审批规定

3.3.1 职工因私出境必须严格遵守《中华人民共和国公民出境入境管理法》和《中华人民共和国公民出境入境管理法实施细则》。

3.3.2 职工出境后要保守国家机密，不得有损害国格、人格和公司利益、声誉的行为。

3.3.3 职工因私出境由本人提出申请，填写《职工因私出境申请表》，并提供所需证件材料。

3.3.4 职工因私出境申请表及有关证件、材料，由职工所在单位人事部门负责审查，连同对申请人现实表现的考察情况等报本单位领导审核。

3.3.5 职工因私出境要以不影响单位工作为前提。见习期、熟练期、试用期未满的职工，一般不准因私出境；出境探望非直系亲属和旅游、访友的职工，应从严控制。

3.3.6 公司高级管理人员、技术人员和职能部门、海外机构职工因私出境，由公司人事部负责承办，报公司领导审批；子公司及其分支机构职工因私出境，由子公司人事部门负责承办，报公司主管领导审批。

3.3.7 因私出境的护照、签证等事项由本人办理。

3.3.8 职工因私出境准假天数（含路程天数）一般不超过三个月，去中国香港、澳门地区的一般不超过一个月。

3.3.9 职工因私出境的一切费用自理。

3.3.10 享受国家规定探亲假的，假期内照发工资、工资性津贴和独生子女费，超过假期停发工资及一切待遇；其他因私出境期间停发一切工资待遇。

3.3.11 在批准假期内，退休人员的退休费和离休干部的工资照发；超假后上述待遇一律停发，待回国后继续享受。

3.3.12 职工因私出境后应按批准时间归国。逾期不归国者，按自动离职处理，其档案退原居住地街道办事处。

| 拟定 | | 审核 | | 审批 | |

6-05 业务招待费管理制度

××公司标准文件		××有限公司 ×××业务招待费管理制度	文件编号××-××-××	
版次	A/0		页次	第×页

1. 目的

为规范公司各类业务招待行为，切实厉行勤俭节约，提高费用使用效率，加强公司费用管理，严格控制公司业务招待费用的支出，特制定本制度。

2.接待计划（接待方案）的拟定与接待分工

（1）接待计划（接待方案）包括迎送、陪同人员、日程、交通工具、食宿安排，以及领导会见、宴请等内容。

（2）上级领导及相关单位领导来中心的指导、考察等接待工作，由办公室根据相关规定，经中心领导的批示拟订接待计划，报请领导审批后由办公室和有关部门负责承办。

（3）其他业务部门人员的接待工作，经中心领导批准，履行相关手续后，由业务相关部门负责接待，需要的物资（票务、宾馆及酒店预订、会场需用物资等）可由办公室按接待部门交至的《业务招待费申请单》的领导批示，配合接待部门提前做好统一安排（讨论是否需要接待计划）。

3.管理规定

3.1 业务招待费用定义

3.1.1 业务费：是指因业务需要产生的礼金、礼品、赞助费、购物卡及因业务需要赠送的烟、酒、茶叶、其他纪念品等。

3.1.2 招待费：是指因工作关系招待有关人员就餐费、娱乐费用；因业务需要接待相关单位人员产生的差旅费、住宿费、参观费、旅游费等。

3.2 使用范围

与开拓市场、维护客情关系、打通项目渠道等相关的主管单位、客户以及其他外部关系单位所产生的应酬、招待费等费用（不包含市场公关费）。

3.2.1 上级主管部门领导来本公司检查、指导、协调工作。

3.2.2 兄弟公司的领导、职工因公来本公司考察、联系业务、洽谈工作。

3.2.3 外单位来本公司或与相关单位联系业务、洽谈合作事项。

3.2.4 其他因公需要招待事项。

3.3 使用原则

3.3.1 业务招待费应坚决贯彻"可接待可不接待，不接待""可产生可不产生费用，不产生""态度热情，费用从简"的原则。

3.3.2 陪同人员坚持适度从紧原则，原则上不能超过需接待人员的1/2（原则上不能多于需接待人员）。

3.3.3 严格执行规定限额和招待标准，分档次接待原则，坚决控制非业务性接待，严禁随意超标进行业务招待，特殊情况需说明原因，经请示总经理同意后方可进行招待，否则，财务部门不予报销。

3.4 费用产生具体规定

3.4.1 费用申请制度及审批流程：业务费用实行事先申请，事中控制，事后报销。

产生招待费前应由具体业务承办接待部门先填写"业务招待费申请表"，注明接待原因、被接待对象及级别、接待地点等内容，并根据招待对象进行费用预算，经分管领导同意，财务部审核，公司总经理批准后执行。

3.4.2 招待物品。

（1）招待物品的采购：为降低业务招待费成本，原则上由办公室根据常规招待需求统一竞价采购，并由专人进行物品与台账管理，凭《招待物品购买申请表》（物资采购申请单）与采购发票到财务部报账。

（2）招待物品的领用：由具体业务承办接待部门经办人根据已审批的《业务招待费申请表》填写《招待物品领用单》，并由物品保管人和办公室主任签字，方能对领用的物品到财务部办理核销手续。

（3）各业务部门在接待工作中或外出联系工作需使用的必要招待物品，经办公室主任同意后，可到物品管理员处签字领取。一次领用价值超过600元的招待物品，需总经理批准。

（4）上级委托本公司承办的各种会议需使用的招待物品，统一由办公室根据会议的规模、级别核定标准，报公司领导批准后由筹办部门具体经办。费用不单独在业务招待费中体现（需要讨论该模式是否适用）。

3.4.3 如到协议酒店/饭店招待时，原则上实行现款结算，也可以实行授权签字，分阶段按协议统一结算。对于授权签字，具体规定如下。

（1）签字人必须为公司有效的授权人，非授权人必须事先得到授权人的批准。

（2）签单时须注明：招待单位、招待事由、招待人数、陪同人员、授权人及招待日期。

3.4.4 有关业务招待费用标准：原则要求用工作餐。如果确需招待的，原则上只安排一次，重要来宾或因工作需要停留时间较长者，可视情况增加一次招待，其余时间尽量安排工作餐。

（1）工作餐标准按被接待宾客的级别安排。副厅级及以上级别宾客、总经理及以上宾客每人次为100元，副处级及以上、副总经理及以上每人次70元，其他人员按每人次50元标准控制。

（2）上级主管单位来公司检查指导或考察工作需要招待的，其开支标准（上限）为：部级宾客为每人次300元，厅级宾客为每人次200元，处级宾客为每人次150元，科级及以下宾客为每人次120元，5人以上的宾客团队按每人次100元的标准开支。

（3）外单位来本公司联系工作、参观等需用餐的招待标准按客人中最高级别安排，其开支标准：董事长级别每人次200元，副总经理及以上级别每人次150元，5人以上的招待团队按每人次120元标准开支；副总经理以下级别每人次80元，5人以上的招待团队按每人次60元标准开支。如需安排旅游、食宿，旅游经费按照各景点费用市价进行控制，食宿参照公司《差旅费管理办法》中副总经理及以上级别、部门经理/部长对应的标准进行控制。

（4）兄弟单位来本公司考察、联系业务、洽谈工作的，原则上安排工作餐。

如因需要安排在外招待的，其开支标准：厅级及以上、副总经理及以上宾客每人次130元，其余级别宾客每人次80元，5人以上的招待团队按每人次60元的标准开支。

（5）如因实际需要安排来宾住宿的，可由业务承办部门事先提出申请，由公司总经理批准后方可办理。开支标准参照公司《差旅费管理办法》，按照来宾最高级别人员参照本公司对应级别人员标准进行控制。

（6）因工作需要在外招待客人，根据上述几条对应的招待对象标准控制开支，招待事项应事先填写"业务招待费申请表"，经分管领导同意，公司总经理批准后执行。

（7）单次购买招待鲜花（150元）、水果（100元）、饮料（30元）标准原则上不能超过50元。

（8）如因特殊情况需要对已招待来宾赠送礼品、礼金，需填写"业务招待费申请表"，经分管领导同意，公司总经理批准后执行。礼品、礼金金额原则上不得超过200元/人。其他单独赠送礼品、礼金的，原则上金额不得超过500元/人。

（9）因特殊情况紧急发生需要业务招待时，不方便先填写"业务招待费申请表"的，可根据招待对象的级别及人数向总经理口头请示后执行，在回公司两个工作日内补签"业务招待费申请表"后方可到财务部报销。

3.5 费用报销

3.5.1 报销"业务招待费"时，应如实整理单据并填写"付款申请单"，按规定的程序审批，并附上经审批的"业务招待费申请表"。

（1）礼品、礼金报销时要求有两人或两人以上人员同时经办证明，在发票背面签字并注明日期。

（2）在办公室领用招待物品，凭签字手续完整的"招待物品领用单"，方可到财务部办理核销手续。

3.5.2 发票要求。

（1）不允许用白条、假票报销。

（2）定额发票印章要清晰可识别，发票归属地与费用产生地必须一致。

（3）手工开具的发票书写要求清晰，内容完整且印章必须清晰，不得套开、虚开。

（4）机打发票日期必须与费用产生日期一致。

3.5.3 报销审批流程：报销人→部门负责人→分管领导审核→财务部审核→财务分管领导审核→总经理审批→财务部出纳处领款或核销。

3.6 费用报销责任界定

3.6.1 报销人的责任。

（1）报销人对所报销项目的真实性、准确性、及时性负责，单据及附件应合法、完整。

（2）各项报销票证、资料必须齐全并按要求粘贴整齐（发票正面向上、平均摊薄粘贴），否则财务部有权拒绝报销。

3.6.2 分管领导的责任。

（1）负责审查费用项目申请及批准手续，报销金额是否控制在申请的预算之内。

（2）对所报销项目的真实性、合理性负责。

3.6.3 财务审核人员的责任。

（1）负责审查单据的合法性、真实性，报销内容是否符合有关标准。

（2）审查报销项目审批手续的完整性。

3.6.4 审批者的责任。

审批者对报销项目的真实性、必要性、费用总体的合理性负责。

3.7 处罚办法

3.7.1 报销人徇私舞弊、弄虚作假，不予报销不真实、不合理部分。对已经报销的，除退回违规报销金额外，同时对报销人予以违规报销金额20%～100%但不低于100元的罚款，对于情节严重的，考虑移至司法机关处理。

3.7.2 分管领导在资料不全、原始凭证不充分、项目不真实的情况下签名准予报销的，对其给予违规报销金额10%～50%但不低于50元的罚款。

3.7.3 财务审核人员审核不严使中心造成损失的，对财务审核人员按违规报销金额5%～15%的罚款。

3.7.4 审批人对违规报销或审核不严给中心造成的损失承担连带责任。

| 拟定 | | 审核 | | 审批 | |

6-06 公司因公出国人员费用开支标准及管理办法

××公司标准文件		××有限公司 公司因公出国人员费用开支标准及管理办法	文件编号 ××-××-××	
版次	A/0		页次	第×页

1.目的

根据国家有关文件精神，结合本公司实际情况，制定本办法。

2.适用范围

适用于公司因公组派的出国人员，包括因洽谈业务或交流技术而聘请的随团专家。

3.管理规定

3.1 出国人员各项费用标准的执行

3.1.1 国际旅费。

（1）出国人员要本着勤俭节约的原则，选择经济合理的出行路线。所选航线有中国民航的应按规定乘用民航班机，并尽可能购买往返机票。

（2）出国人员一般乘坐飞机经济舱、轮船三等舱、火车硬卧等，特殊情况下，经公司同意可乘坐飞机公务舱、轮船二等舱、火车软卧。

（3）出国人员乘坐国际列车的，国内段按《公司出差管理规定》执行；国外段超过6小时以上的按自然日（日历）计算，每人每天按本规定补助。

3.1.2 伙食费、公杂费。

（1）出国人员伙食费、公务杂费是指：伙食餐费及用于市内交通、通信邮电、办公用品、必要的小费等费用。

（2）除特殊情况外，出国人员伙食费、公杂费按规定的标准发给个人包干使用，包干天数按离、抵国境之日计算。

（3）根据工作需要和特点，不宜个人包干的出国团组，其伙食费、公杂费由团组统一掌握，集体包干使用。

（4）外方以现金或实物形式提供伙食费、公杂费接待的，出国人员不再领取伙食费、公杂费。伙食费、公杂费执行标准参见附表。

3.1.3 住宿费。

（1）出国人员住宿费在规定的标准内予以报销，未经公司同意而住宿超标的，超出标准部分个人承担。

（2）参加国际会议或活动的出国人员，若对方组织单位统一安排的，可据实报销。

（3）住宿费执行标准参见附表。

3.1.4 其他费用。

出国人员在国外原则上不赠送礼品、不设宴请；确有必要的，经请示后方可实行，礼品费、宴请费凭有关单据实报实销。

3.1.5 出国人员赴欧元区国家,其各项费用开支标准均以欧元作为货币单位,须在美元与欧元间换算的,比价以领取经费之日中国人民银行发布的欧元与美元比价确定。

3.1.6 因公赴中国香港、澳门、台湾地区人员,参照本办法执行。

3.2 报销规定

3.2.1 出国人员归国后应于1个月内办理完清账、报销等手续,1个月内办理完的,伙食费、公杂费按100%支付;超过1个月不满3个月办理清账、报销手续的,伙食费、公杂费按80%支付;超过3个月不满半年办理清账、报销手续的,伙食费、公杂费按60%支付;超过半年的,公司不再给予伙食费、公杂费补助。

3.2.2 对于不按以上规定执行且属于预借公款出国的,归国之日后第7个月起,逐月从工资中抵扣,半年内抵扣完预借款。

附表 各国家地区住宿费、伙食费、公杂费开支标准

序号	国家(地区)	币别	每人每天住宿费标准	每人每天伙食费标准	每人每天公杂费标准
1	韩国	美元	90	40	15
2	日本	日元	9000	6000	2500
3	阿联酋	美元	70	30	15
4	伊朗	美元	55	25	18
5	科威特	美元	90	40	18
6	沙特	美元	75	37	15
7	以色列	美元	80	37	15
8	马来西亚	美元	65	22	10
9	印度尼西亚	美元	65	22	10
10	泰国	美元	55	22	13
11	新加坡	美元	70	25	13
12	菲律宾	美元	65	22	10
13	印度	美元	55	20	10
14	土耳其	美元	50	20	13
15	中国香港、澳门	港元	600	200	100
16	中国台湾	美元	90	40	18
17	摩洛哥	美元	50	25	15
18	埃及	美元	65	25	13
19	俄罗斯	美元	70	20	10
20	乌克兰	美元	70	20	10

续表

序号	国家（地区）	币别	每人每天住宿费标准	每人每天伙食标准	每人每天公杂费标准
21	白俄罗斯	美元	70	20	10
22	波兰	美元	65	20	13
23	德国	欧元	105	35	20
24	荷兰	欧元	80	35	20
25	意大利	欧元	85	40	15
26	比利时	欧元	95	35	15
27	法国	欧元	85	35	20
28	西班牙	欧元	70	35	15
29	葡萄牙	欧元	95	35	15
30	瑞士	美元	80	40	18
31	英国	英镑	70	25	12
32	加拿大	美元	50	28	15
33	美国	美元	80	30	15
34	墨西哥	美元	50	30	13
35	巴西	美元	55	20	13
36	澳大利亚	美元	60	25	13
37	新西兰	美元	60	30	13

注：其他国家和地区参照执行。

拟定		审核		审批	

6-07 通信费用管理规定

××公司标准文件		××有限公司 通信费用管理规定	文件编号××-××-××	
版次	A/0		页次	第×页

1．目的

为做好公司固定电话及员工移动电话费用核销工作，节约通信成本，特制定本规定。

2．适用范围

适用于本公司所有人员。

3．管理规定

3.1 通信费用的界定

3.1.1 移动电话费用（公司支付部分）。

3.1.2 固定电话费用（含传真）。

3.2 通信费用管理部门

3.2.1 行政部为通信费用的审核管理部门。

3.2.2 行政部为通信费用的复核报销部门。

3.3 移动电话费用核销申请

3.3.1 员工在进入公司工作后，可填写"移动电话通话费用报销申请表"申请移动电话费用报销：填写"移动电话通话费用报销申请表"呈部门经理批准后，交行政部确认员工职级、到职日、试用期通过日后，交行政部办理审核手续，并根据申请人的实际情况做出是否准予移动通信话费报销的批复后通知申请人及备案。

3.3.2 员工正式进入公司工作的首个工作日作为员工报销移动电话费用起始日。

3.3.3 行政部根据员工职级，确定员工每月可核销的移动电话费用金额，并在员工"移动电话通话费用报销申请表"上签署意见后执行。

3.3.4 试用期内员工按职级话费标准核报一半费用，转正之日起调整为规定标准执行。

3.3.5 员工因升职而需提高移动通话费用标准的，请填写"调整移动电话费用标准报销申请表"，核准后生效。

3.3.6 如确因工作需要，员工当月通话费用超出核报标准的，可填写"移动电话费用超标核报申请表"，连同当月移动电话通话明细账单、通话记录（先自行扣除私人通话费用），交所在公司行政部办理相关核报手续；除非常原因外，原则上员工超标部分的话费由员工自行承担，不予以核报。

3.3.7 如员工变更移动电话号码，必须尽快填写"变更移动电话申请表"，交行政部更新通信录及按新号码报销话费。

3.3.8 以公司名义申请移动电话号码，员工不可自行通过网络参加电信公司推出的通话收费套餐；公司有权利用以公司名义登记的移动电话号码与电信公司签署对公司有利的条款或活动，员工无权异议。

3.3.9 员工以个人名义申请优惠通信套餐的第一个月预收套餐费用，将不予以报销。

3.3.10 员工必须以自己名义办理的移动电话号码向行政部申请移动话费的报销，不接受以他人名义办理的移动电话账单。

3.3.11 以员工名义申请移动电话号码，公司无责任为员工向电信公司发出任何书面证明。

3.4 移动电话使用注意事项

3.4.1 凡在公司报销移动电话通话费的一般员工，应在每日早上8:00～22:00保持开机状态；司机保持24小时开机状态；经理级别以上员工，应保持24小时开机状态。

3.4.2 一个月内,如员工有三次未能在上述指定时间内保持联络状态,且无合理解释,该月全部电话费用将不予以报销。

3.4.3 工作时间内员工不应使用移动电话发送与工作无关的信息。

3.4.4 以公司名义登记移动电话的员工,如因经常出差到国外,可填写"开通移动电话国际漫游功能申请表",申请开通国际漫游功能,以便与公司保持联络。

3.5 移动电话费用的核销范围

3.5.1 公司允许员工报销的移动电话费用包括:固定月租费、来电显示费、来电畅听功能费、优惠功能月租费及通话、短信费用。

3.5.2 员工自行与移动运营商签订优惠套餐,公司只按员工职位级别标准给予标准内的实报实销,超出部分费用由该员工自行负担。

3.5.3 如员工当月上班出勤率不足1/3,该月移动电话费将不予以报销。

3.5.4 如员工因妊娠,需休产前假或产假时,该段时间只能报销原标准的1/3费用。

3.5.5 员工每月报销移动电话费时,必须先支付费用,凭移动营运商提供的正规明细发票报销,报销额度仅当月可用,不可累计;未取得发票的不得报销。

3.5.6 经公司批准报销移动电话费用的员工,如每月话费在100元标准以下者,可凭充值卡发票报销,但必须提供当月话费清单,行政部将根据话费清单显示的金额予以实报实销(即话费清单超过100元,按100元标准核销,不满100元,按实际产生的话费金额报销)。如每月话费在300元标准以上者,必须凭入网移动电话完整账单报销。

3.5.7 员工每月移动电话通话费报销标准如下。

员工每月移动电话通话费报销标准

序号	职务	每月话费标准额度/元
1	总经理	实报实销
2	副总经理	700
3	总经理助理	650
4	高级经理	600
5	经理	500
6	副经理	400
7	主管、工程师、开发人员	300
8	司机	300
9	秘书、助理、专员	100

3.5.8 员工每月报销移动电话费时，需先自行向电信公司支付移动电话费用后，凭付费账单进入公司OA（办公自动化）系统，选择"员工通信费用"栏进行费用报销登录。在填写报销申请前，应先扣除GPRS（全球卫星定位系统）、代收费、补套餐差额、上网等不予核报的费用，再提交报销申请至行政部审核后，由财务部门复核办理现金报销手续。

3.5.9 每月的第1个工作日起，接受员工上月通信费用的报销申请。

3.6 固定电话使用原则

3.6.1 公司电话应用于业务洽谈、内部联系、相关部门沟通等有关工作事务。

3.6.2 通话应尽量简洁、明确，减少通话时间。

3.6.3 通话应注重礼貌，体现良好的文化素养和精神风貌。

3.6.4 为保证通信顺畅，避免使用总机、传真机拨打或接听电话。

3.7 长途电话使用须知

3.7.1 公司允许员工因业务或相关工作联系而使用长途电话，禁止员工因私拨打长途电话。

3.7.2 行政部对每月电话分机用量结算情况进行核查，如发现异常记录，将要求有关员工解释；对于相关私人长途话费，行政部有权向有关员工收取通话费用。

3.8 传真机的使用管理

3.8.1 传真机主要作为业务收发文件之用，员工不得利用公司传真机拨打电话。

3.8.2 传真至前台的文件，前台工作人员应尽快送到有关收件员工所在部门。

3.8.3 使用传真机发文时要确定对方传真号码、收件人姓名及页数正确，杜绝人为发送错误而浪费资源。

3.8.4 员工应尽量多使用电子邮件收发重要文件，以节省费用。

拟定		审核		审批	

6-08 公司微信群管理办法

××公司标准文件		××有限公司 公司微信群管理办法	文件编号××-××-××	
版次	A/0		页次	第×页

1. 目的

公司微信群是在集团公司提出新常态下要重视和运用新媒体的要求而建立的，以建立管理者之间、员工之间及管理者与员工之间的互动，让企业信息上下贯通为目的，用于工作交流和任务部署的工作群体，是工作交流、情况通报、问题研究、经验介绍、进展汇报等事项的平台。为保证本公司微信群的运行高效、内容规范、信息畅通、互动良好，结合本公司实际，特制定本管理办法。

2. 适用范围

适用于本公司微信群的管理。

3. 管理规定

3.1 微信群建立

3.1.1 公司微信群的建立遵循"统一建立、规范管理、专人负责"的原则。

（1）通常情况下，公司层面的微信群组由办公室负责建立和管理，办公室指定专人负责微信群的日常维护管理工作。

（2）各分公司、子公司、作业区层面的微信群组原则上仍由公司办公室负责建立并进行监管，由各分公司、子公司、作业区办公室负责规范管理，并指定专人负责日常维护管理工作。

（3）如公司各部门及分公司、子公司、作业区内部需建立工作交流微信群组的，可由部门及分公司、子公司、作业区自行建立，但需报办公室备案，并严格按本办法进行管理。

3.1.2 公司微信群组在建立时须明确微信群组名称、成员组成、专管人员等。

3.2 微信群管理

3.2.1 微信群创建人参与该微信群的日常维护和管理监督工作，及时做好群成员的加入、移出等工作。

3.2.2 每个微信群均应明确专人管理微信群内容，负责微信群的日常维护和管理工作，包括群中发言信息管理、群内交办事项督办等工作。微信群管理员一般由办公室人员担任。

3.2.3 各微信群成员务必遵守以下规定。

（1）严格按照群组成员要求加入相对应的群组，做到不随意加入与自己无关的群组，不邀请无关人员加入群组。

（2）加入群组后一律使用真实姓名，并相互提醒，相互监督。

（3）发现有无关人员进入群组后，及时联系群组创建人或管理员。

（4）严格自律，注重言行，不得发布与国家的法律、法规、制度、政策相抵触的言论，工作交流不掺负面情绪，坚持积极向上、文明用语，不允许发布未经公开报道、未经证实的小道消息。

3.3 保密要求

3.3.1 在使用微信群时应避免传输涉密信息。

3.3.2 公司通过微信传达的生产经营等信息，不得转发给外单位人员，不得发布到个人朋友圈。

3.3.3 不要将自己的微信借与他人使用，若出现微信密码遗失、被盗等情况，请通过正规途径恢复，并及时告知微信群组管理人员。

3.4 监督考核

3.4.1 各办公室为微信群总体监督考核部门，各群组创建人及管理员负责微信群组的具体日常监督考核。对不遵守规定、不服从管理的成员提出考核意见，纳入个人绩效考核中。

3.4.2 公司领导及相关人员在微信群组中传达的工作安排、要求等信息等同于电话、邮件、纸质文件等传达的效力，如相关部门或人员不及时按要求进行处理，均视情节予以考核。

拟定		审核		审批	

6-09　微信公众号管理制度

××公司标准文件		××有限公司 微信公众号管理制度	文件编号××-××-××	
版次	A/0		页次	第×页

1. 目的

为充分发挥公司微信公众号的对外宣传和信息交流作用，严格审核微信公众号内容发布，规范管理公司微信公众号，建立市场客户的平台，发挥微信公众平台展示公司形象、传递信息的作用，更好地宣传公司、报道公司生产经营方面的信息，保障公司信息发布及时、真实、安全、可靠、合法，明确公司微信公众号管理职责，规范公司微信信息发布流程及日常管理，特制定本制度。

2. 适用范围

适用于本公司微信公众号的管理。

3. 管理规定

3.1 信息发布规定

公司信息发布应严格按照《公司网站子公司网页信息管理办法》《信息披露事务管理规定》中的规定，做好公司内部商业机密信息的保密工作。

3.2 工作标准和宣传职责

3.2.1 公司供销处负责公司微信公众号信息管理工作，办公室配合做好信息的收集、整理与审核工作，成立微信信息发布工作组，具体负责公司微信公众号的信息采集、更新、留言反馈、人员培训和形象推广，做好发布信息的审核把关，并根据公司的统一管理和要求，做好信息发布相关工作的落实。

3.2.2 公司微信管理小组成员由组长、微信主管和网页管理员组成，组长、网页主管分别由公司分管领导和供销处、办公室负责人担任。

3.2.3 微信信息主管和微信管理员负责公司微信公众号对外信息的发布工作，每日发布信息不少于5条，并及时进行信息收集、整理，及时转发、处理相关重要信息，确保重要信息、文件、回复的处理和反馈。

3.2.4 公司微信公众号名称：略。微信号：略。

3.2.5 公司微信平台分组管理：微信公众平台的管理模块中设有用户管理，根据不同用户进行分组管理。

（1）直接用户：公司主管以上管理人员、销售业务员。

（2）配套用户：公司主管以下员工。

（3）外部市场用户。

3.2.6 信息的推送：根据不同的人群发布不同的信息。

（1）直接用户：公司生产经营、重要决策、安全环保、产品质量、营销对策、管理动态等。

（2）配套用户：公司新闻、员工风采、安全环保、市场动态、技改技措、劳动竞赛、管理建议等。

（3）外部市场用户：公司动态、产品与服务、市场用户调研、产品质量跟踪、投诉与反馈等。

3.2.7 各部门管理职责。

（1）供销处微信管理职责。

①围绕公司市场营销动态拟订市场宣传工作重点。

②负责召集相关部门人员每月月末召开一次会议，就当月发布的信息内容、点击量、阅读时间、用户情况等数据分析，根据客户的需求和兴趣从而改进信息的内容及质量。

③负责对外信息的发布与审核，建立信息发布台账。

④负责公司微信公众号的宣传与推广，运用好信息手段，扩大公司市场影响作用。

⑤负责通过微信平台获取客户资料，包括企业名称、负责人、企业性质、联系人、联系电话、需求方向等方面的信息和联系方式，建立客户档案。

⑥负责收集用户的产品使用咨询、产品质量投诉、营销政策咨询等信息，及时组织回复。

⑦负责收集区域内竞争对手产品质量、营销政策及生产经营信息。

（2）办公室微信管理职责。

①负责公司管理动态、企业文化、体系建设等方面的信息收集与审核。

②负责拟订各个阶段的宣传重点，发布经营管理方面有价值的信息。

③配合供销处完成月度微信平台管理总结与改进工作。

3.3 信息发布管理

3.3.1 信息发布原则。

（1）发布的信息应具有代表性和先进性。能够展示公司的形象和实力、弘扬企业文化、宣传企业经营理念。

（2）发布的公司生产经营信息，必须是可对外公开的信息。要回避尚未披露的信息(如当期利润、销售收入等指标)，关于生产经营过程中的有关技术参数和商业策略等不宜过细报道，在报道过程中要做好公司管理策略及机密信息的保密工作。

（3）发布的信息必须是经过核实、准确可靠的信息。信息中涉及的专业术语及指标，必须经专业人员进行核对确认。

（4）发布的信息必须是按发布流程经各公司微信管理小组组长审核确认的信息，确保文字内容语句流畅、措辞准确，避免产生歧义。

3.3.2 公司微信公众号每日可发布一条多图文信息，每条多图信息最多可编辑8条信息，图文内容包括封面图片、自定义标题、文章插图、正文。根据不同人员分类每日推送符合阅读要求的多图文或单图文信息，节假日插推节日问候等信息。

信息可设公司介绍、新闻在线、产品与服务、员工风采、销售服务、营销政策解读等栏目，信息具有较强的宣传效果和时效性，题材新颖，主题突出，宣传企业发展，生产经营过程中的好人好事、技改经验、节能减排、班组建设等，公司网页管理小组负责栏目信息搜集、审核、发布。

3.3.3 信息编辑要求。

（1）标题：标题要简明扼要，能快速锁定读者目光。减少形容词，把内容的核心凸显出来。

（2）封面：封面图片在推送的消息中占有很大的内容面积，所以选择封面图片的时候一定要贴合主题，设计一些图片，吸引用户点击阅读，图片要求900×600像素。

（3）摘要：摘要只在编辑单图文消息状态下显示，在编辑多图文消息时是不会出现的。如果图片加载比较慢或标题不能完全表达文章所有亮点的时候，摘要就成了吸引用户点击的"重要武器"。

（4）正文：正文可以编辑文字，原文链接，还可以插入图片，图片设置为600×400像素。

（5）多图文消息编辑状态下，后面的消息标题图片设置为200×200像素。

3.3.4 信息发布流程。

（1）信息采编：公司微信管理员及时收集公司新闻、营销消息、市场服务等栏目信息材料，经公司相关部门人员严格核实后，交公司微信主管。

（2）信息审核：公司微信主管负责对信息初稿进行审核，按信息发布的原则，重点把握信息内容及措辞的敏感性，对新闻披露把握不准的应及时与办公室宣传负责人进行沟通，微信主管将信息交网页小组组长进行最终审核并签字确认。

（3）信息发布：根据微信小组组长签字确认后的稿件，微信管理员认真核对稿件的电子版本，核对无误后以新稿的形式上传，保存；微信主管对后台稿件进行再次审核确认，确保信息准确后，选择不同的用户，先选择预览，确认无误后，群发。

（4）前台检查：信息发布后，公司微信主管须在第一时间登录前台，对所发布的信息进行逐字逐句的检查。一旦发现错误，在第一时间内及时返回后台进行更改，以确保发布的信息准确无误。

（5）消息发布与回复：在选择发布消息时，选择不同的用户群，录入消息、发布，并及时做好用户信息的回复，如回复的消息带有咨询的，选择在第一时间回复，若是负面消息，及时选择删除，第一时间与回复人沟通，并做好记录。

（6）台账管理：做好信息发布的记录及发布信息的书面与电子版材料归档工作。

3.3.5 后台编辑操作规范。

（1）在网站后台编辑信息时，要严格按照审核好的信息进行编辑。

（2）对于所要编辑的纯文字性内容，在段落属性中设置段后间距为2，文字一般选择16。

（3）对于所要编辑的图片，大图片的尺寸大小是600×450像素，分辨率为72像素。

（4）发布的新闻中包含图片，在发布的文字稿后插入图片，标题图片尺寸为200×200像素，在后台界面右上角处点击添加图片即可，并选择不在正文中显示。

（5）对在公司发布的新闻信息，要确认好事件发生的时间，根据事件实际发生的时间顺序来决定信息的发布时间，而不能绝对按照收到稿件的先后顺序进行信息的发布。

（6）对已在后台编辑好但未发布的信息要进一步进行审核，确保已编辑好的信息中无错别字、语句不通等现象，对图片信息应检查图片的说明与图片是否对应等，在确保无误的情况下点击保存进行发布。

（7）信息发布后应在第一时间登录微信，对所发布的信息进行逐字逐句的检查，一旦发现错误，须在第一时间内返回后台更改。

3.4 微信管理小组职责要求

3.4.1 公司微信管理小组组长职责。

（1）公司微信管理小组组长由公司领导担任，为公司网页信息发布第一责任人，负责公司信息的最终审核、把关。

（2）及时了解公司微信的管理要求，督促、检查公司微信小组职责的落实。

（3）对通过微信反馈至公司的重要投诉等情况组织处理。

（4）对公司微信信息发布的安全、保密负责。

3.4.2 公司微信主管职责。

（1）公司微信主管负责公司微信公众平台管理工作的具体落实。

（2）对公司微信管理、推广应用及更新状况负责；组织、督促、跟踪信息的撰写、上传、发布，负责信息初审、后台新稿的审核及状态更改，确保发布信息的及时、真实、安全、可靠、合法，对于专业性较强的术语、数据等指标，确保经相关专业技术人员审核确认。

（3）负责公司微信反馈信息的督促办理和过程跟踪，对举报投诉、意见建议类信息进行跟踪办理，在2个工作日内进行回复，对重要投诉要及时向公司网页小组组长报告；督促、检查公司微信管理员做好咨询类问题的及时回复和网站反馈信息办理记录工作。

3.4.3 公司微信管理员职责。

（1）微信状态检查。每日对本公司微信运行情况进行检查，发现异常及时解决，如不能马上解决报公司相关部门，避免不良影响，并对不正常的状态全过程做文字记录。

（2）配合公司微信主管进行信息搜集及网页后台录入。对经公司微信小组组长签字确认的稿件和相应的电子版材料进行核查，确认无误后，将资料以新稿状态上传到微信相应的模块位置。

（3）做好微信信息书面与电子版材料的归档工作。

（4）每日查看微信公布的消息回复，对各类消息进行分类筛选，对咨询类问题给予及时答复（广告类信息不予回复），对举报投诉、意见建议类问题提交主管跟踪办理，做好网站反馈信息办理情况记录工作。

3.5 稿件编审程序及激励办法

3.5.1 各部门负责对各自稿件进行初步的把关编审，宣传稿件必须符合"用事实讲话，内容真实，反应迅速，简短精悍"的特点，紧扣公司各个时期的宣传重点，稿件主题思想积极向上，内容新颖独到。

3.5.2 由办公室按照新闻宣传专业把关的要求和程序进行编审、定稿，按新闻要点、稿件层次以及质量差异推荐到相关的宣传媒体。

3.5.3 部门稿件指标：每月办公室稿件数量不少于5篇，生产技术部稿件数量不少于3篇，其他处室每月稿件数量不少于1篇。销售方面的信息由销售部门负责，不限数量。微信小组负责根据来稿情况进行分析，定期组织培训，进一步提高稿件的质量。

3.5.4 根据《公司劳动竞赛办法》，对录用的稿件按稿费每10篇1分进行奖励，同时对未完成稿件任务的部门按公司相关考核办法，每缺少一篇扣部门宣传员2分。

3.6 安全保密管理

3.6.1 注意计算机的维护，安装杀毒软件，定期进行扫描和软件升级，确保登录后台的计算机无病毒，慎重使用不明来源的U盘及其他存储介质等。

3.6.2 公司微信管理人员应严格做好个人登录网站后台密码的保密工作，若告知他人或登录后台过程中保密意识不强，造成密码外泄，由当事人承担而由此引发的一切后果。

3.6.3 公司微信主管、管理员必须在公司内计算机登录后台上传资料，在上传信息结束或中途有事需离开计算机时，要确保关闭后台。

3.7 微信推广

3.7.1 在公司微信消息发布时，在图文信息末端添加微信二维码，便于相关客户加入微信群。

3.7.2 在公司对外窗口张贴微信二维码。

3.7.3 销售人员利用市场拜访机会，邀请客户相关人员加入微信群。

3.7.4 利用会议、培训班、参加展会等方式，邀请相关人员扫描二维码，加入成功后，以赠送一些小礼品的形式吸引大家关注。

| 拟定 | | 审核 | | 审批 | |

第7章 文书档案管理制度

本章阅读索引：

- 文书档案管理办法
- 公司常用公文写作规范
- 文件收发管理制度
- 文档分装工作规范

7-01 文书档案管理办法

××公司标准文件		××有限公司 文书档案管理办法	文件编号××-××-××	
版次	A/0		页次	第×页

1.目的

为加强公司管理工作，逐步实现文书规范化，不断提高科学管理水平，有效管理档案史料，现根据《中华人民共和国档案法》《企业档案管理规定》《归档文件整理细则》等，并本着对文件资料的"全面、及时、真实、保密"的原则，特制定本办法。

2.适用范围

适用于公司内部所有文件、资料及表单、记录文件和档案的管理。

3.管理机构及其职责

（1）人力资源部是主管公司文书档案工作的主要部门，对公司的文书档案工作实行统筹规划、组织协调、统一制度、监督指导，并负责收集、整理、鉴定、保管、统计、开发、利用各分管范围的文书档案。

（2）各部门人员保管自己内部的文书档案。

（3）档案工作人员应当忠于职守、遵守纪律，不断提高专业知识。

4.管理规定

4.1 文件档案的定义

文件档案是指公司、各职能部门在各种社会活动中形成的对公司具有保存价值的各种文字形式的历史记录。文件档案包括行政管理类档案、经营管理类档案、生产技术管理类等档案。主要包括过去和现在的公司各级部门及员工从事业务、经营、企业管理、公关宣传、商务谈判等活动中所直接形成的对企业有保存价值的各种文字记录、图表、账册、凭证、报表、技术资料、计算机盘片、声像、数码照片、荣誉实物、证件等不同形式的历史记录。

4.2 归档原则

归案工作实行统一领导、分级管理的原则，维护档案完整和安全。

4.3 文件管理

4.3.1 文件编号要素。

编号要素编码对照表

公司代码	部门代码	文件代码	年份	文件编码
NSWL	RZB（人事行政部）	QP（程序文件）	2021	1～99
	JSB（技术部）	TZ（通知文件）		
	YFB（研发部）	QC（签呈文件）		
	SCB（生产部）	SQ（申请文件）		
	CWB（财务部）	FA（方案文件）		
		QP-H（绩效评价表）		
		PX（培训管理）		
		RM（任命管理）		
		HT（合同管理）		
		GZ（工资管理）		
		JL（简历管理）		
		JH（计划管理）		

4.3.2 文件的编写管理流程。

（1）文件的起草、编制：各类文件的草案由相关需要部门起草、编制。

（2）文件的审批：文件的审核由总经理或授权的相当职位的人员负责，做到文件内容简练、准确、完整、统一，并可请预期的使用者对文件的可使用性进行评定。最后经董事长对文件进行审批。

（3）由人力资源部负责统一编号、印制、下发。

（4）发放：各种文件应由总经理批准签发。当文件破损严重影响使用时应到文件管理部门办理更换手续，交回破损文件，补发新文件。新文件的发放号仍沿用原文件分发号。文件管理员应申请将破损文件销毁。

（5）文件换版和作废：文件经多次修改而污损不能使用时，或文件需进行大幅度修改时，应做换版处理，原版次文件作废，换发新版本。作废的文件由文件管理员按文件发放登记表收回并记录，作废文件加盖"作废"印章，经总经理批准后进行定期销毁。如需保留资料，应经总经理批准，并加盖"保留"印章，方可留用。

（6）文件的管理：文件拟制审批后，原版文件交由人力资源部存档，并列入《文件登记表》中。

4.3.3 文件的保管。

（1）存放条件：文件的存放地必须保证防火、防风、防雨、防潮，有效地保障文件及资料的完好性。

（2）存放方式：文件可以以卷宗、纸张、电子扫描件等各种形式保存，必要时可以双份归档或安全复制备份。

（3）文件的保存地点及职责：凡公司所有各级重要文件（需存档或各案的）应统一存放于档案柜，由人力资源部或者相关部门归口保管。

（4）文件的保存期限：各类文件的保存期限以《档案管理》的规定为准。

（5）文件的归档：文件归档前须附文件清单，所有存档的文件、图纸必须有明确的编号。

（6）人员离职时，应整理好手头文件及图纸，统一归还档案室，下一人员到任时由部门经理代领。

（7）文件的发放与回收。

（8）任何文件发放时都要标明发放编号。

（9）更改的文件发放时，应立即收回原文件，并填写《文件收回登记表》，进行留用或作废或销毁等处理。

4.3.4 档案管理。

（1）人力资源部暂为档案管理室，人力资源部设专职档案员，档案员应履行职责。

（2）档案员将月底盘点的电子档报表及时更新，将更新后的电子档报表发至总经理、人力资源部负责人各一份。

（3）各部门向内、外所发通知、函件、文件等必须交一份至档案管理员签收保存，同时将电子档传给档案员统一保管。

（4）所有人员均应配合档案员的工作，严格执行档案管理制度，任何人不得干扰档案员的工作。

（5）每月各级人员对计算机内的文档进行整理、分类，方便查找，保存的所有文件必须具有有效性和时效性，对过期的重复的文件、资料进行整理。

（6）档案编号（具体编号请参照《文件管理办法》）。

示例：RZB-QP/2020-16。

其中：

RZB——人力资源部；

QP——程序文件；

2020——文件发行年；

16——编号。

4.4 管理细则

4.4.1 收集管理。

（1）公司指定专人负责档案的收集、管理和归档工作。

（2）公司各部门应按时将已完结事项的相关档案收集齐全、核对标准、系统整理后移交档案管理部门。归档的文件材料必须齐全完整，字迹工整，图面清晰，签署完备。文件材料缺项档案管理部门有权拒收并限期整改。

（3）移交时，应填写一式两份的移交清单，档案管理部门和移交部门各存一份，交接双方核对无误后在清单上签字确认。

（4）档案管理人员应根据上报档案的具体资料，编制档案管理台账，台账应记载档案类别、编号、件数、日期、内容摘要、存放位置等重要信息。同时方便业务资料的保存和查找，将存档信息统一存入计算机，建立数据库统一管理。

（5）档案管理部门每年根据档案保管台账和实际档案情况进行核对，发现差异及时查找原因并上报上级领导，于核对次月将核对情况及档案保存目录报公司领导。

4.4.2 整理办法。

方法：以问题特征为主，立小卷，一事一卷。

（1）收集。

①文书档案：当年立前一年的卷，并预立当年的卷。

②企业科技档案类：立竣工工程卷，未竣工工程资料整理成册。

（2）整理：根据分类和成立时间整理。

（3）分类：根据"文书档案分类编号保管期限表"的分类方法分类。

（4）立卷区分不同价值确定保管期限：永久、长期、短期。

4.4.3 过程管理。

（1）属于公司保管的档案：各部门资料员做好平时文件的预立卷工作，并在事件结束后或在每季第一个月的10日前将上季需归档的预立卷的文件整理成册，移交人力资源部保管，任何人不得据为己有。

（2）属部门保管的档案：在每季第一个月的10日前汇编成册，上报人力资源部各分级保管者；在每年的2月10日前将档案总目录、预立卷材料的目录交人力资源部。

4.4.4 监督： 人力资源部根据各部门上报的档案总目录、预立卷材料的目录进行定期或不定期的检查，以监督各部门档案的管理工作。

4.4.5 销毁： 须报总经理批准，销毁时应有两人以上负责监销并在清单上签字，而且要符合销毁规定。

4.4.6 公司档案的分类及编号： 指定资料员经人力资源部培训后按有关档案分类

及编号要求操作。

4.4.7 在业务中对外签署的各种经济合同按《合同管理规定》处理。

4.4.8 借阅：因公司需要借阅文档的，应填好档案查阅单，员工不得随意外带有关公司重要的文件材料，当天必须归还。确因工作需要外带，需办理档案外借手续，经人力资源部核准及上级主管领导批准后，方可带出，用毕即归还。阅档人对所借阅档案必须妥善保管，不得私自复制、调换、涂改、污损、划线等，更不能随意乱放，以免遗失。

4.4.9 分级查阅：具体的查阅分档，公司拥有绝对的制定权。

4.5 档案备份制度

4.5.1 所有有价值的文件、报表、业务记录等必须备份。

4.5.2 应尽量采用计算机管理和工作，便于业务资料的数字化处理和保存。

4.5.3 备份盘和源盘应分开存放，公司的备份盘应统一保存。

4.6 处理条例

有下列行为之一，据情节轻重，给予50～500元扣薪处理；若构成犯罪，依法追究刑事责任。

4.6.1 毁损、丢失或擅自销毁企业档案。

4.6.2 擅自向外界提供、抄摘企业档案。

4.6.3 涂改、伪造档案。

4.6.4 未及时上报归档或管理不善的档案管理者。

4.6.5 未按手续就借阅、外带者或越级借阅者（档案管理者同罚）。

4.7 制度监督责任

本制度监督责任部门为人力资源部，第一责任人为各部门指定的资料员，第二责任人为资料员所在部门的部门负责人。

附：文书档案分类编号保管期限表

文书档案分类编号保管期限表

一、行政管理类

类别名称	基本范围	保管期限
行政事务	**行政事务工作**	
上级视察	上级领导视察本企业的题词、指示、讲话材料	
内容说明	重要的	永久
	一般的	10年
计划总结	行政工作计划、总结等	永久
会议记录	行政办公会会议记录、纪要、决定等	永久

续表

类别名称	基本范围	保管期限
行政决定	企业制发的行政决定、通报和签订的行政协议、合同	永久
工商管理	工商行政管理方面的材料	30年
企业设、关、停、并、转	企业的设立、关、停、并、转及更名、启用与废止印模等方面的文件	永久
编史修志	企业编史修志方面的文件	
内容说明	大事记、机构沿革等	永久
内容说明	工作简报、情况反映、工作信息等	30年
法律事务	**法律事务工作**	
管理协调	法律事务管理与协调工作	
内容说明	法院判决书、调解书等诉讼和仲裁等文件	永久
内容说明	一般法律事务工作文件	30年
结论性材料	案件、纠纷及公证事务中结论性材料	永久
调查过程文件	案件、纠纷及公证事务中调查过程形成的文件	30年
审计稽查	**审计稽查工作**	
上级来文	上级机关颁发的本企业应贯彻执行的有关审计工作文件	30年
审计意见	审计意见、审计报告及批复等	永久
审计综合材料	审计工作会议记录、纪要、计划、报告、总结、调查材料、办法、一般的请示与批复等	30年
专项审计	专项审计通知、报告、批复、评价书（结论）、调查与证明等材料	
内容说明	重要的	永久
内容说明	一般的	30年
人事管理	**劳动人事与人力资源管理**	
上级来文	上级机关颁发的本企业应贯彻执行的有关文件	30年
制度管理	企业制定的劳动人事方面的规章制度、报告、决定等	永久
内部机构	内部机构设置、名称更改、组织简则、印信启用和作废、人员编制方面的有关文件	永久
干部职工人事材料	干部职工的任免与招聘、升降、奖惩、考核、职称评聘等方面的文件	永久
介绍信、工资转移证	人事调动介绍信及存根、工资转移证等	30年
离退职工	老干部、职工离退休、停薪留职、抚恤、剩余人员与复转退军人安置等有关材料	永久
计划总结	职工名册、劳动人事工作计划、总结、报表及调资方案等	永久

续表

类别名称	基本范围	保管期限
政策法规	劳动保护、职业安全卫生、计划生育、保险的方针、政策、规定、统计报表等	永久
劳保管理	职工奖励、处分工作形成的文件，劳动合同管理、劳动工资和社会保险文件、医疗、工伤保险、住房公积金	永久
劳资纠纷仲裁	劳资纠纷、仲裁方面的文件	永久
教育培训	**教育培训工作**	
上级来文	上级机关颁发的本企业应贯彻执行的有关文件	10年
计划总结	企业教育培训工作的计划、总结	30年
整章建制	企业制定教育培训工作规章制度、请示与批复、决定等	30年
统计报表	企业教育培训工作统计报表等	30年
干部进修	企业干部职工进修培训名单、合同等	30年
外事	**外事工作**	
外事综合	发表的公告，签订的协议、协定、备忘录，重要的会谈记录、纪要等	永久
出访考察	出访考察、参加国际会、接待来访等外事活动、出访审批文件	30年
一般性文件	出口审批手续、执行日程、考察报告等一般性文件	30年

二、经营管理类

类别名称	基本范围	保管期限
经营决策	**经营决策工作**	
企业发展规划	企业发展规划、经营战略决策、企业改革等文件	永久
经营改革	转换经营机制、各项配套制度改革实施方案、请示与批复、总结、报告等	永久
股东会变更	董事会、监事会、股东会构成及变更方面的文件	永久
经理责任制	厂长（经理）责任制、任期目标等	30年
股东大会	股东大会文件	
内容说明	重要的	永久
	一般的	10年
会议记录	董事会、股东会会议记录、纪要、工作报告、声明、决定、决议、通知、名单、议程、报告、讨论通过的文件、公告、总结等	永久
监事会	监事会会议记录、纪要、工作报告、声明决定、决议等	永久
股票、股市	股票、股市方面的材料	30年

续表

类别名称	基本范围	保管期限
红利分配	红利分配材料	永久
生产经营	**生产经营计划**	
计划总结报告	生产经营计划、总结、报告及计划调整等材料	30年
计划任务	计划任务书或作业计划	30年
经济指标	生产技术、经济指标完成情况分析	30年
统计	**统计工作**	
整章建制	统计工作制度、规定、办法、通知	30年
统计报表	生产、技术、经济统计报表	永久
综合性统计	企业综合性统计报表及分析材料	30年
工业普查	工业普查报表	永久
财务管理	**财务管理工作**	
整章建制	财务管理制度、规定、办法、通知	30年
计划、总结	财务管理计划、总结	10年
增、报、调材料	固定资产的新增、报废、调拨材料	30年
财务核算	生产财务和成本核算	永久
税务材料	税务方面的材料	永久
资金价格管理	资金管理、价格管理、会计管理的材料	永久
资产管理	**资产管理工作**	
房产、土地	房产、土地方面的文件	
内容说明	房地产的权属证明材料	永久
	房地产的租赁、使用方面的合同、协议等文件	30年
对外投资项目	投资规划、决策等方面的材料	永久
内容说明	投资企业的董事会、股东会材料	永久
	投资企业的财务报告、红利分配材料	永久
	股权证、转让协议等股权管理方面的材料	永久
国有资产	国有资产管理、登记、统计、核查清算、交接等文件	永久
企业的产权变动	产权变动的请示、批复方面的材料	永久
	清产核资、资产评估工作的文件	永久
内容说明	产权变动的协议、合同等	永久
	资产处置方案、归属方面的材料	永久
	因产权变动所致职工身份变化的材料	永久

续表

类别名称	基本范围	保管期限
多种经营管理	经营机构的工作计划、汇报、总结、	30年
内容说明	内部承包章程、合同、协议	30年
	经济核算材料	永久
境外项目管理	境外项目的前期设计、规划、协议、合同等文件	永久
内容说明	项目检查、竣工验收、重要的专项报告、审批意见等	永久
	工作总结、计划、业务方面的一般来往函件	30年
物资管理	**物资管理工作**	
物资分配	物资分配计划、记录	10年
采购保管	物资采购、保管	
内容说明	重要物资和生产资料的采购审批手续、保管及招投标合同、协议、来往函件、总结	永久
	办公设备及用品、机动车等的采购计划、审批手续、招投标、购置、机动车调拨、保险、事故等一般性文件	30年
仓库管理	仓库管理规章制度、台账、统计报表	30年
产品销售	**产品销售工作**	
营销网建	营销组织管理、网络建设材料	30年
产品计划	产品销售计划、广告宣传、总结、会议记录与纪要等	30年
销售合同	销售合同、协议、函件	30年
市场调查	订货会、市场分析和用户调查材料	30年
售后服务	售后服务材料	10年
统计报表	统计报表材料	永久
合同管理	合同管理材料	
内容说明	重要的	永久
	一般的	30年
商务合同	商务合同正本及其补充件	
内容说明	重要的	永久
	一般的	30年
客户资信调查	客户资信调查材料	
内容说明	重点的	30年
	一般的	10年

续表

类别名称	基本范围	保管期限
信用管理	信用管理工作	
资格证书	企业认证、达标等活动的呈报、审批材料、合格证、资格证书等	永久
形象宣传	企业形象宣传、展览会文件	30年
资质奖励	企业获得的资质、信誉方面的证书及其他奖励	永久
客户资信	企业客户资信调查材料	30年
知识产权管理	知识产权管理工作	
企业标识	企业标识、商标标识方面的材料	永久
专利管理	专利、商标和其他知识产权方面的申报、证明及管理方面材料	永久

拟定		审核		审批	

7-02　公司常用公文写作规范

××公司标准文件		××有限公司 公司常用公文写作规范	文件编号××-××-××	
版次	A/O		页次	第×页

1.目的

为规范本公司各类公文的写作要求，特制定本规范。

2.适用范围

适用于本公司各类报告、总结的写作。

3.管理规定

3.1　报告的作用及内容

一般而言，报告是报告人履行职责，贯彻工作计划，执行特定任务情况的反馈。公司考虑到领导处理公文的效率，在最常用报告——当日报告、本周报告、本月报告里，要求同时包含下期计划。

3.2　当日报告、本周报告、本月报告

3.2.1　公司规定所有员工向上级和主管领导呈交上述三种工作报告。

3.2.2　作为公司重要的管理工具，首先要求副总经理以下全体员工必须按时呈交。同时更须避免空洞无物地仅仅简单罗列当期的工作事项，成为"流水账"。公司希望看到的不仅是员工对当期工作的扼要描述，更需要了解员工在工作过程中遇到的主要问题，及员工个人对该问题所采取或将要采取的对策——即必须是夹叙夹议的一个合格员工可供自己留存的规范的《工作日志》。

3.2.3 工作报告须是对计划执行情况的反馈,并描述报告人在工作中如何发现问题、解决问题,而不是罗列当期工作条目。

3.2.4 在当期报告里,还必须有报告人对下期的计划,其内容也应该包含扼要描述和实施纲要(不必陈述实施细节),计划的履行情况是衡量员工执行能力的重要依据。

3.3 半年总结、年度总结、述职报告等

3.3.1 流程:员工个人总结完成后由部门经理对照期初制订的部门工作计划,结合本人及下属部门工作总结内容形成部门总结,公司办公室主任在部门总结的基础上,形成公司全年工作总结。

3.3.2 时间要求:在半年、年度最后一个工作日结束后,个人总结须在2个工作日内完成,部门总结须在4个工作日内完成,公司总结须在6个工作日内完成。

3.3.3 员工个人年度总结的内容。

(1)个人工作态度的基本情况。

(2)个人工作计划性程度的评价。

(3)个人工作计划实施中工作效率情况的评价。

(4)就《员工行为规范》的遵守和执行,学习能力及廉洁自律方面是否有违纪现象等进行总结。

(5)个人工作一年来的主要成绩,有哪些创新性的突破。

(6)个人工作一年来存在的主要问题。

(7)中层以上管理人员的年度述职报告,须在上述内容的基础上,总结个人一年来在领导艺术、领导品德操行、领导能力、团队建设与协调能力、学习能力、工作创新能力、团队建设以及部门协作等方面总结自己的干部职责的完成情况。

3.3.4 部门年度总结。

(1)简明扼要,提纲挈领概述本部门全年工作主要成绩。

(2)概述本部门在团队建设方面的概况及与本公司相关部门协调合作的情况。

(3)概述工作中存在的主要问题,剖析存在问题的原因和相关工作责任。

(4)重要工作要用事实和数据说明,数据要准确翔实,不能虚夸。

(5)总结要对部门下期工作设想进行说明,并对重点工作进行阐述。

3.3.5 公司年度总结由办公室主任对各部门的总结进行统筹汇总而形成。办公室主任可根据需要对部门总结的内容进行增减,对公司总结的结构进行调整,对不合格的部门总结要退回并修改,在总结完成后须报总经理确认公司总结的内容。

3.5 专题报告

专题报告包括出差报告、考察及调研报告、培训报告等,是就某专项工作完成后向上级提交的书面材料,要求陈述该项活动的具体名称、目的、执行时间、具体工作内容、取得的成果、经费、时间、人力、物力等资源的使用情况、其他部门的协同情况,未达成目的原因，工作中存在的主要问题，及报告人认为可行的解决方法等。它需要在员工完成专项工作后两个工作日以内呈交。

| 拟定 | | 审核 | | 审批 | |

7-03 文件收发管理制度

××公司标准文件		××有限公司 **文件收发管理制度**	文件编号××-××-××	
版次	A/0		页次	第×页

1. 目的

将本公司内各种文件的收发、处理及保管予以标准化、系统化及效率化；促使本公司内的公文收发业务推行顺畅。

2. 适用范围

适用于本公司内各部门对内及对外的公文收发。

3. 管理规定

3.1 对外收发文件

3.1.1 收发文原则。

对外的总收发由管理部（总务处）负责，原则上采取统一收发、分散保管的方式。

3.1.2 对外收文的启封。

（1）收文者是公司名称，由总务处收发员启封收文。

（2）收文者是部门名称，由部门文书管理员启封收文。

（3）收文者是私人名称，由部门文书管理员代收文件后转交当事人启封收文。

3.1.3 对外发文。

（1）对外发文原则上一律以公司名义行文，并由行政部总收发发送。

（2）如必须以部门名义行文时，须由行政部文书管理员签办并转呈总经理核准后，再请行政部总收发发送。

3.1.4 对外发文编码原则如下。

对外发文要编八位数的编码，前两码为中文代字码，后六码为中式数码。如：××字第0-2-3-5-1-6。

（1）第一码：代表本公司。使用公司名称第一字来代表本公司。

（2）第二码：代表发文部门。总：代表总经理室。行：代表行政部。业：代表业务部。

（3）第三、第四码代表发文的公历纪元年度。如21代表公元2021年。

（4）第五、第六码代表发文的月份。如01代表1月。

（5）第七、第八码代表发文的日期。如01代表1日。

（6）如该日发文有两件以上时则可加一位流水码，并以"-"符号连接。

3.1.5 存档。

（1）对外收发公文原则上由收发文部门自行存档，必要时可由收发文部门复制到其他单位存档，作为凭证。

（2）行政部收发人员须设置"对外收发文登记簿"，并对每一件对外收发文予以登记，以利追踪查核。

3.2 对内收发文

3.2.1 收发文原则。

（1）为简化作业程序起见，对内收发文除公告外，原则上一律使用"内部公文单"作业。

（2）必要时须经总务处同意后可变更格式作业。

3.2.2 公告。

（1）对内公告发文，由各单位文书管理员签办，总务处总收发，并由总务处呈总经理核准后方可发文公告。

（2）公告除由行政部总收发存档外，必要时可由发文部门自行复制存档作为日后追踪的凭证。

3.2.3 内部公文单。

内部公文单签办，存档说明如下。

（1）收发文原则。发文部门原则上不予限制，但如属报告或联络文且发文部门又不属主管部门，该内部公文单须先经由部门主管核实后，才可越级上呈或转其他部门（须照会其他部门时），会签后上呈。

（2）受文部门。为内部公文单核准，照会或执行权的最终归属部门。

（3）编号原则。对内发文编号原则除第一码与对外发文编号原则不同外，余者均相同。

范例：××字第0-3-5-7-1-2。

——第一码：代表本公司。

如使用公司名称第一字来代表本公司。

（4）存档。内部公文单原则上由发文部门自行存档，但必要时可由受文部门复制存档，作为凭证。

| 拟定 | | 审核 | | 审批 | |

7-04 文档分装工作规范

××公司标准文件		××有限公司 文档分装工作规范	文件编号	××-××-××
版次	A/0		页次	第×页

1.目的

为了使公司各类文件的整理、归类、分装工作更加规范，使文件的寻找、查阅更加方便，特制定本规范。

2.适用范围

适用于公司各部门文件的整理、归类、分装工作。

3.管理规定

3.1 侧脊标签

要求标明文件所属部门、分类名称、文件夹位置编号等。

（1）适用于文件夹侧脊正中；虚线为裁剪线。

（2）"位置编码"为粗黑20号，"小类名称"为黑粗60号，"部门名称"为楷粗三号。

如小类文件太多，无法装入同一文件夹内，可将文件分拆为多个文件夹，小类名称改为卷名，如小类无法细分，可将小类名称改为中类名称，如工作联络单、会议纪要。

（3）位置编码：存放位置（柜号，以部门全部文件柜计算序号，并标注在文件柜上）+分类+文件夹序号（每一分类重新编号），无重复。如1-A-1为柜子一内行政文件中的管理规定文件；2-B-2为柜子二内的人事类考勤文件。

（4）如果文件为"保密文件"，则必须在侧条上加上字样为"机密"的水印。

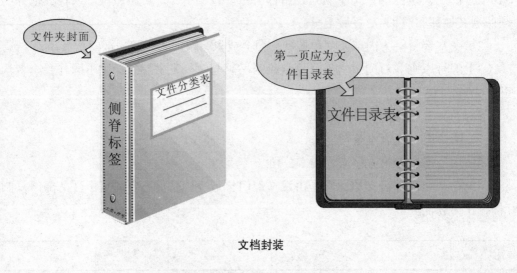

文档封装

文件侧脊标签模板

3.2 文件目录表模板

文件夹第一页必须列为文件目录表。

文件目录表模板

序号	文件名	日期	保密级别	页码范围	备注
1					
2					
3					

3.3 文件分类标志表

要求粘贴在文件夹正面，标明文件分类名称、放置地点、保管年限、保管责任人。

3.4 文件夹

一个文件夹里装订的文件量可按实际情况调整。文件夹第一页必须列为文件目录表，保密文件必须列上文件查阅登记表。其他文件按从底到上的顺序装订（最近的文件在最上面）。

保密文件查询登记表

序号	文件名	查阅页码	查阅时间	查阅人签名	保管人签名
1					
2					
3					

3.5 文件袋

3.5.1 部分重要文件或已过一年保存期但仍有保存价值的文件可采用文件袋形式保管。

3.5.2 文件袋正面标签：要求标明文件分类名称、文件编号、卷内备考表。

3.5.3 文件袋反面标签：要求封口处加盖行政部签章，并粘贴文件查阅登记表，详见下图。

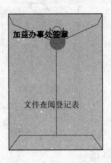

文件袋的正反面

| 拟定 | | 审核 | | 审批 | |

第8章　印章及证照管理制度

本章阅读索引：

- 公司印章管理办法
- 分公司印章使用管理办法
- 电子印章使用和管理办法
- 公司证照管理办法
- 公司介绍信管理规定

8-01　公司印章管理办法

××公司标准文件		××有限公司 公司印章管理办法	文件编号××-××-××	
版次	A/0		页次	第×页

1. 目的

为了保证公司印章刻制、保管以及使用的合法性、严肃性和安全性，依据公司规范运营、防范风险的管理规定，有效地维护公司利益，特制定本管理办法。

2. 适用范围

适用于公司公文、信函、函授委托书、证件、证书、财务报表、统计报表及对外签署的合同、协议及其他须用印章的文本等。

3. 管理规定

3.1　印章类别

本管理办法所指印章包括公司印章（公章）、法定代表人印章、合同专用章、财务专用章、公司各行政章等具有法律效力的印章。

3.2　印章授权管理和使用部门（及分公司、子公司）

3.2.1　公司印章，由公司董事长（总经理）授权向相关部门核发或核销。

3.2.2　公司印章由董事长授权以下部门分别管理和使用。

（1）公司行政章、法定代表人印章由公司办公室负责管理和使用。

（2）财务专用章、发票专用章由财务部负责管理和使用。

（3）合同专用章由公司法务部负责管理和使用。

（4）公司其他部门因工作需要配置其他用途公章（专项业务章、各部门用章等）时也应按本办法执行。

3.2.3　凡应工作需要并符合本条规定配置印章或更换印章需向公司办公室上报书

面申请，经董事长批准同意后可配置或更换印章。

3.2.4 印章的刻制必须符合国务院颁布的有关公章刻制的规定。统一由公司办公室负责，经公安机关核准，到指定的单位刻制；印章的规格、样式由公司办公室按有关规定办理。

3.3 印章的管理

3.3.1 公司的所有印章，均由公司办公室负责登记、留样并确定印章保管及使用责任人（以下简称为印章专管员）。印章启用时由公司办公室下发《关于公司启用有关＿＿＿＿＿＿专用章的通知》，注明启用日期、发放单位、使用范围和启用印模。

3.3.2 办公室向印章专管员提交印章时，应填写《公司印章留样备案表》。

3.3.3 由于印章磨损而更换印章，仍需在公司办公室登记、留样。

3.3.4 公司部门撤销或重组，原部门有关印章交回公司办公室，由公司办公室负责销毁。

3.3.5 严禁印章专管员将印章转借他人。

3.3.6 印章丢失时，印章专管员应当及时向公司办公室书面报告，公司办公室应及时采取相关补救措施，包括但不限于追查印章下落、公告印章作废、对责任人进行处罚等。

3.3.7 公司决定需要停用印章的，由董事长签字同意后由公司办公室下发《关于公司停用有关＿＿＿＿＿＿专用章的通知》，将停用原因、时间通知公司各有关部门，并收回停用的印章，切角封存或销毁。

3.3.8 未经股东会和法定代表人授权及批准，任何部门（及分公司、子公司）和个人不得擅自刻制印章，违反本项规定造成的全部经济损失由当事人向公司承担全部赔偿责任。

3.4 印章专官员的职责

公司所有印章专管员应遵守以下规定。

3.4.1 印章专管员每天下班前应检查印章是否齐全，并将印章保存在保险柜内，妥善保管，不得将印章存放在办公桌上；次日上班后，应首先检查所保管印章的保险柜有无异样，若发现意外情况应立即报告。设立使用登记台账。

3.4.2 印章专管员因事、病、休假等原因不在岗位时，印章授权人应指定他人代管印章，印章专管员要向代管人员交接工作，交代用印时的注意事项。

专管人员正常上班后，代管人员应向专管人员交接工作，登记用印的起始日期，实行管印人员登记备案制，以明确责任，落实到人。

交接工作时，应严格办理交接手续，填写《印章交接单》，登记交接日期、管理印章类别。交接人员签字、印章授权人签字认可后备存。

3.4.3 印章专管员要坚持原则，遵守保密规定，严格照章用印。未按批准权限用印或用印审批手续不全的，印章专管员不予用印；经办人拒绝印章专管员审批文件内容或审批手续的，印章专管员可拒绝用印并报告领导处理。

3.4.4 印章专管员用印盖章位置要准确、恰当，印迹要端正清晰，印章的名称与用印件的落款要一致，不漏盖、不多盖。介绍信、便函、授权委托书要有存根，要在落款和骑缝处一并加盖印章。

3.4.5 印章专管员不得擅自用印，一经发现、严肃处理；若因擅自用印导致公司遭受经济损失时，由其承担全部赔偿责任并按公司人力资源管理的规定进行处罚。

3.4.6 印章专管员离职时，其管理的印章记录和档案须作为员工离职移交工作的一部分，办理分管印章的移交手续并填写《印章专管人离职交接单》后方可办理离职手续。

3.4.7 禁止任何人未经批准携带公章外出。如确需带出使用时，须经董事长批准并填写《公章外出使用审批单》方可带出；非公章专管人员携带外出时，用印人还应填写本办法附件四的《印章交接单》，办理交接手续后方可带出。

3.5 各类公章的使用规定

3.5.1 公司印章的使用。

（1）办理使用公司印章的事项，须由业务经办人认真填写相应的审批文件并按取得相应权限领导的审批同意意见后，连同需用章的文件等一并交印章专管员，由其审核审批手续齐备后用印。

（2）凡有公司对应权限管理领导签署的文件或发文批准书、业务报表、邀请函等，可直接加盖相应的公司印章，但印章专管员仍应按照本条第（3）项规定填写《用印审批记录单》并留存复印件以完善相关档案，依据本条规定填写的单据无须审批人签字。

（3）除本条第（2）项规定的情况外，凡加盖公司印章的存根类介绍信（开具时必须按要求认真填写存根）、便函、授权委托书、发文批准书、业务报表、邀请函等文件，均需填写《用印审批记录单》并经相应管理领导审批签字同意后，方可使用公司印章。

（4）公司印章、法定代表人印章、财务专用章及公司其他印章（合同专用章除外）所用印的文件、资料、附件资料及《用印审批记录单》作为用印凭据档案由印章管理员留存。涉及法律等重要事项需使用用印章时，须依有关规定经公司法务部门审核签字后方可使用。

（5）公司任何部门（及分公司、子公司）和个人不得在当事人或委托人所持空白格式化文件上加盖公司印章，禁止在手写文件上加盖公司印章。

（6）公司任何部门（及分公司、子公司）和个人禁止在内容填写不全的文件或空白的纸张、介绍信、便函、证件、授权委托书、发文批准书、业务报表、邀请函上加盖公司印章。

（7）私人取物、取款、挂失、办理各种证明，需用单位介绍信时，由行政人事部严格审批，符合要求后办理签字备案后盖章。

（8）以公司名义签订的合同、协议、订购单等，由各部门专业人员及负责人审核并会签（合同、协议会签单），公司领导批准后方可盖章，并备案留底。

（9）公章使用（公司红头文件除外）时必须有《公章审批单》，批准后公章管理员方可盖章，公章管理人员应严格履行登记手续，因使用公章不当造成损失的，应追究其相应责任。

（10）印章应及时维护，确保公章清晰、端正。

（11）对调出、解除、终止劳动关系人员要求出示相关证明的，必须持有效身份证件材料（有签字说明），经人事行政部经理审批签字备案后，方可盖章。

3.5.2 合同专用章的使用规定。

（1）对外签署的合同或协议，应按《公司章程》及公司合同管理规定办理审批程序。

（2）公司合同专用章由公司法务部门指派专人担任印章专管员负责保管。

（3）需使用合同专用章时，经办人应填写《公司合同专用章用印审批单》，经公司对应管理领导审批同意方可用印。交公司管理领导审批的合同，应注有公司法务部、顾问律师及该合同对应的业务部门负责人的审核意见。

（4）用印的合同上应当先由合同授权签约代表人签字并注明年月日后，方可用印。

（5）禁止在手写合同或合同内容不全的合同上加盖公司合同专用章。

（6）对外签署的合同或协议等，须在合缝处加盖合同专用章。

3.5.3 财务人员依日常的权限及常规工作内容自行使用财务专用章的无须办理3.5.1的审批程序。公司对外报送的各类业务报表（财务报表、统计报表等）及其他需用公司财务印章的文本等，须按规定办理用印手续。

3.5.4 公司其他各部门印章、业务专用章的使用，由相关部门或部门做出相关规定，并报公司办公室备案。

3.5.5 公司各类印章实行用印登记制度，印章专管员在每年度6月30日前、12月31日前应将该期间填写的《用印登记簿》及用印资料档案全部移交公司档案保管人存单。

3.6 法律责任

3.6.1 任何人员必须严格按照本制度规定程序使用印章，不符合本制度规定时，不得擅自使用。

3.6.2 违反本制度的规定使用印章，造成丢失、盗用、仿制等，依情节轻重，对责任者分别进行批评教育、行政处分、经济处罚直至追究法律责任。

| 拟定 | | 审核 | | 审批 | |

8-02　分公司印章使用管理办法

××公司标准文件		××有限公司 分公司印章使用管理办法	文件编号××-××-××	
版次	A/0		页次	第×页

1.目的

为使分公司各项工作正常开展，确保分公司公章有序使用、分级管理、责任到人，特制定本办法。

2.名称解释

2.1 文件分类

分公司的文件主要分为两大类：常规文件和重要文件。

2.1.1 常用文件

（1）分公司的人事任免、聘用、调动。

（2）以分公司名义出具的身份证明、工资证明。

（3）总部核准的格式劳动合同。

（4）总部核准的格式销售合同。

（5）以分公司名义对外签发的文件包含请示、报告、联系函、申请、情况说明等外联文件。

（6）经公司总部审批后分公司内部制度颁发。

（7）由公司授权分公司自行制定的分公司制度颁发。

（8）需要公开发放的会议纪要。

（9）各类公司证照复印件加盖公章。

（10）公司对外提供的财务信息资料。

（11）分公司内部的通知、通告、通报、公告。

（12）分公司内部的奖惩文件。

（13）分公司招聘、社保、酒店、餐饮类的合作协议。

（14）分公司年审资料文件。

（15）以分公司名义出具的一般介绍信（私人取物、取款、挂失）。

（16）每月纳税申报表及其财务报表。

（17）办理网上电子申报办税资料。

（18）办理发票领购资料。

2.1.2 重要文件

（1）税务部门要求提供的其他资料（报告、说明等）。

（2）办理开户、销户所需资料。

（3）大额提现所需资料。

（4）银行代办业务资料（代发工资等）。

（5）分公司名义出具的担保书、承诺函。
（6）非经济类文件但是对分公司有潜在法律责任的文件。
（7）使用法人代表签名章。
（8）以法人名义出具的委托书、授权书。
（9）其他性质不清或上述未列出文件性质的文件。

2.2 常规文件

常规文件是指分公司日常工作中所使用到的文件，由分公司总经理签批后可以盖章生效。

2.3 重要文件

重要文件是指分公司日常工作中需要但是对公司会产生重要影响的文件，由总部签批后方可盖章生效。

3. 管理规定

3.1 公章保管

3.1.1 公章经由分公司总经办公章保管员保管，承担公章保管、使用的责任。

3.1.2 公章保管员必须在上岗前与总公司签订《公章管理责任书》《保密协议》及《员工担保书》（此担保书仅公章保管员需要签署）。

3.1.3 如未按本制度使用公章，除按本制度给予处罚外另按上述《公章管理责任书》及《保密协议》中约定承担违约责任。

3.2 公章使用原则

3.2.1 必须按流程审批完后方可用公章，如有特殊情况，无法完成签字的，需与具有盖章审批权限的相关领导短信核实可予以盖章，事后仍需补公章审批流程。

3.2.2 公章审批程序严格按照附件一执行。

3.2.3 公章使用申请需填写公章使用申请表。

3.3 公章使用流程

3.3.1 公章使用申请人申请→部门负责人审核同意→分公司总经办主任审核分类→各授权人签字核准→公章保管员施章。

3.3.2 各岗位职责。

（1）施章文件分类（总经办主任）。

①施章文件分类由分公司总经办主任负责，承担准确区分各类文件的签准人责任。

②施章文件分类必须按本制度的附件一实施，如因分类错误导致文件转由非授权人签批后施章，将按本制度的奖惩条款予以处罚。

③分公司总经办主任必须在上岗前与公司签订《施章管理责任书》。

（2）授权签准（各类文件授权人）。

①各类文件签准的授权见附件一。

②核查转交过来的文件性质，如不属于自己授权范围内的文件应退还给施章文件

分类人员。

③各类文件授权签准人员对自己签准的文件负责，因未核实就签准的文件给公司造成损失或严重影响的，承担全部责任。

（3）公章使用（公章保管员）。

①审核公章申请流程是否符合规定。

②核实各级签批是否符合本制度的规定。

③核实施章文件分类是否正确，不正确的予以退还。

④施章文件是否按本制度分类规定由对应的被授权人员签准。

⑤公章保管员对所有盖章文件负责，对未按照本制度规定审核批准的文件不予施章。

⑥因未按本制度规定施章，则按本制度的奖惩条款予以处罚，造成公司损失的承担全部赔偿。

3.3.3 施章。

（1）施章流程图。

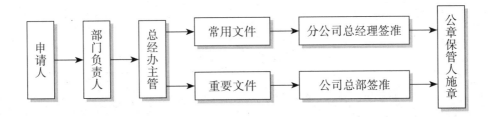

（2）施章注意事项。

①对无法确定是哪一类性质的文件或附件一未明确列出文件性质的文件，必须上报公司总部，核准文件类别后，按所归类别的审批流程使用公章，不得擅自归类用章。

②合同文件（除常规合同如酒店协议、公司印制的格式合同等）必须填写合同审批单，由申请人填写申请后，通过OA系统及时上传至公司服务器，经合同审批流程中各相关负责人审批确认后，方可盖章。

③对所有需要审批的各类型文件均必须采用OA系统予以审批，特殊情况下经总裁批准后方可使用纸质申请表、短信等可以复核的形式予以审批，但事后必须及时使用OA系统补齐相关手续并归档完成。

3.4 公章保管、移交、使用责任

3.4.1 公章保管人必须妥善保管印章，如有遗失，必须1小时内向公司领导报告，公章遗失造成的所有损失由公章保管人承担，同时按本制度的奖惩条款予以处罚，在1小时内未向公司领导汇报的，视为情节严重，加重处罚。

3.4.2 任何人员必须严格依照本办法规定程序使用公章，未按本办法规定的程序流程申请获批前，不得擅自使用。

3.4.3 未得到总裁的书面批准公章不得借出、转交、代管；如发现借出、转交、代管情况，在此期间因公章使用给公司带来损失或影响的，公章保管人除承担全部赔偿责任外，按本制度的奖惩条款给予加重处罚。

3.4.4 公章移交时必须在分公司总经理监督下进行，被移交人选须由总部办公室批准后方可移交。移交时双方均需签字确认，同时以转交时间为节点各自承担公章保管、使用的所有责任。被移交人同时也要签订《公章管理责任书》。

3.5 奖惩

3.5.1 公章使用及保管的第一责任人为分公司总经理，对未按本制度规定在公章保管、使用、移交过程中给公司带来损失的，由分公司总经理承担全部赔偿责任。

3.5.2 上述施章流程中施章分类岗位、签准岗位、施章岗位，凡违反本办法的规定，由公司视情节严重对违纪者予以500～2000元不等的罚款，给公司造成损失的，须承担所有的赔偿责任，期间如有违法情况给公司造成严重损失，公司可将其移送司法机关处理。

附件一

分公司公章授权表

类型编号	文件分类	分公司总经理	总部	备注
CY	一、常用文件			
01	分公司的人事任免、聘用、调动	★		见注1
02	以分公司名义出具的身份证明、工资证明	★		
03	总部核准的格式劳动合同	★		见注2
04	总部核准的格式销售合同	★		见注3
05	以分公司名义对外签发的文件包含请示、报告、联系函、申请、情况说明等外联文件	★		见注4
06	经公司总部审批后分公司内部制度颁发	★		
07	由公司授权分公司自行制定的分公司制度颁发	★		
07	需要公开发放的会议纪要	★		
08	各类公司证照复印件加盖公章	★		
09	公司对外提供的财务信息资料	★		
10	分公司内部的通知、通告、通报、公告	★		

续表

类型编号		文件分类	分公司总经理	总部	备注
	11	分公司内部的奖惩文件	★		
	12	分公司招聘、社保、酒店、餐饮类的合作协议	★		
	13	分公司年审资料文件	★		
	14	以分公司名义出具的一般介绍信（私人取物、取款、挂失）	★		
	15	每月纳税申报表及其财务报表	★		
	16	办理网上电子申报办税资料	★		
	17	办理发票领购资料	★		
ZY		二、重要文件			
	01	税务部门要求提供的其他资料（报告、说明等）		★	
	02	办理开户、销户所需资料		★	
	03	大额提现所需资料		★	
	04	银行代办业务资料（代发工资等）		★	
	05	以分公司名义出具的担保书、承诺函		★	
	06	非经济类文件但是对分公司有潜在法律责任的文件		★	
	07	使用法人代表签名章		★	
	08	以法人名义出具的委托书、授权书		★	
	09	其他性质不清或上述未列出文件性质的文件		★	

注：1.分公司高管（含总经理、副总经理、总经理助理）由总部聘用、任免，其他各部门负责人由分公司总经理提请，总部批准。各级主管及员工由分公司总经理直接任免。

2.合同期限超过公司规定范围（具体规定见分公司人事管理制度）、试用期未按公司规定约定、薪酬待遇有特殊约定的或需要其他补充说明的劳动合同不在此授权范围内，需上报总部批准。

3.常规合同约定期限超过1年，超过因销售对象、销售产品的特殊情况所规定的合同期限，销售价格低于公司当期最低限价，其他相关约定超出公司规定或有其他补充条款的销售合同不在此授权范围内，需通过OA系统的合同审批流程上报总部批准。

4.凡是牵涉含有经济内容，含有保证、承诺意思，含有会对公司造成不利影响内容及对公司工作造成潜在影响，不在此授权范围内，需上报总部批准。

拟定		审核		审批	

8-03　电子印章使用和管理办法

××公司标准文件		××有限公司 电子印章使用和管理办法	文件编号××-××-××	
版次	A/0		页次	第×页

1. 目的

为进一步加强企业办公信息化管理，规范电子印章在电子公文及案件材料中的使用，保证公文传输的安全、合法、有效，提高网上办公办案的效率，依据《中华人民共和国电子签名法》及市区司法局的相关规定，制定本办法。

2. 适用范围

（1）用于内部往来的加盖电子印章的电子公文与加盖实物印章的纸质公文具有同等法律效力。

（2）用于政府官方网上申报财务或社保参退保等相关办事业务。

（3）不得用在工作介绍信、包裹单、资信证明等无重大经济利益的信函或资料中。

（4）用在涉及公司的对外文件皆不具有任何法律效力，如合同、协议、委托书等。

3. 管理规定

（1）各部门若需新增电子印章须签呈送批，经审核批准后，由财务部具体办理电子印章的制作等手续。

（2）电子印章由财务部负责统一制作、变更或销毁工作，并负责电子印章的备案工作。

（3）电子印章与实物印章必须同等管理。电子印章必须储存在专用移动U盘内。

（4）财务部指定工作责任心强、保密意识强、工作严谨的固定人员妥善管理。

（5）印章专管人员因事、病、休假等原因不在岗位时，应指定他人代管（经总经理同意），并做好交接工作，登记管印的起止日期，实行管印人员登记备案制。

（6）电子印章管理人须对电子印章负全责。若因管理不慎造成后果，将追究电子印章管理部门的主要领导、分管领导或保管人的责任。

4. 使用

（1）电子印章的签署流程与实物印章的加盖流程一致。需要审批的法律文书及公文、函，必须严格按照审批流程通过总经理批准后方可加盖电子印章（需以经核准文件向财务部领取）。

（2）因特殊情况，签字人不能签批的，可由签批人授权公司其他领导代签；签字批准用印的负责人，要对用印的后果负责。带有核准的公文原件必须由文件管理人员负责保存备查、妥善保管。

（3）不得随意将电子印章交于他人或放置在不安全之处。电子印章严禁复制到其他地方。电子印章使用完毕后，即应将U盘从计算器上移走，妥善保管。

（4）电子印章必须在固定的计算机上使用，并且必须在第一次使用电子印章时修改印章密匙密码，不得使用初始密码进行签章。

（5）电子印章的管理与实物印章相同，均须严格按照本公司印章管理相关制度妥善保管，不得带离指定的办公场所（严禁带出厂区）。电子印章必须当天归还财务部，若有需要隔天再领，印章不可在外隔夜。

5.状况

（1）各部门若需变更或注销电子印章，须由使用单位提出书面申请，报呈总经理同意后，由财务部先核实欲变更或注销的原电子印章，之后再进行变更或注销的程序。

（2）由于操作失误或其他原因导致电子印章损坏的，须由使用单位提出书面申请，报呈总经理同意后，由财务部负责重新办理制发电子印章手续。

（3）凡在电子印章使用过程中发生失误，例如遗失、未经批准他人使用、不按程序操作导致印章被复制等，一律依厂纪厂规处理。

（4）财务部每月15号将电子印章的使用登记记录呈报总经理审核。

拟定		审核		审批	

8-04 公司证照管理办法

××公司标准文件		××有限公司 公司证照管理办法	文件编号××-××-××	
版次	A/0		页次	第×页

1.目的

为加强中××有限公司（以下简称"公司"）证照管理，规范证照的申请、保管、使用、登记、变更、备案等工作程序，切实防范风险，根据《中华人民共和国公司法》《中华人民共和国公司登记管理条例》等法律法规和管理规章，特制定本办法。

2.适用范围

本办法适用于公司的证照管理。

证照是公司以及所属各项目依法合规经营的重要法律依据文件，其所载内容是各单位依法合规经营的前提条件之一，必须给予妥善安全管理，并维护其严肃性。

本办法所称证照包括但不限于企业类、财务类、产权（房屋和土地）类和社保类、其他类证照等。

3. 管理权责

（1）公司证照的管理采用分级负责的原则。公司证照采用归口管理、管办分离、管用分离的原则，并对公司证照管理实行统一指导。

（2）公司企业发展部为牵头部门，会同各证照归口部门对公司证照进行管理。

4. 管理规定

4.1 证照的申（换）领

4.1.1 公司企业类证照的申（换）领工作由公司企业发展部负责办理，财务类证照的申（换）领工作由公司财务管理部负责办理，产权（房屋和土地）类证照的申（换）领工作由公司办公室负责办理，社保类证照的申（换）领工作由公司人力资源部负责办理。其他类证照的申（换）领工作由公司相关证照管理归口部门负责办理。

4.1.2 公司证照申办成功后，须及时向上级证照管理归口部门报备。报备单位应填写证照报备表，并同报备的证照电子扫描件或复印件一并上报。

4.2 证照的变更、延期、维护

4.2.1 公司企业类证照的变更、延期、维护工作由公司企业发展部负责办理，财务类证照的变更、延期、维护工作由公司财务管理部负责办理，产权（房屋和土地）类证照的变更、延期、维护工作由公司办公室负责办理，社保类证照的变更、延期、维护工作由公司人力资源部负责办理。其他类证照的变更、延期、维护工作由公司相关证照管理归口部门负责办理。

4.2.2 公司证照变更、延期、维护工作完成后，须及时向上级证照管理归口部门报备。报备单位应填写证照报备表，并同报备的证照电子扫描件或复印件一并上报。

4.3 证照的日常管理

4.3.1 公司企业发展部负责公司企业类证照的登记、备案、年报、保管、领取与移交、统计汇总等日常管理工作，与颁发公司相应证照的部门和机构进行沟通联络，并指导所属分公司相应证照的申（换）领、变更、保管、登记、备案、年报等工作。公司企业类证照正本由企业发展部保管，副本由市场开发部保管，公司名称变更通书原件由市场开发部保管。

4.3.2 公司财务管理部负责财务类证照的登记、备案、年报、保管、领取与移交、统计汇总等日常管理工作，与颁发公司相应证照的部门和机构进行沟通联络，并指导所属分公司相应证照的申（换）领、变更、保管、登记、备案、年报等工作。

4.3.3 公司办公室负责产权（房屋和土地）类证照的登记、备案、年报、保管、领取与移交、统计汇总等日常管理工作，与颁发公司相应证照的部门和机构进行沟通联络，并指导所属分公司相应证照的申（换）领、变更、保管、登记、备案、年报等工作。

4.3.4 公司人力资源部负责社保类证照的登记、备案、年报、保管、领取与移交、统计汇总等日常管理工作，与颁发公司相应证照的部门和机构进行沟通联络，并指导所属分公司相应证照的申（换）领、变更、保管、登记、备案、年报等工作。

4.3.5 公司其他类证照管理归口部门负责相关类证照的登记、备案、年报、保管、领取与移交、统计汇总等日常管理工作，与颁发公司相应证照的部门和机构进行沟通联络，并指导所属分公司相应证照的申（换）领、变更、保管、登记、备案、年报等工作。

4.3.6 公司各类证照管理部门应设有专人负责证照的日常管理，确保证照的安全、合法、有效及证照上所载内容与实际保持一致，并建立证照清单和流转交接登记簿，规范管理流程。

4.4 证照的使用

4.4.1 为防范风险，公司证照原件（含正本、副本）原则上不能对外提供或使用。因业务需要必须对外提供原件时，必须严格履行借用审批手续，并确保妥善使用，按时归还。

4.4.2 公司各部门如因业务需要，须对外提供公司证照原件、复印件、电子扫描件时，需由借用部门到相应证照管理归口部门填写《证照借阅登记表》，方能办理借用手续。

4.4.3 公司所属各项目如因业务需要，必须对外提供公司证照原件、复印件、电子扫描件时，需由所属项目借用部门填写《证照借用申请单》，经借用项目负责人审批签字并加盖所属项目公章，将扫描件报公司相应证照管理归口部门审批后，方能办理借用手续。

4.4.4 公司证照原件、复印件、电子扫描件必须在规定范围和借用期限内使用。证照原件使用完毕后，应立即归还并办理相应归还手续。若未能按时归还，必须提交书面材料加以说明。证照的电子扫描件使用完毕后应立即删除，不得擅自留存、使用和外借。

4.4.5 未经授权审批，任何部门、单位和个人不得使用、转借、复印公司证照原件、复印件和电子扫描件。

4.4.6 证照管理责任人应确保证照借用、归还登记的及时性和完整性，并及时追踪证照使用情况。证照借用部门、单位和个人应妥善使用和保管证照，应确保证照的安全性、完整性和整洁性。

4.5 证照的补办

4.5.1 借用部门、项目和个人将公司证照原件遗失或损毁的，应于两日内呈书面报告（加盖部门/单位公章）至公司证照管理归口部门，公司证照管理归口部门应及时进行相应处理（登报挂失、声明作废等）和补办。

4.5.2 公司企业类证照的补办工作由公司企业发展部负责办理，财务类证照的补办工作由公司财务管理部负责办理，产权（房屋和土地）类证照的补办工作由公司办公室负责办理，社保类证照的补办工作由公司人力资源部负责办理。其他类证照的补办工作由公司相关证照管理归口部门负责办理。

4.5.3 公司证照原件若遗失或损毁时，应及时向上级证照管理归口部门上报，并应按照单位有关规定给予有关责任人处罚。

4.6 证照的注销和作废

4.6.1 证照需注销或作废的，各证照管理归口部门应及时办理。公司企业类证照的注销和作废工作由公司企业发展部负责办理，财务类证照的注销和作废工作由公司财务管理部负责办理，产权（房屋和土地）类证照的注销和作废工作由公司办公室负责办理，社保类证照的注销和作废工作由公司人力资源部负责办理。其他类证照的注销和作废工作由公司相关证照管理归口部门负责办理。

4.6.2 证照注销和作废工作完成后，公司相关证照管理归口部门应及时对注销和作废工作进行备案及通报，并不得继续使用。其他持有已注销证照复印件和电子扫描件的部门、单位和个人应及时进行销毁或删除，不得继续使用。

4.6.3 如因工作需要必须使用已注销或作废的证照原件、电子扫描件和复印件的，应按4.5的相关规定办理手续。

4.6.4 公司证照注销和作废工作完成后，须及时向上级证照管理归口部门报备。报备单位应填写证照报备表，并同相关备案文件一并上报。

4.7 罚则

对违反本办法规定的部门、项目和人员，公司将视情况给相应处罚：一般违反的，公司将给予口头警告、书面警告或通报批评；发生下列行为之一的，对相关部门、单位给予2000～10000元的处罚，对相关人员给予500～1000元的处罚，并由其负责承担补办证照等弥补损失的相关费用；构成犯罪的，移交司法机关处理。

（1）损毁证照的、损毁证照不报告或延迟报告的。

（2）遗失证照的、遗失证照不报告或延迟报告的。

（3）出租、出借、转让证照的。

（4）冒用、盗用、伪造、变造、涂改证照的。

（5）因管理不善造成其他严重后果或恶劣影响的。

| 拟定 | | 审核 | | 审批 | |

8-05　公司介绍信管理规定

××公司标准文件		××有限公司 公司介绍信管理规定	文件编号××-××-××	
版次	A/0		页次	第×页

1.目的

为进一步加强内部管理，规范经营行为，避免经营风险，加强公司介绍信及法人委托书使用管理，特制定本规定。

2.适用范围

本规定适用于公司及所属各直属单位、控股公司。

3.管理规定

3.1　介绍信、法人委托书的使用管理

3.1.1　公司介绍信、法人委托书由办公室统一负责印制、统一管理和使用。

3.1.2　法人委托书的开具需填写"开具法人委托书审批表"，附评审材料及相关领导签字后报经公司法定代表人同意，并由法定代表人本人签字后开具。

3.1.3　在经营业务联系中需使用介绍信的，需填写"开具介绍信审批表"，经公司经营部对业务信息进行审批核准，附评审材料给予开具。

3.1.4　对一般行政事务需开具介绍信的，经办公室主任审核同意签字后给予开具。

3.2　介绍信及法人委托书的保管职责

3.2.1　介绍信及法人委托书由办公室指定人员保管，下属部门或二级单位的印鉴应指定专人保管，并将保管人上报办公室备案。保管人为使用的责任人。

3.2.2　保管人对介绍信、法人委托书的使用情况进行登记。对没有审批表的，签字不符合规定要求的，所附材料不全的，一律不予办理，否则追究保管人的全部责任。

4.其他

（1）以上条款中，因审批签字人出差而又不许即使办理时，办公室经办人可通过电话请示同意后，做好电话记录，然后给予办理，事后补签。

（2）本规定自发布之日起施行。

拟定		审核		审批	

第9章 会议与会务管理

本章阅读索引：

- 会议管理办法
- 公司会议费管理办法
- 大型活动会务管理细则

9-01 会议管理办法

××公司标准文件		××有限公司 会议管理办法	文件编号×××-××-××	
版次	A/0		页次	第×页

1. 目的

为规范和加强公司会议管理，进一步降低会议成本，提高会议质量和效率，特制定本办法。

2. 适用范围

适用于本公司的会议管理。

3. 管理规定

3.1 会议管理原则

3.1.1 精简高效。要坚持精简、务实、节俭、高效的原则，少开会，开短会，求实效，严格控制会议数量、规模、会期，提高会议质量；确保会议效率。

3.1.2 形式多样。根据实际需要通过多种方式办会，能不开的会坚决不开，能合并开的会就合并开，能通过电视电话会议形式召开会议一律不集中召开。

3.1.3 控制预算。严格实行会议经费预算管理，节约会议费用和参会人员的工作时间。

3.1.4 分类管理。公司会议根据形式、规模、内容进行分类管理。

3.2 会议分类

公司会议一般分为以下五类。

（1）总经理办公会议。

（2）经营活动分析会议。

（3）公司工作会议。

（4）专题会议。

（5）周工作例会。

3.3 会议审批

3.3.1 内部会议申请审批程序。

承办部门将会议申请提交综合部，并填写《会议申请单》，综合部会议管理人员根据申请内容进行审核后，对会议室进行分配，承办部门在相应时间和地点召开会议。如出现会议室使用冲突，应确保重要的会议优先使用。

3.3.2 外部会议申请审批程序。

承办部门填写《会议申请单》，报公司分管领导、总经理审批，承办部门持审批后的会议申请单到财务部办理相关手续。

3.4 会议组织

3.4.1 会议通知。

（1）承办部门负责会议通知的起草，通知应明确告知会议的名称、内容、时间、地点、参加人员范围、应准备的材料、文件和其他要求。

（2）重要会议一般应提前3天通知，一般会议应提前1天通知。

3.4.2 会务工作。

（1）总经理办公会议、公司工作会议、两会（职代会和党代会）、周例会以及经营活动分析会由综合部负责承办，协调会议的接待、会场组织、会议记录等会务工作。

（2）视频会议由运行维护部负责会议设备、线路的保障工作。

（3）其他类型会议均由牵头部门负责相关会务工作。

3.4.3 会议材料。

会议材料由会议牵头部门协调组织。需公司领导出席并讲话的重要会议、重大活动，主办部门应提前将会议议程、会议材料及领导讲话代拟稿报分管领导审核。参会人员要提前阅读会议材料，并准备发言提纲。会议除为公司领导准备纸质材料外，原则上以电子文档形式汇报，不向参会人员分发纸质材料。会议决议经会议主持人审定后，以公司会议纪要形式印发执行。

3.4.4 会议内容及与会人员。

（1）总经理办公会议。公司总经理办公会议主要研究公司战略部署、经营决策、规章制度、管理办法、招投标等"三重一大"事项。会议原则上由总经理主持，各副总经理出席，各部门负责人和议题相关部门人员参加。

总经理办公会议实行会议议题报审单制度，具体工作流程为：议题申请部门填写《会议议题报审单》–部门负责人审核签字–相关部门会签（如有必要）–综合部负责人审核是否上会–分管领导审核同意–总经理批准–《会议议题报审单》送综合部–综合部收集议题内容，将材料提交总经理办公议会。各有议题部门须在会议召开前两天，将已经审批的《会议议题报审单》及相关资料送综合部。

议题申报部门应就会议议题所涉及内容进行充分调研和论证，认真准备会议材料，提前与公司领导和相关部门沟通，必要时提出一个以上可供决策的方案，并在对各方案进行利弊分析后提出决策建议。综合部对拟上会的议题要进行审核，能通过专题会议等小型会议解决的，不再提交总经理办公会议解决。

会议原则上每周三召开，无会议议题不召开，地点固定在六楼行政会议室，会议时间一般不得超过2个小时。

（2）经营活动分析会议。经营活动分析会议是公司每月例行召开的专项会议，研究公司生产经营主要指标完成及变化情况，存在的问题及原因分析、解决措施，经营风险及控制措施等，由公司分管经营的副总经理主持。参会人员为：公司领导，各部门经理和前端部门业务主管以上人员，各分公司领导、下属片区经理。会议一般每月10日左右召开，如遇节假日或特殊情况则顺延。

会议发言次序为财务部、市场营销部、集团客户事业部、客户服务部等部门。会议发言部门要提前做好充分准备，掌握翔实的第一手资料，发言的重点是分析问题，并提出解决问题的具体措施。每个部门发言时间原则上不超过15分钟，总体会议时长不得超过3个小时。

（3）工作会议。会议主要研究、部署、落实年度工作任务和目标，参会人员为：公司领导、各部门经理、分公司总经理。会议一般每年召开2次，年初召开年度工作会议，半年召开年中工作会议。

（4）专题会议。会议主要研究生产经营等重要的专项工作。会议由公司总经理或分管领导主持，参会人员为：议题涉及的部门经理及相关人员，可根据工作需要邀请其他分管领导出席。公司专题会议不定期召开，会议时间不得超过2个小时。

（5）周工作例会。周工作例会包括公司周例会和分管领导部门例会以及部门周例会。公司周例会内容为汇报各阶段重点工作安排及推进情况（每月第一周主要汇报本月工作安排及主要措施，第二至四周汇报月度工作计划执行情况与存在问题），会议时间不得超过一个半小时。分管领导周例会内容为通报近期工作开展情况，安排部署下阶段工作；参会人员为公司分管领导和所辖部门经理，一般每周五召开。部门周例会参会人员为部门全体员工，一般每周一召开。

3.4.5 会议签到管理。

公司召开的重要会议均实行签到制,签到采用桌签、签到表和主持人点名三种方式。

3.4.6 会议纪律管理。

(1)参加会议人员应严格遵守会议纪律,不迟到、不早退。参加公司大型会议应提前10分钟进入会场,中小型会议应提前5分钟进入会场,并在指定位置就座。因特殊原因无法准时到会或中途提前退场时,须向会议主持人请假。对无故迟到、早退、缺席者,将按照公司员工劳动纪律有关规定处理。

(2)参加重要会议或重大活动,与会代表原则上应着正装。

(3)会议期间,参会人员应将通信工具关闭或置于静音状态。

(4)与会人员应严格遵守保密管理规定,不得泄露会议内容。

3.4.7 会议事项管理。

(1)各类会议都应有会议纪要(记录),周例会、专题会和总经理办公会议的会议纪要(记录)由综合部负责撰写,其他会议由牵头部门负责组织。

(2)加强各类会议的宣传报道工作。工作会、月度经营分析会等重大事项由综合部安排专人进行新闻宣传报道工作,及时通报会议情况。

(3)强化对会议议定事项的督办落实工作。会议结束后,主办部门应做好会议议定事项的督办工作。原则上总经理办公会议决议的督办由综合部负责,其他类会议的督办由主办部门负责,重要事项由综合部协同相关部门督办。

3.5 会议经费

3.5.1 严格实行预算管理和归口管理,建立健全会议接待报批、审核制度,接待标准列入报批内容,先审批、后使用,谁批准、谁负责,任何人不得擅自提高接待标准。

3.5.2 会议费用由会议主办部门在会议结束一周内结算,结算时应附带发票和参会人员名单,经综合部审核后方可办理相关账务报销手续。

3.5.3 公司内部会议一律不准赠送礼品,会场不得摆放花草、香烟、茶歇、矿泉水和纸笔等,一般性会议不允许印制会议材料。

3.6 会议服务

3.6.1 公司工作会、月度经营分析会、生产经营培训会由综合部负责,相关业务部门协办。其他会议的后勤服务由承办部门指定专人负责。

3.6.2 根据会议规模和规格指定摄影摄像人员及其他相关人员。

| 拟定 | | 审核 | | 审批 | |

9-02 公司会议费管理办法

××公司标准文件		××有限公司 公司会议费管理办法	文件编号××-××-××
版次	A/0		页次	第×页

1. 目的

为规范公司会议费管理，统一会议费开支标准，厉行勤俭节约，严格成本控制，在总结公司会议管理制度执行情况基础上，结合公司管理实际，特制定本办法。

2. 适用范围

适用于公司本部各部门、所属各单位、各直管项目部因召开和参加会议所产生的会议费的管理。

本办法中的会议费，是指公司本部各部门、所属各单位、各直管项目部因召开和参加会议所产生的费用支出，包括会议期间的食宿费、会场租赁费、会场布置费、设备租赁费、文件资料印刷费等。

3. 职责分工

（1）总经理办公室为公司本部会议费的归口管理部门，主要职责如下。

①建立健全公司会议费管理制度和标准。

②组织研究、完善、监督、执行本部会议费的审批和报销程序。

③组织定期盘点、分析、通报本部会议费使用情况。

（2）公司本部各部门、所属各单位、各直管项目部为公司会议费的使用部门，主要职责如下。

①严格执行本办法有关规定；结合实际细化会议费管控措施。

②编制、上报、执行会议费年度计划。

③定期汇总、分析会议费使用情况。

④对公司会议费管控提出合理化建议。

4. 管理规定

4.1 管理标准与要求

4.1.1 依据公司下达的会议费指标，公司对会议费实行总额控制。

4.1.2 公司内部会议分类及会议组织参照会议管理制度进行。

4.1.3 精简会议数量，控制会议规模。内部会议场所（含公司本部、所属各单位、各直管项目部会议室）能满足会议要求的，不在外部租赁会议场所；可以合并召开的专业会议，要合并召开；充分利用现代化手段召开电视电话会议和视频网络会议（按《公司视频会议管理办法》执行），减少和避免参会人员往来奔波以及由此产生的费用支出。

4.1.4 在公司内部会议场所召开的各类会议，遵照公司会议管理制度有关规定执行；使用公司本部会议室的，由会议组织部门（或单位、直管项目部）在信息网上履行申请程序（《本部会议室使用申请单》）。

4.1.5 公司本部各部门拟在外部场所租用会场召开会议，须于每年1月底前填写《外部场所会议计划表》，经部门分管领导审核后，提交总经理办公室汇总，形成公司本部外部场所年度会议计划，报主管经营副总经理审批。

4.1.6 公司所属各单位、各直管项目部根据公司下达会议费预算指标，结合实际制定具体管控措施，严格控制在外部场所召开会议。

4.1.7 纳入公司本部外部场所年度会议计划的会议，由会议组织部门提前填写《外部场所召开会议申请表》，经总经理办公室负责人签字后实施；未纳入年度计划，确因工作需要临时申请在外部场所举办会议，费用预算在3万元以内，经部门分管领导同意、总经理办公室负责人签字后实施。费用预算超过3万元的，须经公司主管经营副总经理审批方可实施。

4.1.8 上级有关部门、单位委托公司本部各部门组织各类会议，会议承办部门须提前填写《承办会议审批表》，附上级有关部门（单位）委托办会通知，报部门分管领导审核、总经理办公室负责人签字、主管经营副总经理审批后执行。承办会议所收取的会议费应冲减会议费预算。承办会议费用预算超过5万元时，须经公司总经理审批。委托承办会议的书面通知、费用预算、实际费用产生情况等资料要及时归集留存，以便会后向会议委托单位（部门）结算相关费用。

4.1.9 公司所属各单位、本部各部门、各直管项目部召开会议，尤其是在公司外部租赁会议场所召开会议，要严格控制各项费用支出，不得借开会名义变相旅游、发放礼品。

4.1.10 严格控制各类庆典活动，特殊原因需要举办的，须事先履行申请审批程序，提交费用预算，经部门分管领导签字后，报公司主管经营副总经理审批。

4.1.11 因公外出参加会议，会议期间会议主办方统一安排食宿的，住宿费、伙食补助费不予报销；不统一安排食宿的，住宿费、伙食补助费按照《公司差旅费管理办法》执行。

4.2 费用管理与监督

4.2.1 公司会议费管理严格执行全面预算管理办法，纳入公司年度预算。

4.2.2 每年年初，公司五项费用领导小组办公室结合实际，对公司下达的会议费指标进行二次分解，经五项费用领导小组审定后，对公司本部、所属各单位、各直管项目部下达年度会议费使用指标；每月月末，组织对费用指标执行情况进行统计；每季度末，组织对费用指标执行情况进行专项分析、通报；每年第三季度，结合实际情况对费用指标进行适当调整；每年年底，组织对费用指标完成情况进行考核。

4.2.3 会议费的核算遵循《企业会计准则》和《公司会计核算标准化手册》（试行）。

4.2.4 会议费报销应符合公司规定程序，总额不能超出年度总预算。

4.2.5 公司本部各部门、所属各单位、各直管项目部不得以任何方式挤占其他费用指标。

拟定		审核		审批	

9-03 大型活动会务管理细则

××公司标准文件		××有限公司 大型活动会务管理细则	文件编号××-××-××	
版次	A/0		页次	第×页

1.目的

会务管理工作是行政工作中的管理要项，为帮助行政人员提升会务管理实际操作能力，更加规范有序地开展会务管理工作，特制定本细则。

2.会务管理工作的一个中心

2.1 与会嘉宾邀请

大型活动的会务管理工作一般由迎来送往、食宿筹备、车辆调度以及活动当天的议程安排等方面组成。与会嘉宾作为会务工作者的服务对象，各项工作都需要紧紧围绕嘉宾信息具体开展，因而，与会嘉宾的邀请工作和信息对接也就显得格外重要，它是会务管理工作的中心。

2.1.1 确定邀请名单。

大型活动的筹办，前期必定会经过充分讨论形成系统完整的策划案，通常这份策划案需从活动性质、规模、主旨等多个维度综合考虑，确定需要邀请的嘉宾类别以及具体名单。在此基础上，会务管理的职责在于：依据策划案的要求，对这些拟邀名单加以统计归类，分派专人负责邀请并跟踪服务，及时反馈嘉宾信息，服务于整体会务管理工作。

按照经验，本公司的大型活动一般需要邀请以下几类嘉宾。

嘉宾邀请类别	
纵向划分 （以级别为标准）	国家部委领导
	会议举办地的省、市、区政府领导
	集团及分公司的属地省、市、区政府领导
横向划分 （以类别为标准）	发改委、经信委、税务部门、交通运输部门、运管部门及公安部门条线领导
	行业协会
	各类客户（本地/异地）
	媒体（本地/异地）

2.1.2 落实邀请工作，确认参会名单。

本公司的大型活动普遍兼有品牌推广、招商引资、公共外联等多项功能，鉴于活动涵盖的重要意义，嘉宾邀请工作通常采取责任制，安排专职负责人"点对点"邀请嘉宾、领导并跟踪服务。

（1）专人邀请：邀请责任人需要向受邀者传达的内容包括：会议主题、时间、地点、主要议程及安排事项等，需要的话还可附送会议策划书，让受邀者进一步了解参会意义，对活动有一个相对合理的期望及准备；同时，还应附上邀请函。

（2）确认参会嘉宾信息。确认受邀嘉宾参会意向后，会务人员需要统计明确的参会人数、职务、性别、联系方式、预计到达时间、迎送要求等信息；接下来需要做的就是资源分配，主要是酒店住宿的安排、车辆调度安排和宴会用餐安排等；值得注意的是，应该考虑到与会嘉宾的特殊要求，譬如家属、随行人员、保健要求、交通代理、饮食习惯、住宿要求、其他日程安排等，如果信息详细清楚、考虑周到细致，则对会务的有序安排、嘉宾的参会满意度会起到一定帮助。

邀请函落款标准

序号	受邀部门	邀请函落款	备注
1	国家部委领导	省级相应部门盖章	
2	省级政府	产业公司属地政府领导	集团公司盖章
		分公司属地省政府	当地区委、区政府与分公司共同邀请
3	市级政府	产业公司属地	集团公司盖章
		分公司公司属地	当地区委、区政府与分公司共同邀请
4	分公司所在地的区级政府各部门	统一由分公司属地区委、区政府发放通知	
5	行业协会	集团公司盖章	
6	新闻媒体	集团公司盖章（多为单人邀请）	
7	公司客户	会务举办地的分公司盖章	
8	集团公司人员	统一由集团办公室组织发放通知	

2.1.3 制订会务管理工作计划。

（1）围绕反馈的参会嘉宾信息制订会务管理工作计划：根据嘉宾类别、地区、层面的差异制定不同方案；对于重要嘉宾，则要制定日程专案交由邀请责任人跟踪服务。

（2）需要注意的是，对于国家级的领导，要报地方政府办公部门衔接安排；对于异地来的客户，要安排好会议期间的住宿、餐饮、车辆使用等问题；同时，应做好参会嘉宾业余时间的安排，根据参会人员的喜好，选择不同的休闲方式，设计差异化的接待方案。

2.2 重要嘉宾日程安排

2.2.1 重要嘉宾是指，对本公司事业发展具有极大影响力或行业威望的人物，他们对活动举办成功与否，能否达到品牌传播、招商引资、公关外联等效果起着重要作用。这类嘉宾通常为国家级、省级主要领导，行业权威人士，以及需要安排就座于会议主席台的其他人员。

2.2.2 重要嘉宾接待工作的注意事项如下。

（1）明确接待任务，落实专职人员。会务组要落实、安排好全程陪同的干部与责任人。

（2）全方位服务。妥善保障重要嘉宾会务期间的住宿、用餐、迎送、会务等各项活动，包括会外考察。

（3）加强各部门沟通衔接、紧密协同，及时调适接待计划。

（4）制作日程专案。对于每一位重要嘉宾，都要制作详细的日程专案，由专职责任人全程跟踪、服务；会务管理工作也应紧紧围绕重要嘉宾的日程来展开，务必形成专项接待计划，保证会务工作成员人手一份。

2.2.3 日程专案的重要事项。

（1）迎来送往。

①根据外地领导抵达、返回的航班与车次妥善安排接送站车辆。

②领导自行驾车前来，应安排人员做好迎送引导。

③根据嘉宾的身份、级别，具体配备接送陪同人员，迎送高级别嘉宾需要当地政府领导出面配合。

（2）住宿安排：详细记录嘉宾下榻的酒店、房号、房型（会客厅大小），方便拜访。

（3）餐饮安排：每日用餐的时间节点、酒店及座次安排。

（4）每日行程：明确迎送人员，本公司地方政府的接待领导；若来访本公司，设计好企业内考察路线。

（5）车辆调度：根据嘉宾级别身份安排车型档次和迎送人员（多为邀请工作负责人）。

（6）其他事项。

①会议当天座次及入场引导人员的安排。

②领导需要参加的活动环节的礼仪引导，如剪裁、致辞等。

③领导提前到达会场后的休息场所安排，即VIP（贵宾）休息室。

④明确每一项议程的负责人。

2.3 动态把握嘉宾信息，及时调整计划

参会嘉宾数量、级别以及日程安排这几项内容往往会有所变动，需要及时跟踪反馈，同时，这项工作应分时分段做好，越接近活动的开展，其变动频率往往越高。应动态把握嘉宾信息并及时对接反馈给会务组，进而适当调整工作计划。

3. 会务管理工作的两元主体

大型活动的筹办是一项复杂的系统工程，现阶段，只靠单个分公司或者产业都难以做好整个活动的会务管理工作，需要由产业和分公司协同实施。当然，这些工作中也存在着侧重点，部分工作由产业主导，部分工作可由分公司直接执行，但无论谁为主导，都需要双方紧密配合，组织上下应不分你我，协同合作。

3.1 主体界定

依据往年筹办经验，由产业主导分公司配合的大型活动主要有奠基典礼、开业典礼、国家级论坛和新闻发布会等；各分公司主导的有客户峰会、年度动员大会、年度/半年度总结表彰会、望年会等。

3.2 各主体职责

3.2.1 以产业为主的会务活动。

（1）产业的主要职责：牵头协调、组织策划。

①整合政府、集团、产业、分公司等各方资源。

②统筹考虑、组织研讨并形成整个活动系统而全面的会务管理执行方案，包括主要任务、分项任务、人员职责、时间节点。

③组建常设会务组机构，由产业人员担任各组工作跟踪人，负责召集各组负责人参加例会，统筹推进会务工作。

④把握会务工作的进度与成效，及时纠偏扶正。

（2）分公司的主要职责。

①落实人员保障。

②承担具体工作的执行并反馈。

3.2.2 以分公司为主的会务活动。

（1）分公司的主要职责：全权负责各项筹办工作，包括活动策划的制定。

（2）产业的主要职责：指导分公司工作并出面协助整合资源，在品牌宣传、客情关系维护等方面提供支持与帮助，审核政府宣传资料、重要领导讲话稿等重要资料；随时对接其他需要产业协助、咨询的工作。

3.3 组织架构及人员分工

3.3.1 物流产业与各分公司两元主体彼此配合、共同筹办大型会务，往往需要一套组织架构及规章制度的保障。根据工作内容，组织筹划工作通常分为指挥部、营销招商组、工程建设组、公共外联组、品牌传播组、会务与后勤保障组、文化活动传播组。

具体架构与职责分工如下。

组织架构	成员构成	主要职责
指挥部	总指挥1人	全面负责指挥部的统筹管理工作
	执行指挥1人	负责指挥部日常全面管理工作及协助总指挥进行重大事项决策与管理
	副执行指挥2人	协助执行指挥展开管理工作。其中刘××重点负责活动的整体策划,杨××重点负责领导邀请、活动会务与后勤保障的安排
	指挥部秘书长1人	全面负责指挥部会议、会务的统筹安排及决议的跟进落实与反馈工作
营销招商组	组长1人,成员多人	负责组织、协调系列营销招商活动的开展,如客户恳谈会、车源营销等
工程建设组	组长1人,成员多人	负责相关搭建工作
公关外联组	组长1人,成员多人	负责集团内部和国家以及行业协会领导邀请、接待
品牌传播组	组长1人,成员多人	负责新闻发布会和会务活动的策划、文案编制、商业氛围营造、现场布置、传播推广,以及与所在区市宣传部协同
会务与后勤保障组	组长1人,成员多人	会务、接待、住宿安排、车(机票)预订,水、电、通信保障,消防、现场安全等应急实施,秩序维护、车辆调度疏导,以及与相关政府机关的协同等
文化活动传播组	组长1人,成员多人	通过开展系列文化活动,整合组织、提振士气、历练队伍,为分公司隆市经营创造良好的组织环境与氛围

3.3.2 会务组。

以上架构中各组的工作是互补互依、紧密协同的,其中会务与后勤保障组的职责主要由办公室条线负责。会务与后勤保障组是整个组织的重要组成部分,担负着主要的行政、保障责任,在配合其他班组工作、遵守整体架构分工与制度规范的同时也应当有一套自己的行为机制,主要如下。

(1)组织架构。

组长1名:通常由产业办公室主任担任。

成员若干:分工落实会务组各项具体职能。

主要职责:会务、接待、住宿安排、车(机票)预订,水、电、通信保障,消防、现场安全等应急实施,秩序维护、车辆调度疏导,以及与当地政府办、管委会协同等。

(2)召开班组会议。班组会议通常为一周一次,但会议的频率是随着活动的筹办阶段而变化的,在前期主要是会务管理准备工作的具体安排与对接,因而频率较低。

而后期,尤其是临近活动举办之时,具体、繁杂的事务性工作增多,需要及时对接协调,会议也将大幅增多,甚至是随时性地对接。

此外,会务组成员设置应注意,每项具体工作由产业人员充当牵头人,每次会议的召开、总结由牵头人落实。

(3)建立班组内部联系。为便于会务组内的协同配合,须明确各成员的具体工作职责,理清相互间关系并公布联系方式。

序号	负责人	负责事项	联系电话
1	×××	组长,统筹协调整体工作	
2	×××	签到、迎宾、引导、现场礼仪及活动现场各环节的衔接与把控	
3	×××	车辆协调、专访的安排、主要领导行程的安排	
4	×××	礼品的准备、现场布置的协助	
5	×××	迎宾、引导	
6	×××	现场搭台的配合、绿化保洁、活动当天水电保障、流动厕所的租用、工作餐的安排	
7	×××	住宿、餐饮安排,酒店费用的结算	
8	×××	礼品的前期跟踪与准备,协助×××车辆的调度、司机接待	
9	×××	专访场地的安排,嘉宾房卡的统计、办理	
10	×××	协助×××礼品的准备	
11	×××	负责现场车辆的停放、疏导;现场治安秩序及消防安全工作;参加仪式的各级嘉宾的安全保卫工作;突发事件的妥善处理	
12	×××	天气应急预案的准备、现场医疗保障	
13	×××	协助开展各项工作	

4.会务管理工作需三方协同

大型会务活动的组织仅凭企业一方实力难以成功,须整合各方力量协同筹办。从经验来看,按照各方分工合作的原则,除了企业自己的组织推进力量之外,还需要政府及供应商的大力支持。

4.1 企业方主要工作

在大型会务活动的筹办过程中，企业营销策划部门须拟定整体活动策划案，包括活动定位、活动规模、目的意义、目标邀请嘉宾及整体活动的组织安排。而会务管理实施工作则应拟定一份工作推进计划，即根据整个活动的策划，系统安排会务管理工作，明确工作要项、时间节点、责任分配、人力分工；并严格按照推进计划的落实做好每一项工作。

4.2 政府方主要工作

4.2.1 相关政府领导及主管领导的邀请。

4.2.2 国家部委等重要政府领导的接待。

4.2.3 有关新闻媒体的邀请（宣传部）。

4.2.4 会务礼品的协助发放。

4.2.5 签到人员的协助安排（VIP室、嘉宾签到处）。

4.2.6 车辆的协助安排。

4.2.7 主席台就座人员及餐宴主桌、副桌名单的协助确定。

4.2.8 新闻发布会及会务答谢午宴的协助预订，领导专访的安排。

4.2.9 出面协商用餐自带酒水问题及食品安全的检查。

4.2.10 嘉宾住宿房间预订的出面协商。

4.2.11 会务当天现场水、电、通信的协调保障。

4.2.12 会务现场内外的交通指示、疏导；现场治安秩序及消防安全的检查；国家部委、省、市、区领导的安全保卫工作；进入酒店车辆畅通和停车协调；现场突发事件的协助处理及现场医疗保障工作。

4.2.13 会务前5天天气预报的提供。

4.2.14 会务现场至酒店途中当地相关人文历史的介绍。

4.3 供应商主要工作

4.3.1 广告公司。

（1）签到方案的确定（包括签到地址的确定、VIP室及布置）。

（2）签到物品的准备：签到笔、签到本、签到台、名片接收盘，签到台鲜花。

（3）礼仪人员的安排（VIP室、签到处）。

（4）来宾入席区域的划分。

（5）开业典礼现场布置方案的确定、组织实施。

（6）主会场搭台、场地绿化/座椅摆放、矿泉水的摆放、卫生清理。

（7）会场物品的准备：座椅套、矿泉水、主席台就座人员名签的制作、主席台湿毛巾。

（8）剪彩物品的准备。

（9）会场用电保障（包括应急预案）。
（10）答谢午宴现场的布置。
（11）答谢午宴现场即兴节目表演。

4.3.2 酒店宾馆。
（1）宾馆房间协调安排。
（2）宾馆内会议安排。
（3）酒店餐宴安排。
（4）主桌、副桌领导名签协助制作。

4.3.3 礼品制作商。
礼品的制作与配送。

4.4 三方协同关系

所谓协同，就是指协调两个或者两个以上的不同资源或者个体，协同一致地完成某一目标的过程或能力。会务活动的成功举办，作为企业、政府、供应商的共同目标，则需要者三方的分工合作，这不仅包括人与人之间的协作，也包括这三者之间不同数据资源之间等全方位的协同。以上只是简单罗列了三个不同系统，相对主要的工作，这些工作分中有合、合中有分，是相互交叉、互为补充的。

5. 会务管理工作的四大任务

会务管理的主体工作可按四条脉络展开——用餐、住宿、车辆保障及会务当天现场工作，这四条线的拉动实际就是整个会务活动的四项任务。这四项任务是筹办活动的主线，是会务管理工作的重中之重，需要做到"计划缜密，跟进及时，沟通顺畅，统筹安排"。

5.1 餐饮接待

餐饮接待工作流程如下所示。

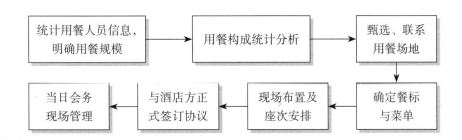

5.1.1 统计用餐人员信息，明确用餐规模。

会务组须根据会务指挥部与公关外联组提供的人员名单来统计会务当天的用餐人员，明确用餐规模、档次，并结合用餐场所环境确定主副桌人数及总桌数。名单一般包含政府、企业、行业协会、客户、新闻媒体等领导来宾。

用餐人员信息统计

序列	类别	人数	主要领导姓名及职务	信息跟踪责任人
1	政府机构			
2	行业协会			
3	媒体			
4	现有物流客户			
5	目标客户			
6	物流商会			
7	集团、产业、分公司领导			
8	其他工作人员及司机			
9	总计			

注：会务公关组要根据各自负责的嘉宾邀请情况，做好领导用餐的对接安排工作。

5.1.2 用餐人员构成统计分析

根据参会人员数量、邀请嘉宾的性质来统计分析，确定用餐标准及桌数，进而为选择用餐地点提供参考。

5.1.3 甄选、联系用餐场地

用餐场地的甄选需协同品牌传播组完成：根据活动的总体安排，用餐嘉宾的类别、层级，用餐的人数及酒店星级、承接能力来确定用餐场地，同时要考虑发布会现场、领导专访会议室、记者休息室的安排，并指导酒店做好专访、采访现场的布置工作。

5.1.4 确认餐标与菜单

5.1.4.1 会务期间的餐饮接待工作对会议的圆满举办、与会人员好评有直接的影响，因而餐标、菜单的确认及酒店服务的协议需要遵循以下几个原则。

（1）节俭而丰盛。要丰俭适度，做到热情而不铺张，丰盛而不浪费，可口而不奢侈，要在满足客人吃饱吃好的生理需求的同时，使客人得到一种文化上的体验和美的心理享受，把餐桌变成一个体验餐饮文化、畅叙友情友谊、交流沟通信息、表达礼仪礼节的平台。

（2）突出地方特色和尊重客人饮食习惯。会务接待的对象一般是各级领导和客户，他们层次较高，见多识广。因此，针对这样一个群体，我们的餐饮服务工作，必须在突出地方特色、丰富和挖掘当地餐饮店文化内涵上下功夫，注重餐饮服务内在的文化价值和情感价值，而不是一味地追求所谓的"高档"。另外，我们政务接待的对象来自五湖四海，各个民族和各个区域都有自己的民族习惯及饮食习惯。因此，在突出特色的同时，还要尊重客人的民族习惯和饮食习惯，要把两者有机地结合起来。

5.1.4.2 菜单确认。

确定每桌基本标准，与酒店方衔接并由其提供具体用餐方案，包括以下内容。

（1）提供菜单（范围内各种标准）、优惠谈判、服务人员具体安排、酒店协议签订。

（2）主、副桌菜单确定：菜色、品种根据不同嘉宾的地域特征和群体喜好而定。

（3）由酒店提供已定价格范围内多项配餐，以便从中选择最优方案。

5.1.4.3 酒水准备。

（1）同酒店协商是否可自带酒水；确认服务费收取标准。

（2）同公司领导沟通确定酒水档次、品种、数量，并与供应商进行联系。

5.1.4.4 确认酒店服务安排。

要监督保障好会务期间的餐饮安排，如餐具的使用、餐厅的布置、餐桌的布置、餐厅的背景音乐、餐厅的温度以及餐厅服务人员的服务等。

5.1.5 现场布置及座次安排。

（1）根据与会嘉宾的总人数来确定主、副桌人数的安排及相应的陪同人员，考虑主、副桌是否需要安排独立的包厢。

（2）指导酒店布置酒桌；制作并摆放主、副桌名签；主、副桌名单确认，如有必要应与政府部门衔接完成。座次安排：按照公共外联组及政府部门提供的名单安排。

（3）由于大型活动涉及的人员较多，单个宴会厅通常无法容纳下所有人员，从而需要制定每一个宴会厅、用餐区域的布置图，并附上陪同人员的安排表格，讨论决定是否需要有主次桌区分。同时不同类别的嘉宾通常安排在不同区域。

（4）确定每桌基本标准，与酒店方衔接并由其提供具体用餐方案，包括提供菜单（范围内各种标准）、优惠谈判、服务人员具体安排、酒店协议签订。

（5）确定用餐专职负责人。由专人负责酒店联系、酒店现场安排、烟酒采购、来宾联系引导等工作。

（6）协助酒店现场布置，根据预先到场的来宾制作台签，协助酒店布置桌布、桌台、指示牌、服务人员保障。

5.1.6 与酒店方正式签订协议

与酒店谈判取得适当的协议价并正式签订协议。

5.1.7 当日会务现场管理

特别要注意的是，全程跟踪用餐现场的情况，督促酒店服务人员做好各桌服务，并及时补足所缺酒水。

5.2 住宿安排

为了让与会嘉宾在会务之余有一个安全、舒适的休息环境，保证会务活动和管理工作的稳定有序，会务组需要将住宿安排这项会务的配套工作落实抓牢。

5.2.1 住宿人员的类别及人数统计。

大型会务活动的住宿安排，需要充分统计与会住宿人员的信息，为提前预订宾馆提供可靠参考。通常统计的信息有如下方面。

住宿人员信息统计

类别	人数	级别	人数
政府领导		国家领导	
		××省领导	
		××省领导	
本公司领导		集团领导	
		产业领导	
其他行业领导			
分公司客户		××分公司	
		××分公司	
		××分公司	
		××市分公司	
媒体记者			
其他人员			
总计：			

5.2.2 住宿酒店的甄选。

确定住宿酒店，通常需要考虑客房的标准是否符合会议要求。

（1）根据参会人数及邀请嘉宾的身份，提前与酒店协商确定相应数量的不同房型。

（2）提前对房型进行核查。

（3）统计拟选定的酒店信息。综合各方面标准，确定入驻酒店后，需要统计信息，以便清晰进行管理。

酒店明细

酒店名称	概况	客房类型
××酒店	酒店星级、房间总数、会议期间承接能力、协议价格（政府价/企业特别价）	总统套房：间数、价格（含双早）、会客厅面积、几卫、空间布局、室内布置、周边环境、性价比等
		豪华套房：同上
		行政套房：同上
		精致套房：同上
		单间/标间：同上

5.2.3 房型安排。

（1）确定房型安排的标准。一般而言房型安排标准如下。

①国家领导副司长级别以上按行政套房安排，考虑到国家领导与其他地域领导不熟悉，所以其他级别领导按单间安排。

②省长、厅长、局长、秘书等按1人/间安排，省长、厅长安排行政套房，其他领导按单间安排。

③××区政府领导按精致套房安排。

④其他市、县、区领导，书记、主任按单间安排，其他领导主要以标间安排。

⑤集团领导，董事长及总裁按精致套房安排，副总裁按单间安排。

（2）统计信息。住宿人员确定后，根据来宾的身份及人数，依照房型安排标准及时统计各种房型的具体需要数量，再结合备选酒店的承载能力与档次水平，协调各酒店具体分划房间。国家部委领导、国家级行业协会领导应安排行政套房，陪同人员应安排在与主人同一层楼，距离不能太远，但是楼层不能高于领导。对于重要嘉宾的房间安排，需做具体记录与统计，以保障会议期间的服务，方便拜访：单位名称、职务、姓名、联系方式、房型/房号、我方邀请责任人等。

5.2.4 住宿流程。

（1）房卡的预领：参会嘉宾抵达前，公司会务组人员提前入驻酒店，按不同房型提前领取房卡。

（2）房卡的发放：由各邀请责任人到会务组统一领取房卡，并将房卡交至各对应领导手中，同时需要登记房号，以便访问拜见。

（3）退房：由各邀请责任人统一至会务组退卡，会务组统一办理退房手续。

（4）房费结算：会务组统一办理结算。

5.3 车辆保障

（1）结合邀请人员名单和客户邀请数量，再根据确定的人数和具体时间，与邀请责任人对接，统计所需的车辆。

（2）收集集团、物流产业车辆信息，并与外租公司进行前期沟通，确保领导车辆合理使用。

（3）要制作一张车辆安排计划表，及时跟踪调整车辆调用情况。通常，表格内容需要包含以下几个方面：用车人员（接送对象）、人数、用车时间、行程、联络人（责任人）、车型、备注、车号及驾驶员、联系方式。

5.4 会务当天安排

会议现场	迎宾、引导	礼仪人员引导嘉宾签到并入座。参观分公司时，引导领导参观交易中心，安排媒体转移，结束后由礼仪人员引导贵宾、公司领导上车
	现场把控	现场礼仪及活动现场各环节的衔接与把控主会场
名签准备	主席台名签打印及摆放（与政府部门衔接）	
签到、礼品发放	签到区域划分	结合会场总体安排、会务当天的车辆出入、嘉宾入场引导等工作来划分签到区域
	签到准备	签到台的布置，签到资料运至签到处，签到负责人员着装及胸花配饰
	礼品准备	主席台领导的礼品，提前1天由各邀请陪同人员负责领取送达
	礼品发放	其他领导（含随同驾驶员）、媒体、客户的礼品在活动当天
接待	接待准备	专访场地的安排，嘉宾房卡的统计、办理
	接待任务	接待人员的安排、参观路线选择、接待人员讲解稿的准备、会务当天接待工作的落实
用餐	再次确认会后用餐的安排，主、副桌酒水及菜单确认	
	主、副桌名签打印、摆放，用餐间即兴表演的安排	
车辆保障	车辆引导与车辆配备	前期准备、入场线路设置、会场区交通管理
	车辆管理人员安排	离场管理各区域岗位设置及工作职责人员配置、组织保障
	车辆现场管理	行动计划、应急预防、现场人员识别及区域管制
后勤保障	现场搭台的配合、绿化保洁、活动当天水电保障、流动厕所的租用、工作餐的安排	
安保	负责现场车辆的停放、疏导；现场治安秩序及消防安全工作 参加仪式的各级嘉宾的安全保卫工作；突发事件的妥善处理	

6. 会务管理实施的五项保障

6.1 礼品与资料的准备

礼品的选择要突出纪念性，讲究"礼轻情义重"，还要体现民族和地方特色，要有针对性，因人、因事而异，尽量使礼品得到来宾的欢迎，要避免品种、色彩、图案、形状、数目、包装方面的禁忌。

\	\	礼品与资料准备
序号	流程	具体工作
1	方案设计	（1）制定礼品方案：根据活动性质和来宾的层次确定礼品的档次种类，对于媒体单位常考虑使用礼金 （2）礼品/礼品袋的设计、定稿、制作 （3）礼品袋中放置资料的确定（根据来宾性质放置不同资料：政府、媒体、客户），如集团简介、《今日××》、××物流"公路港"介绍、会议指南等。媒体资料外加领导讲话稿 （4）资料最终稿的提供
2	礼品及资料定制	（1）资料复印物品的前期准备 （2）资料的复印、装订，会议指南的设计印制（会议指南一般包括：会议议程、到会主要领导介绍、餐饮安排、车辆安排等） （3）定制礼品/礼品袋并跟踪进度 （4）安排保管
3	分装	（1）资料分装：核实会议指南、××集团及物流宣传材料等 （2）礼品分装 （3）分装完毕后就近储存、保管
4	发放	（1）活动当天，提前将资料从存放处搬运至签到处 （2）礼品发放 ①主席台领导的礼品，提前1天由各邀请陪同人员负责领取送达 ②其他领导（含随同驾驶员）、媒体、客户的礼品在活动当天签到后现场发放（媒体礼金由品牌条线负责） ③政府各工作人员礼品在会后领取 ④××集团内部参会领导与工作人员一般不安排礼品
5	注意事项	（1）核对礼券总印数量、发放数量、作废数量 （2）协助品牌传播条线结算礼品、资料费用

6.2 签到与接待工作的实施

6.2.1 签到工作

（1）签到区布置。签到区的布置需要结合会场的实际情况，综合考虑车辆停靠、会场总体布局、嘉宾休息和贵宾室等方面，恰当划分、合理安排。并安排签到时间的茶水、水果供应。

（2）签到工作流程。

6.2.2 接待工作。

（1）"参观"路线，略。

（2）人员安排。接待工作是企业公关行为之一，它是企业与外部公众交流的重要桥梁，工作中可以传播企业理念和文化。同时，作为企业展示形象的"第一窗口"，规范地实施接待，可以提升企业的品牌形象。

①确定主讲解人。

②确定陪同领导（领导邀请人及接待手册中的相应人员）。

③安排礼仪、安保人员（在接待、参观工作的各个节点妥善安排礼仪及安保人员）。

（3）制定接待与签到专案。接待与签到是大型活动中的重要环节，需要制定相应的专案来统筹安排。

6.3 车辆引导与车辆准备

6.3.1 前期准备。

根据参加领导、新闻媒体、入驻园区的各单位领导和经营户代表及司机人数，确定人数及车辆型号、数量，进而制定车辆流转方案，保障活动的安全有序进行。

6.3.2 入场线路设置。

（1）省、市贵宾入场路线设置。根据会务当地的交通状况与会场停车区设置，确定数条贵宾入场路线。

（2）沿途交警指挥设置点。与会务当地交管部门对接，在贵宾入场路线的关键路口设置交警疏导交通，并在沿线设置交警巡逻，确保交通通畅及安全，同时明确设置时间。

6.3.3 会场区交通管理。

会场区停车场管理，分为贵宾停车区、普通停车区及货车停车区。须综合考虑会场周边交通状况、各区域车辆停放承载能力以及车辆要求和会场布置来具体划分停车区域，其中应重点考虑贵宾停车要求，保障其出入场的便捷与通畅，并发放贵宾停车证。

6.3.4 离场管理。

（1）退场顺序：首先安排主席台贵宾先行退场，进入下一环节如体验参观、会谈、用餐等，同时安排普通嘉宾按照座位顺序依次退场。

（2）退场线路：区分领导与其他人员的退场线路，保障领导退场的便捷与通畅。

（3）退场人员车辆离场指挥：所有车辆离场由现场警员负责指挥，沿途设立交警指挥。

6.3.5 各区域岗位设置及工作职责。

设置各区域安保、交通指挥人员，负责各类车辆的分类引导、秩序管理。

6.3.6 人员配置、组织保障。

为确保活动期间现场的安全保障特成立安全工作领导小组，分设总指挥、副总指挥及工作人员，明确各自职责。

6.3.7 行动计划。

序号	工作要项	工作细项	时间要求	责任人	完成情况
1	人员落实	内部人员布点以及培训			
		与交警大队对接			
2	场地准备	道路划线准备			
		道路划线			
3	装备落实	采购报告			
		购置到位			
4	外协工作	与交警大队对接			

6.3.8 应急预防：临时交通事故处置。

6.3.9 现场人员识别及区域管制。

（1）区域划分，划分为3个区域：核心区（贵宾休息区、主席台）；重点区（停车区、重要设施设备区）；普通区、会场内的嘉宾区。

（2）通行证制作。根据区域制作三种通行证。按工作人员的级别设置通行权限，低级别权限不得进入高级别权限区。

（3）通行制度：无通行证者禁止放行、无通行权利者禁止放行、禁止定岗人员无故流动。

6.4 现场会场布置

6.4.1 确定、实施开业典礼现场布置方案。积极配合、督促广告公司做好现场布置和活动仪式设计。

6.4.2 主会场搭台及各区域效果布置、场地绿化、座椅、卫生清理，明确舞台位置、朝向、大小、背景尺寸和舞台座席等各项内容。

6.4.3 会场用电保障及用电安全检查。

6.4.4 会场物品摆放。

6.4.5 确定主席台名单。

6.4.6 主席台物品摆放（桌签、矿泉水、资料、湿毛巾等）。

6.4.7 根据活动仪式设计开场、准备剪裁等环节所需要的物品（礼炮、彩球、剪刀、托盘）。

6.4.8 划分来宾区域、制作指引牌（区域指示牌、流动卫生间指示牌、停车场指示牌）。

6.4.9 迎宾（设礼仪小组将来宾分流导引入座）。

6.5 后勤与安全保卫

大型活动往往受到各级领导及广大公众的高度关注，届时将有国家部委及省、市、区的各级领导莅临，同时还有各新闻媒体、相关单位领导和经营户代表及司机群体等参加此类重大庆典活动，为保障庆典活动的安全有序进行，需要制定详尽的安全保卫专案。

6.5.1 确定活动现场的区域分布。

6.5.2 会场各区域岗位设置。

略。

6.5.3 组织保障及人员配置。

为确保活动期间现场的安全有序，通常需要成立一个相关组织，进行统筹安排、明确分工。

序号	区域	人员配置	人数	备注
1	贵宾休息区	姓名及人员来源	视区域大小与重要程度而定	身高、形象要求等各方面要求
2	主席台			
3	观众席			
4	贵宾车辆停放区			
5	嘉宾车辆停放区			
6	货车停放区			
7	信息交易大楼			
8	消控中心			
9	司机旅馆			
10	巡逻			
合计				

6.5.4 行动计划。

序号	工作要项	工作细项	时间要求	责任人	完成情况
1	人员落实	内部人员布点以及培训			
		与治安大队、派出所对接			
2	场地准备	停车场交付使用			
		小车停车位划线准备			
		小车停车位划线			

续表

序号	工作要项	工作细项	时间要求	责任人	完成情况
3	装备落实	采购报告			
		购置到位			
4	外协工作	庆典活动申请报告			
		警车对接			
		消防车对接			
		急救车对接			
		通信车对接			

6.5.5 应急预防。

（1）群体性事件（工地农民工集体上访、竞争对手的非法扰乱行为）。

（2）个别寻衅滋事（分公司内的司机纠纷等）及精神病患者。

（3）突发伤病事故。

（4）消防安全事故。

6.5.6 应急保障措施。

（1）现场需警车2辆，警务人员6名，确保第一时间控制各种事态的发生和扩大。

（2）消防车1辆；具体时间安排。

（3）急救车1辆；具体时间安排。

（4）通信保障车1辆；具体时间安排。

（5）保障车停放区域：所有应急保障车辆统一停放在××道路待命。

7. 组织协调制度

为了更好地加强协同、整合各方资源，并把握会务工作的质量，尽可能减少差错，在工作推进中要进一步重视例会机制和沟通协调机制的建立。

7.1 例会机制

跟踪进度、把握质量。

7.1.1 指挥部会议。

指挥部是活动筹备阶段的决策机构，同时也是会务活动各项业务推进的具体执行机构，负责整体项目的策划、组织实施的决策与全过程指导，并根据需要临时调配集团、产业和各分公司人员参与支持。

（1）指挥部会议由总指挥或执行指挥负责召集，执行指挥负责会议通知的签发、会议的主持，指挥部秘书负责会议通知的拟稿、会议记录、会议决议项的落实跟进。

（2）指挥部会议每周固定召开一次（一般在周一），每两天一次在傍晚某时段（日工作开展结束之后）召开磋商会，并视需要在夜晚每天召开磋商会。会议充分讨论，一旦形成决议，各成员必须坚决执行。

  7.1.2　会务组例会。

  会务组是指挥部的重要执行机构之一，负责会务期间接待、食宿安排、车（机票）预订，水、电、通信保障，消防、现场安全等应急实施，秩序维护、车辆调度疏导，以及与相关政府机关的协同等具体工作的执行。会务组内部例会也主要围绕这些内容开展讨论，同时需要定期提交工作周报。

  这两项例会与会务管理工作皆联系紧密，但由于所处层面不同，又各有特征。指挥部层面的会议主要负责活动筹备阶段的策划制定及任务推进跟踪，活动筹备初期这一提纲挈领的会议召开频繁，而会务组内部例会着重于具体会务工作的执行，在以执行为主的筹办中期召开频繁，而随着会期的将近，指挥部需要重点把控各个环节工作，又会密集起来。

  7.1.3　沟通协调机制：统一思想意图。

  一次大型会议活动的筹办，需要两元主体配合、三方协同开展，做好大型活动的会务工作需得到各方紧密配合，这个协调既有内部协同也有外部沟通。作为活动主办方，需要对政府和供应商所负责事项进行及时跟进，通过对接需求、反馈问题、调整改进，根据具体状况实施调整活动方案与进度安排。这就需要我们做好外部会议保障机制，即与政府、供应商的阶段性会议、总体会议，会议上要将会务组的问题充分反映出来，与其他几方充分交流、密切协同。

  7.2　工作周报制度

  指挥部会议上，各组需要提交工作周报（包括：项目、工作要项、内容分解、预期目标、责任主体、时间进度和工作目标完成情况等几项），及时客观地汇报周工作情况与计划。这既利于各组明确自身的工作任务，也便于指挥部把握活动整体筹办情况，统筹协调。

| 拟定 | | 审核 | | 审批 | |

第10章 办公设备、用品管理制度

本章阅读索引：

- 办公设备日常管理制度
- 办公设备、耗材管理办法
- 办公用品管理办法

10-01　办公设备日常管理制度

××公司标准文件		××有限公司 办公设备日常管理制度	文件编号××-××-××	
版次	A/0		页次	第×页

1. 目的

为保证公司办公设备正常运转，提高办公设备的工作效率和使用效率，特制定本制度。

2. 适用范围

本制度所指办公设备主要包括电话、传真、计算机硬件（笔记本、主机、显示器）、计算机软件、计算机网络、打印机、复印机、照相机、摄像机、扫描仪、碎纸机、投影仪等。

3. 部门职责

（1）各部门指定专人（部门办公设备管理员，简称部门管理员）负责办公设备管理，负责各自部门办公设备的日常管理：台账记录、设备申购、维护保养、办公设备使用人或归属部门变更转移的申请、自查与盘查等各项工作。部门管理员需在每年的3月、6月、9月与11月底前完成对部门设备的自查，台账的更新，并报备办公室；财务部与各部门在每年7月、12月协助办公室开展半年度公司办公设备盘查工作。各设备使用部门负责提出设备使用需求，明确说明设备的用途、性能、技术要求、设备选型等事项；负责办公设备的日常保养、报修、等工作。

（2）办公室指定专人（公司办公设备管理员，简称公司管理员）负责对需采购的办公设备进行登记、调配；负责办公设备采购回来后的验收、入库、保存，提高办公设备的工作效率和资料收集保存、临时保管、配发、维修保养；负责人员离职调动前所使用的办公设备的回收、登记、保管和调拨；负责公司人员邮箱的开通和删除，门禁卡新办及退还登记（如果门禁卡丢失，直接从工资中扣除20元）。同时，办公室在每年7月与12月对公司的办公设备进行全面盘查，更新台账。

（3）采购部根据审批情况进行采购。在购买时应咨询供应商有关维护情况，并转交办公室进行维护。

4.管理规定

4.1 办公设备采购流程

4.1.1 各部门根据需要提出办公设备购买申请，填写《请购单》，经部门管理员、部门经理、部门主管领导及采购部经理、财务总监审批后，交采购部。

4.1.2 采购部对审批后的《请购单》所购办公设备与公司办公设备库存进行核实，如所购办公设备已有库存，采购部可根据库存设备情况进行调拨，并通知办公室配发；如所购办公设备无库存，则实施采购。

4.1.3 采购部根据审批后的《请购单》内容，调研情况并购买。大型办公设备（或10万元以上设备）应以招标形式购买。

4.1.4 设备采购到货后，办公室统一进行验收、编号、入库并更新台账，收集操作手册、产品合格证、保修单等设备资料并建档保存；通知设备申请部门办理设备领取事宜。

4.2 办公设备使用、保养及监督

4.2.1 使用设备前应详细阅读操作手册，严格按照操作规范操作使用，各部门管理员负责监督检查。

4.2.2 公司各类办公设备的保养，由使用部门管理员组织使用人员参照规范实施。

4.2.3 办公室对办公设备运行、保养情况进行监督检查，对设备的维修、更换零件要进行登记备案并组织实施。

4.2.4 办公设备要定期进行养护，以免老化影响使用。各部门管理员或使用人员应对办公设备的使用进行不定期的检查，如需保养，由各部门管理员定期统一集中本部门需保养设备，与公司管理员预约保养时间，由办公室统一给每个部门每月集中保养一次。

4.2.5 公用办公设备指定专人操作，其他人员使用必须经设备所在部门负责人或使用人同意。

4.2.6 办公设备的使用人员要保证设备在安全环境下运行，如果因使用人员的过失造成丢失或损坏，要追究责任，择情进行赔偿。管理员对违规使用办公设备人员有提出处罚的权力。

4.3 办公设备维修管理

4.3.1 计算机、打印机、传真机、复印机、扫描仪等设备出现故障，首先联系办公室处理，如果办公室不能解决，应由公司管理员找设备厂商或供应商进行检测。

4.3.2 设备发生故障无法自行修理的，设备使用人应填写《办公设备检修单》，经部门经理、主管领导审批后交办公室，办公室负责维修事宜。未填写《办公设备检修单》或未按检修单要求填写相关内容的，一律不予修理。《办公设备检修单》最后交付财务部备案，办公室留存复印件。

4.3.3 保修期内的办公设备，办公室负责联系供应商进行维修；保修期外的设备，按照最经济可行的方案进行维修，包括委托维修商来完成维修，由公司管理员按照维修的真实情况，填写《办公设备检修单》中的"检修记录"，产生的费用计入设备所在部门成本。

4.3.4 所有设备的维修都必须建立完整的维修档案，由公司管理员统一管理。设备维修档案主要包括设备编号、维修日期、故障现象、保修原因、维修内容、维修费用、维修单位等。

4.3.5 公司管理员应定期统计、汇总维修情况，针对各类故障产生的原因提出预防与克服的措施，通知使用部门加以防范，由办公室每月汇总维修费用表报领导。

4.4 办公设备分类管理——计算机硬件使用管理

4.4.1 计算机使用管理是指对主机、显示器、附属设备以及各类应用软件等的管理。

4.4.2 计算机应专人专用，使用人负责日常操作及维护，各部门公用计算机指定专人进行日常维护，非本部门人员不得随意使用。计算机使用人员设置的密码属于公司机密，未经批准不得向任何人泄露。

4.4.3 计算机的操作规定。

（1）严禁在计算机上从事与本职工作无关的事项，严禁使用计算机散播非法信息。

（2）不得使用未经病毒检查的U盘，防止病毒入侵。

（3）严禁私自复制、泄露涉及公司有关机密的文件资料。

（4）上班时间及公司统一加班办公时间禁止使用大流量下载软件（如迅雷、BT、网际快车、电驴）下载电影、游戏或其他应用软件。

4.4.4 病毒防护。

（1）未安装杀毒软件的计算机不要上互联网，以防中毒影响公司局域网正常运行。

（2）对于联网的计算机，在复制软件或文档时注意杀毒软件提示，严禁强行复制，以免病毒侵入。

（3）对于计算机软件的安装由使用部门申请交所属部门主管领导同意后，办公室协助购买安装。

（4）任何人不得在上班时间安装或下载与工作无关的软件。

（5）软件使用前要确保无病毒。

（6）任何人未经他人同意，不得使用他人专用计算机。

4.4.5 硬件保护

（1）未经办公室批准，任何人不得拆卸所使用的办公设备、计算机配件。

（2）拆卸计算机由办公室专人负责，必须采取防静电措施。

（3）硬件维护后，必须将所有设备复原。

（4）各部门管理员必须认真落实本部门计算机以及配套设备的使用和保养责任。

（5）各部门管理员必须采取必要措施，确保本部门的计算机以及配套设备始终处于整洁和良好的状态。

（6）对于关键的计算机设备应配备必要的断电、继电设施以保护电源。

4.4.6 计算机的保养。

（1）保持计算机的清洁，不用手、锐物触摸屏幕，使用人在离开前应退出系统并关闭电源。

（2）定期对计算机内的资料进行整理，做好备份并删除不需要的文件，保证计算机运行的速度和存储，重要技术备份资料的电子版或纸质版由部门人员保管。

4.4.7 计算机经检测确定有硬件或其他原因，不在保修期内的，由个人提出维修申请，经部门领导审批，主管领导批准后交由办公室统一维修，维修费用由本部门承担。如人为损坏，其费用由个人承担。

4.4.8 员工应爱惜计算机等办公设备，购置期在3年以内的计算机等办公设备，一般不予更换，确因工作原因损坏且无法维修并已过设备保修期，经部门经理和公司主管领导审批，可以给予换件或更换计算机，但费用个人承担20%（满2年不足3年）或40%（不足2年）；使用满3年以上的计算机，若需更换仍须严格经部门经理和公司主管领导根据其计算机使用情况给予其换件或更换批准。计算机丢失或因个人拆装等人为原因，更换计算机一律由个人承担全部费用，并应赔偿损坏的计算机。

4.4.9 禁止个人或部门私自对计算机进行部门内部、部门间及与其他公司之间调配使用。计算机需调配使用时，需各部门在对计算机做保密信息安全处理后归还办公室，经办公室IT专员安全审查后做相应调配。更换计算机时必须将旧计算机交还办公室，各部门管理员更新部门设备台账报办公室，由办公室报财务部更新设备台账后，申请人方能领取新计算机。办公室需对退回的计算机及时做信息安全处理，并根据情况审核所退计算机是否报废，如需报废由公司管理员填写设备报废申请表。

4.5 办公设备分类管理——计算机软件的使用管理

4.5.1 为了加强公司计算机软件使用的规范化管理，保护计算机软件知识产权，保障本公司信息安全，依据《中华人民共和国著作权法》《中华人民共和国计算机软件保护条例》等关规定，制定本内容。在此所述软件主要包括办公软件、应用软件及软件介质等。

4.5.2 公司建立健全软件库,由办公室负责对所需采购及使用的软件进行登记、调配、升级,配合采购部门购买,设立专人负责软件使用的安装维护、版权保护等工作,负责人员离职或调动前对所使用软件的回收、登记、保管和调拨。财务及特殊设备等专用软件,要求供应商至少培训三名人员学会所购软件基本操作和维护工作。

4.5.3 各部门管理员应当确保本部门人员在公务活动使用的计算机软件应具有合法授权。各部门统计本部门使用的软件或因办公需要有意向使用的软件,提出软件使用需求,明确说明软件的用途、性能、技术要求、软件类型等事项,报公司办公室。

4.5.4 公司积极落实国家促进软件正版化工作的号召,倡导员工合理规范使用正版软件。各软件使用部门可根据工作需要,与办公室沟通协调,促进软件正版化工作的推进。

4.5.5 各部门和个人对正版软件一律不得外借。

4.5.6 在软件使用期间,要妥善保管。对于有"加密狗"或加密卡的软件系统,不管是部门,还是借用人,都要对软件"加密狗"或加密卡做好保管工作,不得损坏。

4.5.7 若软件出现故障,应及时与办公室进行联系;各部门和个人不得自行处理软件故障,或私自下载安装相关软件。

4.5.8 若造成软件丢失、损坏等,须按情况进行赔偿处理。

4.6 办公设备分类管理——计算机网络管理

4.6.1 所有网络设备的安装、维护等操作均由办公室负责,其他人员不得进入主机房对交换机、集线器、路由器等网络设备进行操作。

4.6.2 公司内所有计算机网络部分的扩展升级必须经部门主管领导批准后,由办公室具体负责。未经许可任何部门及个人不得私自连接交换机设备,不得私自接入网络。

4.6.3 每位员工应当加强信息保密的意识,存有重要数据及材料的计算机应当设置隔离卡和口令密码。任何人不得利用计算机网络泄露公司机密和其他保密资料。

4.6.4 任何人不得在互联网上发布有损公司形象和员工声誉的信息。不得攻击他人计算机,不得盗用、窃取他人资料、信息等。

4.6.5 互联网连接只允许员工为了工作、学习使用,使用时必须遵守国家的法律和规程,严禁传播不健康、反动等违反国家法律和道德风尚的内容。

4.6.6 为了避免或减少计算机病毒对系统、数据的影响,员工不得故意传播计算机病毒、危害计算机系统安全。不得向他人提供含有计算机病毒的软件、资料。

4.6.7 计算机上应当装有相关防毒杀毒的软件,并不定期检测、定期清理,确保系统安全运行。

4.7 办公设备分类管理——电话使用管理

4.7.1 电话由办公室统一负责管理,申请人填写《办公耗材领用表》,经部门经理批准后到办公室领用。各部门管理员负责监督并控制使用。每次通话由通话人自觉限制，通话应简洁扼要，以免耗时占线、浪费资金。

4.7.2 禁止用公司电话办理私事。公司定期对长途电话的使用进行监督，不属于业务范围的要追究通话人的责任。

4.7.3 各部门对部门所有电话进行定位申请，原则上只能打市话，如拨打国内、国际长途，必须经所属部门主管领导批准后，由办公室执行。

4.8 办公设备分类管理——打印机、复印机使用管理

4.8.1 打印机、复印机按操作说明书规定正常管理使用。

4.8.2 不要调换纸张大小。如需特殊纸张，请按正确操作指示调试或咨询办公室人员或找厂家人员进行操作，以防卡纸。

4.8.3 复印时，一定要把订书钉拆掉以防损坏复印机。

4.8.4 如出现卡纸情况，一定要把纸张取出，如无法将其取出必须通知办公室由办公室指定人员或找厂家尽快恢复。

4.8.5 大批量复印时应让复印机暂停散热，以确保复印机安全、正常运行。

4.8.6 复印完成后，必须将设置恢复到初始状态，以免他人误操作造成纸张或能源浪费。

4.8.7 打印或者复印完成后，必须及时取走文件，防止失密。

4.9 办公设备分类管理——传真机、扫描仪、碎纸机使用管理

4.9.1 各部门传真机、扫描仪、碎纸机由本部门管理使用。

4.9.2 未经主管领导同意不得使用传真机、扫描仪传送或扫描个人资料。

4.9.3 传送或粉碎公司机密文件需经部门主管领导批准。

4.9.4 每天下班后，传真机应设置成自动接收模式，防止遗漏重要文件。

4.10 办公设备使用归属变更管理

4.10.1 计算机硬件（笔记本、主机、显示器）、打印机、复印机、照相机、摄像机、扫描仪、传真机以及投影仪等办公设备的使用人或归属部门发生变更转移时，需由部门指定的办公设备管理专员填写《办公设备使用归属变更申请审批表》，审批表需交由财务部备案，办公室留存复印件。

4.10.2 使用归属变更审批流程如下。

办公设备使用归属变更审批流程表

使用归属变更类型	部门经理	办公室IT	财务评估	办公室主管	财务总监	接收方		财务台账
						使用人	部门经理	
公司内	√	√				√	√	√
公司外	√	√	√	√	√	√	√	√

附1:办公设备采购流程图

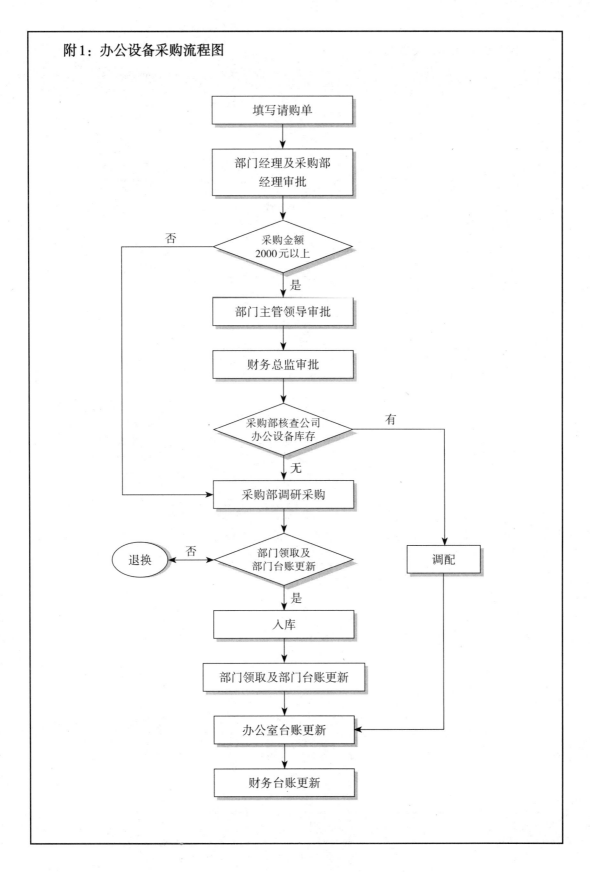

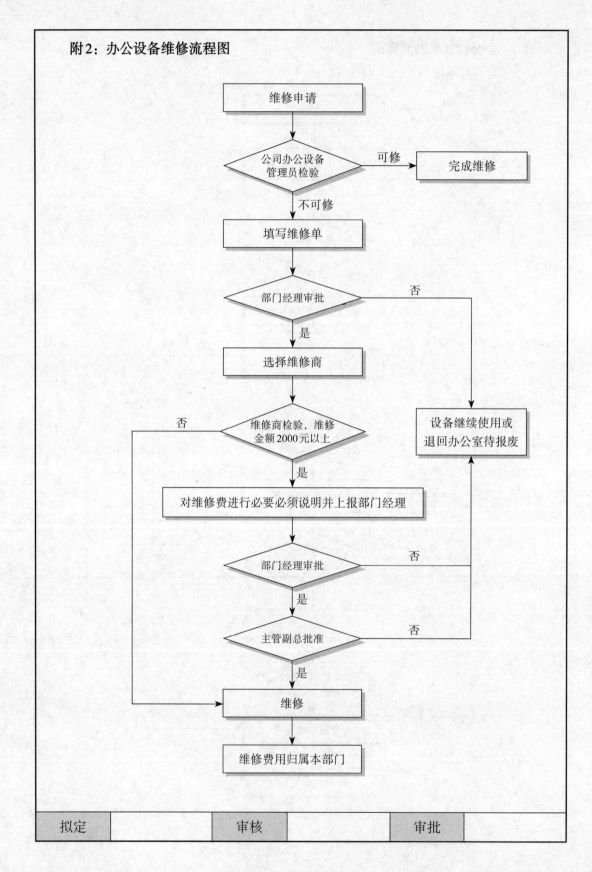

10-02 办公设备、耗材管理办法

××公司标准文件		××有限公司 办公设备、耗材管理办法	文件编号××-××-××	
版次	A/O		页次	第×页

1. 目的

为了有效地管理好公司固定财产，规范办公设备、办公耗材的申请、采购、领用程序；有效地控制工厂办公费用的增长，保障工厂日常办公耗材的正常供应，特制定此制度。

2. 适用范围

（1）公司办公设备的使用。

（2）计算机的零部件（非整套）含电源、显示卡、声卡、内存条；打印机的墨盒、复印机的炭粉，办公用具、清洁工具等。

3. 职责

3.1 行政部

零星耗材的购买；对办公设备、耗材的采购具有审核权，并监督网络管理员、前台文员做好登记、采购、领用、盘点等工作，也是工厂办公设备、耗材的第一责任人、奖惩的承担者，月末将当月采购办公用品等情况制作成"采购、领用、库存汇总表""部门领用汇总表""库存盘点表"交财务部。

3.2 网络管理员

负责对办公设备、电器耗材的采购、保管、分发、登记与盘点。办公设备的维修与联络送外维修。

3.3 前台文员

负责对复印机、传真机、打印机的耗材和纸质办公材料的申购、保管、分发及盘点。

3.4 各部门经理

按照财务部所规定的指标费用，有效、合理地审核申请与控制领用。

3.5 财务部

做好办公设备、耗材的费用预算与统计，并及时反馈责任单位的费用指标信息。

4. 管理规定

4.1 办公设备、耗材的申请和采购的审核及批准

办公设备、耗材的申请和采购的审核及批准

类别	设备、耗材分类	申请	审核	批准
第一类	计算机、打印机、复印机、电话、路由器等网络设备	部门经理	分管领导	总经理
第二类	墨盒、电源、显示卡、内存条等	使用人员	部门经理	分管领导
第三类	纸张、传真纸、圆珠笔、笔记本等	前台文员	部门经理	分管领导

续表

类别	设备、耗材分类	申请	审核	批准
第四类	清洁用具：拖把、扫把、簸箕、毛巾、清洁水桶、垃圾桶、垃圾袋等	前台文员	部门经理	分管领导

4.2 办公设备、耗材的申请

4.2.1 按照上表中的责任人填写"物品申购单"，注明物品名称，采购数量，第一类先交网络管理员进行询价，并将询价填到"物品申购单"中，交分管领导审核、总经理批准。

4.2.2 按上述规定的程序进行申请，未经批准权限人员签字的申请单，网络管理员有权不予采购，给予拒绝。

4.3 办公设备、耗材的购买

4.3.1 第一类：网络管理员根据所申请的物品名称进行不少于2家的询价，择廉购之。但必须附带有产品说明书、保修卡，并保管好。将新购设备的使用流程与操作方法在供应商技术人员的指导下对责任人（操作员）进行培训。

在后续的工作中，如办公设备故障，则应先查阅产品说明书，试着能否自行解决；如因无法自行排除故障，即按照保修卡的时间联络供应商进行维修，保修期内免费服务，超出保修期的则洽谈合理的维修费用。

4.3.2 第二类：由网络管理员选择2家供应商备案，再择廉购货。墨盒的购买，一次不能超过10套，超过时必须先行汇报，得到上级许可后方可采购；对长期合作的供应商采取月结的形式进行合作。

4.3.3 第三类与第四类：由行政部事先确定两家具有竞争力的供应商，待"物品申购单"获批准后，前台可直接与供应商联系供货。

4.4 办公设备、耗材的保管

4.4.1 第一类：购买回厂后，由网络管理员录入"办公设备台账"中，由行政部经理监督实施，逾期15天未录入档案的，按____元/次处罚，每月必须进行盘点，送货单上必须有网管员和领用人签字验收。

4.4.2 第二类：由网络管理实施保管（墨盒除外，由前台文员管理），墨盒可按照不同的型号最低"2套"的安全库存，对维修耗用的物品进行登记，每月必须进行盘点，送货单上必须有网管员或领用人或前台文员签字验收。

4.4.3 第三类：由前台文员进行保管，一般储存在行政部"资料室"中，发放时每人每次只能领一包或一个，距离较远的部门可以安排一人统一领取，但所领物品的名称及数量，必须有部门经理签字认可。每月必须进行盘点，送货单上必须有前台文员签字验收。

4.4.4 第四类：不作库存，按需购买，到厂即领，送货单上必须有前台文员和领用人签字验收。

4.5 办公耗材、办公用具的预算

4.5.1 由财务部根据上年与前段时间各部门产生的费用进行评估，给出一定合理的指标费用，各部门经理密切关注耗材、办公用品的使用与领取，及时预防与控制耗材、办公用具的领用。

4.5.2 在没有具体的费用指标时，归口部门参考原始的数据进行评估，财务部有义务与责任监督相关耗材费用的产生项目，对明显上升的费用及时提出警示。

4.6 办公设备、耗材的领取

4.6.1 第一类、第二类：当事人在领取与领用时，一定要签收物品名称、物品数量、领用时间与领用人。由网络管理员负责管理，保管与分发。

4.6.2 第三类，由前台文员要求来领取的部门人员进行签收：名称、数量、时间、领用人。

4.7 办公设备、耗材的保管与盘点。

4.7.1 每月1～3日，由网络管理员对所有的办公设备按照"办公设备台账"进行盘点；对库存的办公耗材进行盘点，并填写盘点单。如无异常则签上名字与时间，确认已盘点，如发现盘点与领用有出入或差异时，应向行政部经理报告，商谈追查、处理办法。

4.7.2 每月1～3日，由前台文员对办公用具进行盘点，制作报表，并行政部审核。

4.8 办公设备、耗材的费用报销

详见《支出审批管理办法》。

4.9 办公设备、耗材产生费用的预算、统计与反馈

4.9.1 财务部应根据去年或前段时间各部门产生的费用进行统计分析，下达各部门的办公耗材费用指标。

4.9.2 每月对各部门的办公耗材进行统计，对超过预算的项目或部门，及时反馈超标信息，及时控制，提出解决方案。

4.10 管理的奖惩规定

4.10.1 行政部经理作为第一责任人实施考核。超支时，扣取超出费用的＿＿＿%；节余时奖励节约部分的＿＿＿%。无指标时不作考核，视实际费用产生情况而定。

4.10.2 经行政部所汇总的各部门领用情况，奖惩也同上述规定执行。

4.10.3 归口单位与责任部门的奖惩不重复考核，能分解的部分考核责任部门，不能分解的部分考核行政部经理。

| 拟定 | | 审核 | | 审批 | |

10-03　办公用品管理办法

××公司标准文件		××有限公司 办公用品管理办法	文件编号××-×××-××	
版次	A/0		页次	第×页

1.目的

为了加强企业专业化、规范化管理，保障日常办公需求，控制费用支出，对办公用品实行统一采购、统一保管的管理制度，特制定本办法。

2.适用范围

适用于公司办公用品的采购、管理、使用。

3.管理规定

3.1　办公用品的范围

本制度所涉及的办公用品包括以下内容。

3.1.1　耐用办公用品。

耐用办公用品分为两部分：常用品和非常用品。

（1）常用品包括：台式计算机、电话、计算器、订书机、文件栏、文件夹、笔筒、打孔机、剪刀、裁纸刀、直尺、起钉器等。

（2）非常用品包括：便携计算机、移动盘、U盘、鼠标、照相机、摄像机、其他电子通信用品等。

3.1.2　易耗办公用品。

易耗办公用品分为两部分：部门所需用品和个人所需用品。

（1）部门所需用品包括：传真纸、复（写）印纸、打印纸、墨盒、炭粉、硒鼓、光盘、墨水、装订夹、白板笔等。

（2）个人所需用品包括：签字笔（芯）、圆珠笔（芯）、铅笔、笔记本、双面胶、透明胶、胶水、订书钉、回形针、橡皮擦、涂改液、信笺纸等。

3.2　办公用品的采购

3.2.1　行政部负责办公用品采购工作。

3.2.2　各类办公用品根据历史数据设立安全库存量，低于安全库存量的，应当进行采购。

3.2.3　行政专员每月25日前进行库存盘点，通知各部门提交"办公用品采购申请单"。对需要采购的办公用品进行统计，将"办公用品采购申请单"汇总交行政部经理批准后并送至总经理处审批，于月底进行统一采购。

3.2.4　采购完成，交行政部经理进行验收后入库登记，填写"办公用品入库统计表"。

3.2.5　采购审批程序。

（1）各部门根据实际需要，确定采购办公用品的品名、规格型号和数量后填写"办公用品采购申请审批表"，报部门相关人员处。

（2）行政部每月 25 日前统一将各部门"办公用品采购申请表"汇总，由部门经理报总经理审批。

（3）审批后，由行政部相关人员核算价格，然后联系采购。行政部采购人员需按质优价廉的宗旨进行购买。报销办公用品采购费用时，必须把所有办公用品明细费用标准写清。

（4）大宗物品报主管总经理审批，并由总经理核算价格后方可购买。

3.3 办公用品的领用

3.3.1 耐用办公用品领用。

（1）对于常用品，员工入职办理好入职手续后到行政部领取，填写"办公用品领用表"，入员工个人档案保存。

（2）原则上常用品今后工作中不再发放，如因损坏需要更换的，必须以旧换新。

（3）对于非常用品，原则上以借领的形式填写"重要办公用品借用登记表"，在借领时间到后必须归还。

（4）如长时间持有非常用品的，应先归还至行政部后再填写"办公用品领用表"继续领用，入员工个人档案保存。

（5）耐用办公用品领取后，行政部需要做好登记，并填写"办公用品领用表"。

3.3.2 易耗办公用品领用。

（1）部门所需用品。由各部门负责人于每月 10 日前到行政部处领用，填写"办公用品领用表"，由行政部相关负责人领取后交于领用人。

（2）个人所需用品。公司员工需领用办公用品的，到行政部处领用，填写"办公用品领用表"，由行政部相关负责人领取后交于领用人。

3.3.3 办公用品领用登记后，前台进行出库统计，填写"办公用品出库统计表"。

3.4 办公用品的保管与报表

3.4.1 行政部根据办公用品的类别、品种分类放置、保管；办公用品不能丢失、损坏。

3.4.2 办公用品不能占为己有，不能带回家中。

3.4.3 行政部办公用品相关负责人，于每月 25 日前做好办公用品盘存工作，必须账物相符。

3.4.4 行政部于每月 5 日前，将上月"办公用品管理使用报表"报总经理进行审核。

3.4.5 办公用品所有有关的书面、电子材料，必须保管好，每月进行整理。

3.5 其他规定

（1）行政部办公用品负责人要加强责任心，认真做好办公用品的保管和分发，及时向行政部经理报告库存情况。

（2）本着节约与自愿的原则，可不领用或少领用的应尽量不领用或少领用。

（3）耐用非常用品，员工借领后如损坏、丢失的，应当修复；其他耐用品损坏的应当以旧换新，丢失的，应当自购。

（4）行政部对于某些耐用品应当做资产登记的，必须进行资料登记，进行标示。

（5）办公用品一般由行政部向批发商采购，或建立长期定点配送采购关系，方便采购与管理。

（6）员工离职时，办理离职交接当天必须根据"办公用品领用表""重要物品借用登记表"将相关物品交还公司，前台做好登记。

| 拟定 | | 审核 | | 审批 | |

第11章 车辆管理制度

本章阅读索引：

- 公司车辆管理办法
- 私车公用管理办法
- 中高层管理人员车辆补贴实施办法

11-01 公司车辆管理办法

××公司标准文件		××有限公司 **公司车辆管理办法**	文件编号××-××-××	
版次	A/0		页次	第×页

1.目的

为了统一管理公司的所有车辆，有效使用各种车辆，确保行车安全，提高办事效率，减少经费支出，特制定本制度。

2.适用范围

适用于本公司车辆的管理。

本制度所说公司车辆是指公司的专车及公务用车辆。专车是指公司为部分特定人员或部门特配车辆。公务车是指除上述专车以外的所有车辆。所有车辆由行政部统一负责管理。

3.管理规定

3.1 车辆管理

3.1.1 行政部负责所有车辆管理工作，包括车辆调派，维修保养、费用预算、核准、车辆年检及证照管理，投保、续保与出险索赔及司机管理。

3.1.2 公司根据实际工作需要及其他特定原因对认定人员根据协议配备工作用专车，实行月费用包干，额度内凭票据报销，超过部分个人自理。公司认定特配部门使用的专车费用由公司稽核报销。

3.1.3 其他部门及人员原则上均不配置专用车辆，确需配置，须由其部门主管或个人以书面报告形式报公司行政部，由公司总经理审批，经批准同意后方可配置，并严格执行费用预算，超出预算的费用需经总经理审批后方可报销。

3.1.4 公司所有车辆原则上必须由公司专职司机（含专车使用人）驾驶，公司其他持有驾照人员驾驶公司车辆公出或私用必须按规定填写《车辆使用申请单》，经批准后方可使用。无驾照人员严禁驾驶公司车辆。专职司机应每周定期对公司车辆进行检查和保养，确保行车安全。

3.1.5 车辆行驶证，属专车的，日常由专车使用人负责保管，如专车使用人出差或休假，需将专车车辆行驶证及车辆钥匙交由行政部保管；保险单由行政部统一保管，按车建立资料、费用档案。

3.1.6 每车设置《车辆行驶记录表》，当班司机使用前应核对车辆里程表与记录表是否相符，与前一次用车记录是否相符，使用后应记载行驶里程、时间、地点、用途、费用明细等，对产生的票据编号进行整理，以备报销时核对。

3.1.7 车辆每日使用完毕和节假日应停放在公司指定场所，并将车门锁好，将钥匙交回给行政部保管。每车设置《车辆加油记录表》，经手驾驶员在发现车辆油量不够需加油时，凭公司统一发放的针对每辆车配置的加油卡加油，同时在《车辆加油记录表》上做好记录以备查。

3.1.8 行政部人员每月不定期抽查一次，如发现记载不清、不全或者未记载的情况，应通报司机并对相关责任人提出批评，不听劝告、屡教屡犯者应给与处分，并停止其使用资格。

3.2 车辆使用

3.2.1 车辆使用范围。

（1）公司员工在本地或短途外出办事、联系业务、接送。

（2）接送公司宾客。

（3）专车专用。

3.2.2 车辆使用程序。

（1）车辆使用实行派车制度。

①属个人使用的专车由使用人自行驾驶，一般不纳入调派，如专车使用人出差或休假，专车由行政部调派；属部门使用的专车使用实行报备制度，只需填写《车辆使用申请单》，由部门领导签字确认，出车前交行政部备案。公务车由行政部统一调派。

②公务用车，使用人向行政部提出申请并填写《车辆使用申请单》，说明用车事由、地点、时间等，部门经理签字后交行政部负责人审批调派。行政部负责人依重要性顺序派车，各部门用车不得直接与司机联系，不按规定办理申请者，不得派车。车辆使用申请尽量做到当班用车1小时前申请，下午用车上午申请，次日用车当日申请，夜间用车下班前申请，集体活动用车2天前申请，以便统一安排。

③由行政部将《车辆调派单》交于司机，司机根据《车辆调派单》予以出车。

④遇紧急情况或突发事件可随时派车。事后1天内由使用人补办手续。

⑤任何人均依上述程序申请派车,否则不予派车,司机不可擅自出车,擅自出车一次罚款200元。

(2)司机按用车人员的目的地行车。行车前需选择好最佳路线。对同一方向、同一时间段的派车要求尽量合用,减少派车次数和车辆使用成本。

(3)用车完毕,司机填写用车实际情况记录。使用人用车完毕在《车辆行驶记录本》上签字确认。

3.2.3 车辆驾驶人员必须持有驾照,熟悉并严格遵守交通法规。

3.2.4 驾驶人员于驾驶车辆前,应对车辆做基本的检查(如水箱、油量、机油、刹车油、蓄电池液、轮胎、外观等)。如发现故障、配件失窃等现象,应立即报告,隐瞒不报而由此引发的后果由驾驶人员负责。

3.2.5 驾驶员不得擅自将公用车开回家,或做私用,违者受罚,经公司特别批准的除外。

3.2.6 车辆应停放于指定位置、停车场或者适当的合法位置。任意放置车辆造成违反交规、损毁、失窃,由驾驶人员赔偿损失,并予以处分。

3.2.7 驾驶人员应爱护车辆,保证机件、外观良好,使用后应将车辆清洗干净。

3.3 维修保养

3.3.1 本公司车辆,原则上按照车辆技术手册执行各种维修保养,并须按照预算执行。

3.3.2 车辆维修、保养、加油程序。

(1)司机发现车辆故障或者需要保养时,应先填写《车辆维修保养申请单》,向行政部提交车辆保养维修申请、申报维修保养的项目及费用预算,行政部会同相关人员进行确认核实,由总经理批准后予以送指定维修厂检修。

(2)维修结束,提车时,送修人应对维修车辆进行技术鉴定,检验合格,收回更换的旧部件,并核定维修费用的合理、准确性后,方可在维修厂家的单据上签字。送修人对费用的真实性负责。

(3)车辆的维修保养应在指定厂家完成,否则维修保养费用一律由送修人承担。

(4)自行维修者,可报销购买材料和零件的费用。

(5)车辆于行驶过程中发生故障急需修理时,可根据实际情况进行修理,但非迫切需要或者维修费用超过2000元时,应与公司联系请求批示。

(6)由于司机使用不当或者疏于保养造成车辆损坏或机件故障,所需费用视情节轻重,由公司和司机按照比例共同负担。

(7)行政部每月负责统一购买汽油,并分配到各车辆油卡上。一律采用油卡加油,非特殊情况严禁现金加油。特殊情况(加油卡损坏、加油点网络中断等)下需现金加油者,向行政部说明原因,得到允许后方可加油。每次加油时,司机需填写《车辆加油记录本》，以备报销时核对。

3.3.3 行政部对车辆进行不定期的检查，内容包括：本制度执行情况、车内外卫生、一般保养状况等。检查不合格者，对司机或相关责任人处50～200元不同程度的罚款，情节严重者取消驾驶员驾驶资格。

3.4 车辆保险

3.4.1 公司通过商定，确定承险保险公司。公司所有车辆的保险，统一由公司支付分担。

3.4.2 公司车辆投保险种以及标准按照相关规定执行，不得私自增加或减少投保险种，也不得私自提高和降低额度。

3.4.3 一旦出现车辆保险索赔事件，行政部应在第一时间与保险公司取得联系，并保存好索赔资料。事故处理完毕后，办理索赔手续。

3.5 违规与事故处理

3.5.1 在下列情形之一的情况下，违反交通规则或发生事故后果，由驾驶人全部承担，并予以记过或免职处分。

（1）无照驾驶。

（2）未经许可将车借给他人使用。

（3）酒后驾车。

3.5.2 违反交通规则，其罚款由司机个人（含非专职司机）和公司各自承担50%，涉及驾照扣分的由当事人负担。行政部负责每周在网上查询违章记录一次，并做好处理。

3.5.3 各种车辆在运行过程中遇到不可抗拒的因素发生，应先急救伤患人员，向附近公安交通管理部门报案，并主动与公司取得联系协助处理。如属小事故，可自行处理后向公司报告。

3.5.4 意外事故造成车辆损坏，在扣除保险金额后，再视情况由司机与公司按比例承担。

3.5.5 发生重大交通事故后，如需向受害当事人赔偿，在扣除保险金额后，再视差额由司机与公司按比例承担。

3.6 费用报销

车辆维修保养及过境/过路费用按凭证实报实销。司机于每月10日、25日前将所负责车辆当月高速费、过桥费及停车费等票据贴好，连同该车辆行驶记录本、车辆加油记录本交行政部审核签字后，交财务负责人审核签字，最后报主管副总/总经理签字后，方可报销。

| 拟定 | | 审核 | | 审批 | |

11-02 私车公用管理办法

××公司标准文件		××有限公司 私车公用管理办法	文件编号××-××-××	
版次	A/0		页次	第×页

1. 目的

为保证私车公用管理，提高工作效率，增强企业凝聚力，公司拟对私车公用人员给予合理的油料补贴，特制定本办法。

2. 适用范围

适用于公司所有领导、中层干部及员工，并针对其私车确有纳入公务用车范畴的行为。

本规定所称私车，是指小轿车，不含货车、客车、摩托车等。

本办法所称的私车公用是指符合一定条件的人员，将其私有汽车用于公务活动，私有汽车必须是各种手续完备、已交纳车辆保险等相关规费、安全性能良好，能确保行车安全、正常行驶的车辆。

3. 管理规定

3.1 条件及审批程序

3.1.1 具备以下资格人员可申请私车公用。

（1）申请人为本公司员工，其用途不局限于上下班，并为公司从事一定的公务活动的。

（2）所驾车辆为申请人私有财产（以行驶证为准，可为申请人本人，也可为夫妻共同财产），所驾车辆为他人的不得申请油料补贴。

（3）所驾车辆为其他单位所有，经领导分配使用或上级批准调用且未在其他单位报销费用的。

3.1.2 申请私车公用人员需填写"私车公用补贴申请表"，包括姓名、部门、岗位名称、驾驶证号、行驶证号、车型、车牌等，并提供驾驶证、行驶证等复印件。经领导签字后交公司办公室拿出意见并汇总后，呈总经理审批。

3.2 私车公用的管理及补贴标准

3.2.1 部门经理级以上员工用私有车辆在一定区域内从事公务活动的，其费用实行按月包干补贴（具体标准参照下表）。享受按月补贴的人员不再享受一次性购车补贴。

3.2.2 私车公用长途用车时由公司办公室开具派车单，出车回来后，驾驶人员应如实填制出车里程数，并报办公室。如遇特殊情况，则应在事后及时补填出车单。

3.2.3 私车公用补贴标准。

排量 /升	长途用车补贴				市区规定补贴 /(元/月)
	油费 /(元/千米)	修理费 /(元/千米)	驾驶员补贴 /(元/千米)	合计 /(元/千米)	
1.60	0.55	0.15	0.10	0.80	450
1.80	0.60	0.15	0.10	0.85	500
2.00	0.65	0.20	0.10	0.95	550
2.40及以上	0.70	0.25	0.10	1.05	600

该标准以油价____（93#）元/升为标准，如果油价调整较大，超过0.5元/升时，可以作上下浮0.05元/千米的适当调整。上述补贴已含驾驶员开车补贴、车辆运行的汽油费、一切维修保养的费用。因公出车时的车辆通行费、泊车费由公司据实报销。

3.2.4 公司办公室根据需要和可能调配车辆。使用公司专职驾驶员开私车长途公用时，私车所有人享受的补贴按相应标准减去0.1元/千米的驾驶员开车补贴。

3.3 报销

3.3.1 报销要求：私车公用驾驶人员应提供报销单、派车单及与拟补贴金额相同的油费发票或其他发票（发票开具本单位抬头）、车辆通行费、泊车费发票等凭证，在出车回来后及时报销。

3.3.2 报销程序：车辆所有人根据办公室开具派车单上的里程数填制报销凭证→分管领导签字→财务部审核→总经理批准。公司办公室应核对车辆行驶里程是否真实客观；财务部应核对报销手续是否完备。

3.4 私车公用原则上规定：以车定人，车主开车。特殊情况下，由办公室根据实际需要协商调派。

3.5 属私车公用车辆，必须按时向车辆管理部门交纳相关规费，车辆一切规费由车辆所有人自行承担。

3.6 私车公用车辆在因公外出情况下，违反交通法规，罚款由当事人负担20%，公司承担80%。

4.购车补贴的要求及标准

4.1 补贴对象

公司部门经理及以上职务员工。购车者应具备本人已取得汽车驾驶证的必备条件。购车人购车后主要为公司上下班用车。

4.2 补贴标准

4.2.1 购买15万元（含）以上的轿车，每辆补贴3.5万元。

4.2.2 购买10万（含）～15（不含）万元的轿车，每辆补贴3万元。

4.2.3 购买6万（含）～10万元（不含）以下的轿车，每辆补贴2.5万元。

4.3 其他要求

4.3.1 针对取得购车补贴的员工，自补贴购车开始要在公司继续服务5年。若服务不到5年而提前离开公司的，其享受的购车补贴要按5年平均分摊扣回。

4.3.2 享受购车补贴的人员，自购车之日起5年内不享受按月发放的一定区域内的私车公用补贴；长途用车同样开具派车单，根据出车里程数按规定补贴。

4.3.3 部门经理以上员工购车后，私车公用时一律按照以上私车公用管理办法执行，此外公司不承担任何其他费用。

拟定		审核		审批	

11-03　中高层管理人员车辆补贴实施办法

××公司标准文件		××有限公司 中高层管理人员车辆补贴实施办法	文件编号××-××-××	
版次	A/0		页次	第×页

1. 目的

为适应企业发展变化需要，提升企业形象，提高领导干部办事效率，规范公司车辆管理，合理控制车辆的相关费用，特制定本办法。

2. 适用对象

享受车辆补贴的对象需要符合以下条件：直属职能部门经理（含）以上管理人员，或对外联系工作业务需要而须配备交通工具的特殊岗位人员。

3. 管理规定

3.1 补贴的方式及标准

3.1.1 购车人可享受一定数额的购车补贴及相关汽车费用补贴，具体对象和购车补贴金额如下。

单位：万元

序号	职务	购车补贴标准	备注
1	董事长、总经理	18	
2	常务副总经理	16	
3	副总经理	12	
4	公司总经理助理、公司财务负责人	10	
5	直属职能部经理	8	
6	特殊岗位人员	6	

注：燃油费用按年结算，超支自负，节支的可转入次年用于车辆其他费用。

3.1.2 汽车费用补贴中燃油费具体补贴标准按车辆的排量划分。

排量/升	≥3.0	≤3.0 ≥2.5	≤2.5 ≥2.0	≤2.0
补贴金额/（元/千米）	0.80	0.72	0.65	0.48

3.1.3 对符合享受车贴标准（已有自购车辆）但未享受车贴的人员，可申请享受部分汽车费用补贴。

3.2 车辆管理

3.2.1 管理职责。

（1）公司购车补贴的归口管理部门为行政部，主要负责补贴对象的审核、协议签订、保险费、相关通行费、油卡充值等费用缴纳和协助处理可能发生的交通事故、保险理赔工作及进行必要的安全教育培训等工作。

（2）公司行政部建立车辆里程台账，每月对车辆里程数进行统计，年底统一计算，作为里程补贴的依据。

（3）汽车费用补贴的报销部门为财务部，由财务部对补贴费用单独设立账户进行管理。

3.2.2 购车补贴审批报支程序。

（1）直属职能部门经理（含）以上人员：购车须由本人填写"购车补贴申请表"，经行政部审核，报请总经理审批。

（2）特殊岗位人员：特殊岗位人员根据岗位实际对外工作业务情况的需要而需配备交通工具的，由所在部门领导推荐，并根据个人意愿填写"购车补贴申请表"，经行政部审核，最后报总经理办公会讨论审批。

（3）根据审批后的"购车补贴申请表"，由行政部代表公司与个人签订"购车补贴协议书"。

（4）购车人持有效的"购车补贴申请表"和"购车补贴协议书"向计划财务部、行政部办理购车补贴款及列账手续。

3.2.3 车辆补贴费用划分及审批报支程序。

（1）本办法中车辆费用补贴所指的费用项目为：保险费、路桥通行年费、燃油费、日常路桥费。

（2）补贴车辆的保险费由公司承担。

（3）补贴车辆的日常路桥费实行实报实销，允许凭正式发票报支现金。

（4）补贴车辆的燃油费由行政部统一规划预支，年终按照补贴的标准进行统一核算，超支的部分在个人收入中一次性全额扣除。

（5）所有车辆补贴的费用由公司财务部设立车辆补贴费用独立账目，每月由行政部和计划财务部针对补贴报销的费用进行核对，保证费用明细的一致性。

（6）针对已购车辆并符合享受补贴标准但未享受车贴的人员，可由本人提出申请，经行政部审核，报总经理审批，享受相关汽车费用补贴。

3.2.4 购车补贴年限、购车人服务年限。

（1）有享受购车资格的购车人首次购车可按本办法3.1.1的标准享受一次性补贴，有效期限为10年，10年内无论车辆变更与否均不再享受购车补贴。

（2）享受购车补贴人员的服务期限为5年，5年内其工作或职务发生变动，不再符合补贴条件的，则需按年度比例偿还相应的购车补贴款，同时，公司停止该车辆的一切费用补贴。补贴款结清后，车辆归个人所有（以公司名义购置的需办理过户手续）。

（3）已享受购车补贴的人员，在补贴期内，其行政级别上升，可对照现标准的差额部分，在换购新车时，可由本人提出申请，经总经理批准，给予补发。

（4）已享受购车补贴的人员，在补贴期内，其行政级别下降但仍符合购车补贴条件的，经总经理审批，从变动的次月起根据时间比例和变动后的行政级别，按原购车补贴标准偿还差额。

3.2.5 补贴车辆服务与管理。

（1）补贴对象产生的费用须凭正规发票在开票之日起一个月内报支现金，在年终对费用进行统一核算，超支部分在个人收入中全额扣除，节支的递延至下一年抵充。遇职务升降在次月按新任职务结算。

（2）在公务车辆不敷使用的情况下，享受补贴的人员（包括只享受部分汽车费用补贴的自购车辆）均须服从车辆调派，车辆调派权归属行政部；享受车辆补贴人员在无正当理由的情况下，不服从调派的，从即日起燃油补贴减半，直至取消该车的费用补贴。

（3）享受补贴的车辆一般由本人驾驶，不设专职驾驶员，享受车辆补贴人员外出办理公务，非特殊情况不得使用公车；因公长途外出确有需要，由行政部根据实际情况安排专职司机驾驶。公司董事长、总经理如有需要可配备专职驾驶员。

（4）享受车辆补贴人员应自觉遵守交通规则，确保行车安全，车辆使用期间发生事故的费用，除保险公司理赔外，其余由车主自理。

（5）享受车辆补贴人员必须自觉维护公司良好的公众形象，在公务期间必须使用享受补贴车辆，补贴车辆不得挪作他用，不准用作盈利性运输，一经发现有影响企业公众形象的行为，公司将立即终止对该车的所有补贴，并对被补贴人员进行行政处分。

拟定		审核		审批	

第12章 员工食宿管理制度

本章阅读索引：

- 员工宿舍管理制度
- 租房补贴管理办法
- 员工伙食管理办法
- 餐费补贴管理办法

12-01 员工宿舍管理制度

××公司标准文件		××有限公司 员工宿舍管理制度	文件编号××-××-××	
版次	A/0		页次	第×页

1. 目的

为规范公司员工宿舍（以下简称宿舍）在员工入住、换房（床）、退房以及宿舍卫生、安全、纪律、设施、费用等方面的管理，以创造一个温馨、舒适、有序的员工居住环境，特制定本制度。

2. 适用范围

适用于所有在公司宿舍住宿的员工。

3. 权责部门

行政部为公司宿舍管理的主要责任部门。

4. 管理规定

4.1 宿舍分配

4.1.1 公司每一位员工均有权申请入住宿舍。

4.1.2 宿舍的区位分配，按主管级以上（含主管级）和主管级以下分别安排入住不同的宿舍区；宿舍的房间、床位分配，按员工职务应该享有的住房标准和"同部门同岗位集中安排"的原则予以分配。

4.1.3 宿舍管理员每月底统计宿舍住宿情况，填写"员工宿舍住房情况一览表"-宿舍主管审核-行政部经理签认。当员工入住情况发生变化时，宿舍主管须及时做出相应调整。

4.2 入住管理

员工入住宿舍分新入职员工申请入住和在职员工申请入住。

4.2.1 新入职员工申请入住手续的办理。

（1）要求入住宿舍的新入职员工，持行政部签发的"入职程序表"，到宿舍主管处办理入住手续，随到随办。

（2）宿舍主管填写"员工宿舍入住单"，交所在部门负责人签认，报行政部经理审批后，根据"员工宿舍住房情况一览表"以及员工职务、岗位、班次等情况，安排相应的宿舍区、房间与床位，并在相关入职手续单上签名，交申请入住员工到宿舍管理员处办理入住手续。

（3）宿舍管理员收到"员工宿舍入住单"后，发放相应房间及衣柜钥匙，协助新入职员工入住。

（4）宿舍管理员在"员工宿舍入住单"上注明入住时间并签名后交回宿舍主管处存档。

4.2.2 在职员工申请入住手续的办理。

（1）在职员工办理申请入住手续的时间为每周的周一和周四。如无特殊原因，其他时间原则上不予受理。

（2）申请入住员工到宿舍主管处领取并填写"员工宿舍入住单"，经所在部门负责人签名同意、注明职务后返回宿舍主管，宿舍主管核实后再将"员工宿舍入住单"交行政部负责人签批意见。

（3）对曾在宿舍住宿过的员工，宿舍主管须查阅该员工过去的住宿记录（有无违反宿舍管理规定的行为）。对因多次违反住宿纪律曾被取消住宿资格的员工，宿舍主管应拒绝受理，并将有关情况知会行政部负责人，由行政部负责人反馈给员工所在部门负责人。

（4）对符合入住条件的员工，经审批后宿舍主管根据"员工宿舍住房情况一览表"以及员工职务、岗位、班次等情况，安排相应的宿舍区、房间与床位，并在"员工宿舍入住单"上签名后返回申请入住员工交宿舍管理员，后者发放房间及衣柜钥匙并协助其入住。

（5）宿舍管理员在"员工宿舍入住单"上注明入住时间并签名后交回宿舍主管处存档。

4.2.3 员工须在办理入住手续后两天内入住宿舍。如在规定时间内未入住且未向宿舍主管说明原因者，视为放弃入住，其安排的宿舍床位，宿舍主管可按入住条件另分配给其他申请入住的员工。

4.4 调房（床）管理

4.4.1 员工因职务、岗位变化原因或因其他特殊原因，可申请调房或调床。

4.4.2 员工办理调房（床）手续的时间为每周的周一和周四。

4.4.3 调房（床）程序如下。

（1）符合调房（床）条件的员工填写"员工宿舍调房（床）申请单"，经所在部门负责人签认后送宿舍主管。

（2）宿舍主管将"员工宿舍调房（床）申请单"交行政部负责人审批后，根据宿舍住房情况和员工的调房（床）条件，为申请调房（床）员工重新安排相应宿舍区、房间或床位，并在"员工宿舍调房（床）申请单"上签认后交申请调房（床）员工。

（3）宿舍管理员接到经批准同意的"员工宿舍调房（床）申请单"后，协助申请调房（床）员工调整房间或床位。

（4）宿舍管理员在"员工宿舍调房（床）申请单"上签名后交回宿舍主管处存档。

4.5 宿舍的日常管理

宿舍日常管理包括建立员工住宿档案以及宿舍的出入管理、安全管理、卫生管理、来访管理、设施管理、钥匙管理、检查评比、违纪管理等。

4.5.1 住宿档案管理。

（1）宿舍管理员将住宿员工按房号、部门等细分，填写"宿舍员工入住登记表"，并及时更新。

（2）宿舍管理员将退房员工按退房类别、部门、房号等细分，填写"宿舍员工入住登记表"。

（3）每月末由宿舍主管将本月住宿情况汇成员工宿舍月报表（月报内容包括宿舍员工入住登记、宿舍员工退房登记、每月宿舍纪律情况、卫生检查评比情况、宿舍员工处罚和奖惩情况等），行政部经理签字确认后，呈送总经理。各宿舍区每个房间住宿员工须推选一名宿舍长，配合宿舍管理员负责该房间的日常管理。经各房间员工推荐的宿舍长经宿舍管理员报宿舍主管处登记备案。

（4）所有宿舍单据、资料分门别类存放，每日整理更新；电子文档备存一份，纸书留存一份。

4.5.2 出入管理。

（1）宿舍区设置门卫保安员，实行24小时三班制值班，不另设宿舍巡逻保安员。

（2）住宿员工进出宿舍区，须主动向宿舍区门卫出示员工个人工卡（含行政部发放的临时工卡）。门卫有权核对住宿员工工卡。

①对不能出示工卡的，如属住宿员工忘记带工卡或工卡丢失的，宿舍门卫应阻止其入内，并通知宿舍管理员前来处理。经宿舍管理员核实、宿舍门卫登记后方可入内；不能说明缘由的不得放其入内。

②对经检查发现人卡不符的，宿舍门卫须阻止其入内，并暂扣不符工卡，通知宿舍管理员前来处理；如确认工卡是与其他员工错换的，经宿舍管理员核实、宿舍门卫登记后方可入内；不能说明缘由的不得放其入内，宿舍管理员将工卡交宿舍主管，宿舍主管将工卡转送行政部经理，并对当事员工按公司《员工工卡管理规定》处理。

（3）住宿员工从宿舍楼带出的大件行李物品，须到宿舍主管处填写《员工宿舍物品放行条》，经宿舍主管签认，行政部负责人审批，加盖行政部印章后，宿舍门卫方予放行。

4.5.3 安全管理。

（1）防火安全管理。

①宿舍防火工作实行宿舍主管、宿舍管理员、宿舍长负责制，公司保安部监督实施。

②宿舍员工应严格遵守消防安全制度，禁止擅自挪用、移动、损坏消防设备和消防设施。

③严格执行安全用电制度，禁止乱拉电线、乱接电源、随意更换熔丝等不符合安全用电的行为。

④严禁使用电炉、电饭煲、电热杯、电熨斗、床头灯等。

⑤不准将易燃、易爆、剧毒（如汽油、酒精、香蕉水）等危险物品带入员工宿舍楼。

⑥宿舍内严禁使用明火，不点蜡烛，不使用煤油炉、液化气炉、酒精炉等。

⑦宿舍区严禁吸烟，不准乱扔烟头、火柴梗等易燃物品。

⑧严禁在宿舍内或走廊内焚烧垃圾、废纸，以防导致环境污染和埋下火灾隐患。

⑨楼梯、走道和天台门等部位应当保持畅通无阻，不得擅自封闭，不得堆放物品等。

⑩发现他人违章用火、用电或损坏消防设施及器材行为，要及时劝阻、制止，并向宿舍管理员报告。

（2）防盗管理。

防盗管理

序号	体现方面	具体要求
1	管理人员方面	（1）严格落实安全管理各项制度，严把宿舍出入关 （2）宿舍管理人员应加强责任意识，勤巡视、勤检查，每天不得少于6次，并做好"宿舍日检异常记录" （3）宿舍管理人员要求做到对非宿舍人员能够有效识别 （4）宿舍门卫严格出入登记和检查 （5）清洁工也要密切关注宿舍内动向，发现陌生人及时报告门卫或宿舍管理员 （6）对为宿舍安全管理工作做出贡献的人员予以奖分
2	员工方面	（1）最后离开宿舍的员工要锁门 （2）注意保管好自己的钥匙，不要借给他人 （3）不要在宿舍内放置现金和贵重物品 （4）不可让其他宿舍人员进入本宿舍 （5）不可擅自留宿外来人员

续表

序号	体现方面	具体要求
2	员工方面	（6）对形迹可疑的陌生人应提高警惕，并及时报告宿舍管理员和宿舍门卫 （7）设立内盗举报电话，为举报人保密
3	其他方面	（1）正确使用开水器、热水器 （2）不到天台上打闹、嬉戏，禁止站在天台边缘；除了晾衣服外，其他时间不可到天台逗留 （3）不倚靠宿舍窗沿或站在窗沿上挂东西

4.5.4 卫生管理。

（1）各宿舍区卫生分公共区域卫生和房间卫生两部分，其中公共区域卫生由宿舍清洁工承担，房间卫生由各房间住宿员工轮值。

（2）各宿舍区公共区域包括地面、走廊、楼梯、卫生间、电视房、天台、电梯等。

（3）宿舍区清洁工实行白班制，随时保洁。清洁标准按《员工宿舍公共区清洁标准》执行。

（4）宿舍员工每天整理好自己的内务卫生；宿舍长每月编排"每日清洁卫生排班表"，住宿员工按排班表自觉轮流清扫、整理和保洁，标准见《宿舍内务及清洁标准》。

（5）每间宿舍均摆放一套清洁工具，使用期限为半年，供该宿舍员工使用。清洁工具费实行定额包干，超出部分由员工自行承担。

（6）员工应自觉遵守公共卫生制度。

4.5.5 来（探）访管理。

员工宿舍来访包括亲属来访、探视病友、急事办理等。

（1）亲属来访。亲属远道而来（指的是直系亲属，两地距离150千米以上），公司提供住宿，但要收取一定费用（___元/晚），住宿时间不可超过两个晚上（特殊情况另定）。程序办理：员工递交"亲人住宿申请单"→所在部门负责人审核→行政部负责人审批→交宿舍主管→员工到财务部交费→交费单交宿舍主管→宿舍管理员安排入住。

（2）探视病友。宿舍门卫须要求其出示个人工卡（公司员工）或有效身份证件（外来人员），询问受访人→门卫通知宿舍管理员联系受访人→门卫填写"员工宿舍来访登记表"，来访人签名→宿舍管理员引领来访人到病人房间探视（如宿舍内有其他倒班员工休息时，探视时间不得超过半小时）→来访人离开时，宿舍门卫须在"员工宿舍来访登记表"上登记离开时间。

（3）急事办理。宿舍门卫须向来访人询问受访人→门卫通知宿舍管理员联系受访人→受访人到门卫处或宿舍区外会见来访人（如受访人不在时，门卫应礼貌回复）。

除特殊情况外，规定每天21：00后不再接待任何来访人员。如遇特殊情况将由宿舍门卫通知宿舍管理员前来处理。

4.6 设施（备）管理

4.6.1 设施（备）配备。

（1）宿舍区每个房间配备衣柜、上下床、空调、日光灯、电源插座。

（2）宿舍区配备电视房。电视房由宿舍管理员按《员工宿舍电视房管理规定》统一管理。

4.6.2 设施（备）维修。

（1）房间内设施（备）如为自然损坏，维修费用由公司承担；如为人为损坏，维修费用由责任人承担。属蓄意破坏的，按维修费用的3倍处罚当事人。如无法明确责任人，则由该房间员工平均分摊。

（2）公共区域设施（备）出现故障或自然损坏时，维修费用由公司承担；人为损坏时，维修费用由当事人承担。属蓄意破坏的，按维修费用的3倍处罚当事人。如无法明确责任人，则由宿舍管理员和该区域的员工共同分摊。

4.6.3 宿舍区房间或公共区域设施（备）损坏时，宿舍长通知宿舍管理员→宿舍管理员填写"维修单"报宿舍主管审核→行政部经理签认→工程部安排维修。

4.7 钥匙管理

4.7.1 宿舍钥匙包括房间钥匙、衣柜钥匙、电视房钥匙、消防通道钥匙等。

4.7.2 宿舍各种备用钥匙由行政部统一保管，员工如需借用，须到宿舍管理员处登记。

4.7.3 房间钥匙和衣柜钥匙在员工入住时，由入住员工到宿舍管理员处各领取一把；如丢失房间钥匙或衣柜钥匙，须到宿舍管理处统一重新配置，费用由入住员工自理；如退房未能交出房间钥匙和衣柜钥匙，行政部将按钥匙成本价（按市场采购价格定）收取相关费用。

4.7.4 电视房钥匙、消防通道钥匙、天台钥匙由宿舍管理员保管，如丢失，重新配置费用由宿舍管理员自理。

4.8 检查评比

4.8.1 检查小组成员：行政部经理、保安部经理、宿舍主管、宿舍管理员、宿舍长。

4.8.2 宿舍检查参照《员工宿舍公共区清洁标准》和《宿舍内务及清洁标准》。

4.8.3 检查办法。

（1）每日由宿舍管理员对宿舍房间的卫生进行抽查（每天至少一层楼），填写"宿舍日检异常记录"，交宿舍主管。将检查异常情况通知有关宿舍长整改，对于一周内三次出现异常的宿舍将取消本周卫生评选资格。

（2）每周末由宿舍主管、宿舍管理员和宿舍长（每次8名宿舍长轮流）进行检查，填写"员工宿舍内务、卫生及安全检查表"，并对检查结果予以签认，检查结果于次日在宿舍公告栏上予以公布。

（3）每月月末由检查小组全体成员（宿舍长要求10名）检查宿舍，填写"员工宿舍内务及卫生及安全检查表"，并对检查结果予以签认。

（4）月末检查成绩占60%，周检的成绩占40%，将月检和周检的分数合计，分数列于前3位的被评为该月的文明宿舍。分数位于后三位的被评为该月的最差宿舍。此项结果的得出由月检全体工作人员共同执行并签认。

4.8.4 奖惩制度。

（1）在每月宿舍综合评比中，得分位于前三名的宿舍，一次性奖励宿舍长5分，奖励其他成员劳动卫生分3分，并颁发"文明宿舍"流动红旗。

（2）得分位于后3名的宿舍，扣除宿舍长工作分2分，扣除其他成员劳动卫生分1分，并给予通报批评。

（3）每月2次位于最后3名的宿舍及每季度位于最后3名的宿舍，都必须更换宿舍长。

（4）宿舍员工在宿舍的表现及宿舍的评比结果将直接与员工评优、评先进及晋职晋级挂钩。

4.9 违纪管理

4.9.1 宿舍员工违纪。

（1）凡违反宿舍日常管理规定，并经宿舍管理员劝告不听的员工，宿舍管理员陈述事实经过，并填写"过失单"→宿舍主管核实，填写处理意见→报行政部经理审批。

（2）对超过三次违反住宿日常管理规定且不听劝告的员工，宿舍管理员可填写"取消员工住宿资格通知单"→宿舍主管核实→行政部经理审批并知会违纪员工所在部门负责人→宿舍管理员通知违纪员工限一周内搬离宿舍（逾期未搬离者宿舍管理员可做强制搬离处理）→宿舍主管将"取消员工住宿资格通知单"存档，并复印一份备案。

4.9.2 管理人员违纪。

（1）管理人员应严格履行工作职责，遵守公司的各项规章制度。

（2）管理人员对宿舍的管理应秉着公平、公正、实事求是的工作作风。

（3）广大宿舍员工应认真监督宿舍管理人员的日常管理工作，对工作不负责等违纪行为可到行政部直接进行投诉，或将资料投递至公司投诉箱。

（4）对投诉事宜，经调查属实，将按公司制度严格处罚。

4.10 退房管理

宿舍退房包括在职员工申请退房、被取消住宿资格员工退房和离职员工退房。

4.10.1 在职员工申请退房。

（1）申请退房的在职员工，填写"在职员工退房单"→所在部门负责人签署意见→宿舍主管签名并注明退房时间。

（2）申请退房员工按退房时间到宿舍收拾行李，退还衣柜钥匙和房间钥匙给宿舍管理员。宿舍管理员验收房间设施，在"在职员工退房单"上注明实际退房时间。

（3）申请退房员工凭"在职员工退房单"将行李搬离宿舍，宿舍门卫收回"在职员工退房单"，注明离开时间后交回宿舍管理员。

（4）宿舍管理员将"在职员工退房单"送宿舍主管处存档。

4.10.2 被取消住宿资格员工退房。

（1）"取消员工住宿资格通知单"经批准后，被取消住宿资格的员工，按"取消员工住宿资格通知单"上所要求的退房时间到宿舍收拾行李，退还衣柜钥匙和房间钥匙给宿舍管理员。宿舍管理员在"取消员工住宿资格通知单"上注明实际退房时间。

（2）被取消住宿资格员工凭"取消员工住宿资格通知单"将行李搬离宿舍，宿舍门卫收回"取消员工住宿资格通知单"，注明离开时间后交回宿舍管理员。

（3）宿舍管理员将"取消员工住宿资格通知单"送宿舍主管处存档。

4.10.3 离职员工退房。

（1）离职员工持行政部签发的"离职程序表"，到宿舍主管处办理退房手续。

（2）宿舍主管根据"离职程序表"的要求填写"离职员工退房单"，注明退房时间。

（3）离职员工凭"离职员工退房单"按退房时间交还衣柜钥匙和房间钥匙给宿舍管理员。宿舍管理员验收房间设施后，在"离职员工退房单"上签名。

（4）离职员工凭"离职员工退房单"将行李搬离宿舍，宿舍门卫在"离职员工退房单"上注明搬离时间。

（5）离职员工将"离职员工退房单"送交宿舍主管处。

（6）宿舍主管计算该员工当月水电费及其他费用，将扣款情况在"离职程序表"上注明并签名。

4.10.4 凡以上各种人事异动超过退房时间不办理退房手续的，按每天____元的标准计算房租（水电费另计），不足一天按一天计。

4.10.5 退房员工收拾行李时如该宿舍无其他住宿员工，退房员工须将行李存放在门卫处至少一个班时，直至该房间两人以上住宿员工回宿舍后方可取走。

4.11 费用管理

4.11.1 宿舍费用包括水电费（含住宿房间电费、公共区域水电费）。

4.11.2 宿舍公共区域用水、用电所产生的费用由公司方支出；每间宿舍所产生的电费由该宿舍全体住宿员工共同分摊。

4.11.3 住宿所产生的电费由行政部做工资表时从员工应发工资中扣除。

4.11.4 每位员工都要注意节约使用水电，如发现故意浪费现象，按《员工手册》有关规定处理。

| 拟定 | | 审核 | | 审批 | |

12-02　租房补贴管理办法

××公司标准文件		××有限公司 租房补贴管理办法	文件编号××-××-××	
版次	A/0		页次	第×页

1. 目的

为解决员工的住房问题，减轻员工租房负担，提高公司福利水平，特制定本办法。

2. 适用范围

适用于凡因工作关系，经公司调离现住址或本籍地以外县市需租房住宿的员工。

3. 管理规定

（1）凡因工作关系，经公司调离现住址或本籍地以外县市的员工需租房住宿的，由该员工自行申请，经审批核准后开始付租房补贴。

（2）申请租房补贴，须同时符合以下条件。

①申请者为本公司正式员工。

②公司未提供宿舍。

③非本籍地且在公司所在地没有住房的或服从公司调动安排去外市县工作的。

（3）员工配偶在公司所在地有住房的，不得申请租房补贴。

（4）租房补贴按以下标准执行。

单位：元/月

职务	地市级城市	县市级城市
总经理、总经理助理	800	700
经理、副经理、经理助理	700	600
普通员工	600	500

（5）公司引进的特殊人才，其租房补贴标准由总经理办公会审议另行决定。

（6）申请租房补贴的程序。

①员工个人提出书面申请，填写"租房补贴申请表"，所在部门认真审核个人情况后，负责人签字确认。

②提供租房合同复印件、所租房屋产权证复印件等相关材料。

③行政部对申请人基本情况进行复核，确定租房补贴标准。

④财务部凭审核结果随工资按月发放租房补贴。

⑤租房补贴每半年复核一次。

（7）员工在工作所在地购买住房的，在拿到房屋钥匙两个月后停止发放租房补贴。

（8）若员工兼任两个公司岗位的，租房补贴不能重复申请，原则上在先发放工资的公司申请。

（9）个人住房情况应如实填写，并及时向行政部反映住房变化情况，若发现员工弄虚作假，一经查实，将追缴全部补贴金额，并予以全公司通报批评处分。

| 拟定 | | 审核 | | 审批 | |

12-03　员工伙食管理办法

××公司标准文件		××有限公司 员工伙食管理办法	文件编号××-××-××	
版次	A/0		页次	第×页

1.目的

为了提高伙食的整体管理水平，为全体员工提供卫生、放心、舒适、优质的用餐环境与和氛围，维护和确保员工的身体健康，特制定本办法。

2.适用范围

适用于本公司食堂工作人员和在食堂用餐的员工。

3.权责

（1）食堂稽核小组负责食堂的监督管理及员工用餐抱怨的处理。

（2）食堂负责食品安全卫生及食堂的清洁卫生；确保菜品质量及分量满足员工用餐。

（3）用餐者须遵守用餐秩序及用餐卫生，杜绝浪费。

（4）内保负责用餐秩序的维持。

（5）行政人事负责定期用餐人数统计。

4.定义

食堂稽核小组：由各部门主管组成，×××为小组组长，负责食堂日常事务的管理，代表员工意见。

5.作业内容

5.1 食物采购与验收

5.1.1 采购计划制订：食堂相关人员依据食用人数制订合适的食物采购计划；计划须考虑食物量满足用餐要求、公司成本、员工意见反馈。

5.1.2 食物采购。

（1）按照计划进行采购。

（2）严把采购质量关，不得采购霉变、腐烂、虫蛀、有毒、超过保质期或卫生法禁止供应的其他食品。均要保证新鲜卫生，符合食物卫生标准；均在保质期内使用，严禁使用过期食物。

（3）采购主食及副食时要求供货单位提供卫生许可证，采购肉食时要有屠宰证，以便查验，不得采购"三无"产品。

5.1.3 食物验收。

（1）成本文员负责食品的日常验收，要坚持实物验收制度，做好成本核算，做到日清月结。

（2）实施透明采购，成本文员将每天的食品采购清单与饭菜消费情况要做成《每日伙食成本分析》，以便发现问题及时控制。

5.2 食堂工作人员要求

5.2.1 食堂人员上岗要求。

（1）食堂工作人员必须取得《健康证》，持证上岗。

（2）食堂人员必须要有良好的卫生习惯，敬业爱岗精神。

5.2.2 食堂工作人员的卫生要求。

（1）所有食堂工作人员每半年进行一次体检，如不符合条件不允许上岗，体检结果报公司行政部备案。

（2）上岗工作人员必须穿戴整齐、统一着装、外表整洁美观；严禁穿拖鞋、赤膊、衣冠不整等拖沓和不文明行为。

（3）上岗的工作人员严禁戴首饰及任何形式的手部美容、化妆存在（残留）；严禁留长指甲，同时保证指甲的健康和清洁卫生、无深色甲垢。

（4）严禁手部染恙（灰指甲、冻伤龟裂、发炎、上药包扎的创伤等）者上岗。

5.2.3 食堂工作人员的工作要求：食堂工作人员在提供服务时应温和、文明、礼貌，同时也有权对违规的就餐员工提出批评建议，但不得在任何地方以任何形式和员工争执，如果有争议，应向食堂稽核小组报告处理。

5.3 食物卫生要求

5.3.1 食堂库房整齐清洁、分类存放、防鼠防潮。

5.3.2 不使用过期伪劣的食品和调味品。

5.3.3 不混放或混切生熟食物。

5.3.4 食品存放冰箱、冰柜尽量不要超过48小时，严禁供应隔夜饭菜。

5.4 环境卫生规定

5.4.1 每次就餐完毕，食堂工作人员应立即整理、清洗炊具、水池，擦拭餐桌、餐椅、灶台和工作台，打扫地面残渣，特别是晚餐后的工作绝对不能过夜。

5.4.2 冰箱、物品柜、食物储存间等不得摆放无关杂物。冰箱内的物品应隔离、分区存放，防止串味；物品柜、食物储存间应经常整理，保持清洁，不得放置与工作无关的私人物品。

5.4.3 每周的星期天应对厨房、餐厅的地面、桌椅、灶台、工作台、水池、橱柜、餐柜、炊具等进彻底整理和清洁；每月的第一个星期日内应对食堂的门窗、墙面、墙角、天花板、换气扇等进行彻底清洁。

5.4.4 食物残渣、垃圾等应每天清理，保持周围环境卫生，防止蚊蝇滋生。

5.5 员工就餐要求

5.5.1 就餐时间：员工食堂每日供应两餐，根据公司实际情况，员工早餐自备。

5.5.2 员工就餐要求。

（1）公司实施凭卡就餐制度，用餐时员工必须自觉出示饭卡，主动配合保安的划卡管理，无饭卡者食堂有权拒绝供餐。

（2）饭卡遗失者需及时到行政部补办。

（3）就餐者必须严格遵守就餐纪律，排队打饭，不许插队。

（4）就餐者必须做到节约和自律，根据自己的实际情况适量打取饭菜，不许故意多打多倒造成浪费。多打多倒，第一次警告，第二次可提报处罚。

（5）就餐时必须做到文明就餐，在餐厅内不准乱丢烟头、垃圾，不准随地吐痰，不准往餐厅地面泼水，不准大声起哄、吵闹，不准故意刁难厨房工作人员。

（6）员工用餐完毕，应将桌面清理干净，残羹剩饭、骨头应倒入潲水桶，不得倒入洗碗池内。餐具、碗筷洗净后放到指定的地方。

（7）用餐者一律服从餐厅管理和监督，爱护公物，爱护餐具，讲究道德，讲究文明，不准把公司餐具带出食堂或占为己用。

（8）不准随便进入厨房，更不准私自翻越厨房窗户进入厨房或者自行动用厨房的任何物品加工食物，违者重罚。

（9）不准穿拖鞋、睡衣、背心、短裤进餐厅就餐。

（10）为确保宿舍卫生，不准将食堂饭菜带到宿舍用餐，有病者须事先知会行政部确认方可。

（11）按时用餐，如有特殊原因需提前或延后就餐者，应由部门主管提前通知行政部或厨房。

5.6 夜宵申请和管理

5.6.1 夜宵申请。

（1）员工因工作需要加班至夜间零点以后的可由部门主管向行政部申请夜宵。

（2）为方便管理，正常情况下当晚夜宵申请需在下午下班前提报，特殊情况需至少提前两小时向行政部报备。逾时恕不受理。

5.6.2 夜宵管理。

（1）员工一律凭夜宵券享用夜宵。无夜宵券者厨房有权拒绝供餐或让其延后用餐。

（2）"夜宵申请单"必须由申请部门主管和行政部门负责人同时签名。夜宵标准以《借用及报销管理办法》的相关规定为准。

（3）夜宵一般由厨房煮食，特殊情况下可安排外购或支付补贴。

5.7 供餐管理

5.7.1 公司员工供餐管理。

（1）食堂为所有有需要的员工提供中、晚两餐工作餐，要求在规定的开餐时间内保证供应，并保热、保鲜，以使员工在岗位上能保持良好的工作状态。

（2）食堂拟定每周饭谱，尽量使一周内每日饭菜不重样，按饭谱做好充足的准备，饭菜要讲究色、香、味、形并严格操作规程。

（3）食堂工作人员要热情、礼貌地接待员工用餐。对特殊口味的员工，比如吃辣的，要另外备有专门制作的豆豉辣椒备用。

5.7.2 外来人员供餐管理。

（1）为与公司有业务关系的人员提供的用餐统称工作餐。凡申请公司食堂提供工作餐的，相关部门主管须事先向行政部填报联络单，并领取免费"来宾工作餐券"，由接待部自行引领至行政部领用免洗餐具就餐。

（2）公司原则上不安排员工家属在公司食堂用餐，员工家属因特殊情形申请在公司食堂就餐的，由其亲属先在行政部门申请办理家属餐卡，公司按每餐____元的标准扣除申请人伙食费。

5.8 食堂日常管理

5.8.1 日常稽核。

（1）依据上述食堂要求，每天由一位食堂稽核小组人员对食堂日常事务进检查。

（2）检查时发现的不符合项，要求及时改善，必要时须提供书面改善报告。

5.8.2 抱怨的提出及处理。

（1）员工对用餐有抱怨时，以口头或书面的形式进行反馈，口头方法：向食堂稽核人员诉说。书面方法：投意见信。

（2）食堂稽核人员收到投诉后，必须在3个工作日内处理完，对于书面投诉，须给出书面处理结果，张贴于公告栏。

6.相关表单

（1）来宾工作餐券。

（2）夜宵申请单。

拟定		审核		审批	

12-04　餐费补贴管理办法

××公司标准文件		××有限公司 餐费补贴管理办法	文件编号××-××-××	
版次	A/0		页次	第×页

1. 目的

为进一步规范公司餐费补贴管理流程，维护员工的公平利益，结合公司现阶段的管理要求，特制定本办法。

2. 适用范围

适用于公司全体员工。

3. 职责

（1）公司全体员工：应严格遵守本办法关于餐费补贴管理的相关规定。

（2）行政部职责：负责全体员工餐卡的及时发放、补办、销卡。

（3）财务部职责：负责按照本办法相关规定对员工餐卡进行餐补充值，回收并核算离职员工餐卡余额。对不符本办法规定而出现的误充值、漏发、离职超额消费等情况，有权追究相关人员在3个工作日内退还相应餐费补贴，超过3个工作日内未退还的，及时向行政部反映。针对个别员工因自带餐，卡内留存餐费余额较多情况，可依员工需求提供提现服务。

（4）行政部：负责按照本办法严格核实公司全体员工的餐费补贴发放情况，对违反相关规定的情况，一经核实，有权在次月应发工资中扣除相应餐费补贴。

4. 餐费补贴管理办法

（1）凡与公司签订劳动合同的员工均有权享用公司＿＿元/月的餐费补贴。

（2）本月10日之前入职员工，员工卡餐费首次充值可按满月充值即充值额度为＿＿元；本月10日之后入职员工，员工卡餐费首次充值按当月剩余工作日天数充值，即充值额度为＿＿元/日×本月剩余工作日天数。

（3）本月离职员工，应在实际离职日退还员工卡，卡里餐费余额不得低于以"××～××元/日×本月实际出勤天数"公式计算所得金额。

（4）休年假、事假、产假、婚假、病假、丧假等连续超过5天及以上假期的员工，公司将不予发放休假期间的餐费补贴。

（5）长期驻外或出差的员工，因已享用公司驻外、出差等相应补贴，公司将不予发放驻外或出差期间的餐费补贴。

拟定		审核		审批	

第13章 卫生环境管理制度

本章阅读索引：

- 环境卫生管理办法
- 卫生与环境管理制度
- 办公室卫生管理制度
- 厂区环境卫生管理制度

13-01 环境卫生管理办法

××公司标准文件		××有限公司 ×××管理制度/工作程序	文件编号××-××-××	
版次	A/0		页次	第×页

1. 目的

为了加强对环境卫生工作的长效管理，坚持不懈地做好企业文明卫生创建工作，营造清洁、卫生、文明、优美的工作和生活环境，塑造良好的企业形象，增进员工的身心健康，根据企业原有环境卫生管理制度、文明卫生规划及相关管理规定，特制定本管理办法。

2. 环境文明卫生标准

全公司的环境文明卫生，包括生产车间、办公场所、道路、食堂、浴室、宿舍、厕所、绿化等方方面面，分别制定标准如下。

2.1 生产车间

生产现场环境保持文明整洁，做到"五定、四清、四无、一直线"和"三不落地""二不进车间"。五定，即生产现场清整洁工作"定时间、定工具、定人员、定周期、定检查"；四清，即高空清、地面清、机台清、四角清；四无，即高空无挂花、机台无积花、地面无杂物、车间无死角；一直线，即车间内各种半成品、车辆、工具箱、容器、器材等实行定置管理，按规划就位，成线排放；三不落地，即保养机（配）件、工具、机油不落地；二不进车间，即与生产无关的物件不进车间，与生产无关的人员不进车间。

2.2 科室（车办室）内

做到"七无、一明、一齐"。七无，即室内无蜘蛛网、灯管灯罩无积尘、墙壁无灰尘、地面无痰迹、台上无杂物、橱顶无积灰、镜框无灰尘；一明，即玻璃明亮；一齐，即办公用具排列整齐。

2.3 道路

做到"七无、一通、一清"。七无，即道路无落棉、无积花、无纸屑、无垃圾、无杂物、无积水、无违章堆放的机件和建筑材料;一通,即厂内通道平整畅通;一清,即建筑垃圾由技发部负责及时出清。

2.4 食堂(餐厅)

做到"六无、两全、一规范"。六无,即灶台清洁无油污杂物,操作间清洁无蚊蝇,台凳清洁无汤水剩饭,地面清洁无垃圾污渍,门窗清洁无灰尘破洞,洗碗池清洁无回丝回条剩饭剩菜;两全,即"三证"齐全、消毒设施齐全;一规范,即所有食品符合《食品卫生法》规范要求。

2.5 宿舍

做到"四无、一齐、一静"。四无,即四周无蜘蛛网,室内无杂物,地面无垃圾,门净窗亮无积灰;一齐,即生活用品排列整齐美观;一静,即宿舍区保持安静。

2.6 浴室

做到"七无、三禁、一通"。七无,即淋浴处地面和浴池壁无积垢,更衣室地面及四角无垃圾杂物,无蜘蛛网,坐凳无积灰,便器无臭味,衣柜盖板完好无缺,衣柜内无杂物;三禁,即禁止在浴室内随地大小便,禁止在浴室内洗衣服,禁止性病和传染性皮肤病患者入浴池;一通,即下水道畅通。

2.7 厕所

专人打扫,做到"七无、一通、一明"。七无,即高空无蜘蛛网,便池无蝇蛆,四角无积尘,地面无废报纸和垃圾,无烟头,无痰迹,室内无臭气;一通,即粪便槽畅通;一明,即窗户玻璃明亮。

2.8 室外

做到"五无、一通、一净"。五无,即屋面无杂物、地面无垃圾、绿化带和通道无机件和杂物、四周无死角、空地无杂物;一通,即阴沟疏通;一净,即垃圾箱、痰盂每天出清倒净。

3. 管理和创建措施

3.1 加强宣传教育

在全公司形成"环境卫生,人人有责"的良好氛围。

3.1.1 充分利用广播、《××报》、黑板报、画廊等舆论工具,大力宣传环境卫生的法律法规、本企业的规章制度、环境卫生标准以及公民道德行为规范。

3.1.2 在宣传教育过程中,各分厂、部门要突出公司员工"十不"规范教育,即不随地吐痰,不乱丢瓜皮、果壳、纸屑,不乱倒垃圾,不乱扔废旧机(配)件和杂物,不乱涂、乱贴、乱画,不采花摘果,不破坏绿化,不破坏宣传设施,不乱倒剩饭剩菜,不在宿舍区喧哗。提倡文明卫生行为,对脏、乱、差等不文明行为要敢于批评教育。

3.1.3 对一些严重损害企业形象的丑恶行为要及时揭露曝光。通过宣传教育，进一步增强员工的文明卫生意识，人人参与创建活动，个个争做文明员工。

3.2 明确职责，强化管理

3.2.1 全公司的环境文明卫生管理，在总体上必须坚持"谁的区域谁包管，谁污染谁清理，员工不良行为由主管者负责"的原则。

3.2.2 公司办公室作为环境卫生管理的职能部门，每年要制定文明卫生创建规划，并持之以恒抓好落实。建立完善全公司范围内的卫生包干区管理网络，厂内通道、办公大楼楼梯、门厅及道路由专职环卫工人打扫。

3.2.3 公司办公室下属环卫人员每天要高标准、高质量地做好环境卫生工作，确保上述区域以及分管范围绿化带、厕所、垃圾箱的清洁卫生。各部门室内外的环境卫生由本部门负责清扫干净。

3.2.4 公司办公室要做好各部门卫生包管区的调整、划分工作，明确责任，加强监督。

3.2.5 各分厂、部门要认真执行公司环境卫生管理制度，把环境卫生纳入各自正常管理内容中，认真落实"门内达标，门前四包"责任制（门内达到规范要求，门前包墙壁清洁，包地面干净，包窗户明亮，包无杂物堆放），做到文明生产、文明办公。

3.2.6 各分厂、部门每天清扫的垃圾必须入箱，生活垃圾由环卫组负责，垃圾清运工每天必须将公司所有垃圾箱清理打扫一次，做到日产日清，确保厂区环境整洁卫生。要突出抓好各种施工现场的环境卫生工作，技发等部门在与施工单位洽谈施工合同时，要将施工现场的保洁工作列入合同，确保施工中不污染周围环境，施工完要及时清理施工现场，交付的项目要干干净净。对施工单位不及时清理或清理不达标的由公司组织清理，费用在工程款中扣除。

3.3 做好企业的环境保护

3.3.1 严格执行《环境保护法》，技术发展部要认真做好厂区生活污水处理、监测、排放，确保污水及时排放，不积水发臭。

3.3.2 积极采取有效措施降低车间噪声，使噪声检测达标。

3.3.3 要加强厂区、生活区下水道、化粪池的管理与疏通，使之保持正常排放，不污染环境。

3.4 抓好食堂、餐厅的清洁卫生工作

3.4.1 食堂、餐厅是企业文明卫生的重点部门，也是企业的窗口，必须严格执行《食品卫生法》和内部的卫生管理制度。

3.4.2 ××公司要加强食堂卫生的检查、监督和考核，督促炊事人员做好食堂卫生，尤其是食品卫生，不买不卖腐烂变质食品，按规定做好炊具、餐用具、碗筷的消毒工作，杜绝病从口入和食品中毒事故。

3.4.3 卫生所作为企业的卫生部门有责任加强对食堂、餐厅的监督与检查。

3.5 开展环境卫生专项整治

3.5.1 重点抓好"脏、乱、差"及卫生死角的治理。

3.5.2 废棉处理运输过程中的落棉，以及各车间对外排放的除尘棉和飞花，对厂区路面及车间周围环境影响较大，各分厂、储运部、技发部要针对各种污染源由各自部门、分厂采取相应措施整治，确保路面无落棉和飞花。

3.5.3 要抓好集体宿舍和生活区的环境卫生，与市环卫部门、居委会及邻近村队加强联系，齐抓共管做好社区的清洁卫生工作，所有员工严禁向室外乱倒乱扔杂物。

3.6 配合市爱委会、辖区居委做好除"四害"工作。

3.6.1 每年在全公司范围内开展两次灭鼠、灭蝇、灭蚊、灭蟑活动。

3.6.2 专业环卫人员要负责做好生产区、生活区药物的布撒和灭杀工作。

3.6.3 ××公司要督促食堂配备和完善隔蝇的纱窗、纱门，还要做好"四害"的灭杀工作，使本公司的除"四害"工作达标。

3.7 加强绿化管理

3.7.1 经过近几年的努力，全公司新、老厂区的绿化已形成规模和特色，树木、花草长势较好，要及时做好养护管理工作，确保新厂区绿化带树木、花草旺盛生长。

3.7.2 各部门要教育员工爱护公司的一草一木，保护绿化。

3.7.3 对尚未完工的地块，要抓紧在绿化季节内完成。

3.7.4 环卫绿化人员要适时做好树木花草修剪、治虫、除草工作，精心养护，科学管理，减少病虫害，努力降低树木的死亡率。要根据季节做好盆花、草花的培育，提高暖房的利用率，动脑筋、想办法，保证四季有鲜花，确保公司各种会议、活动的环境布置需要。

3.8 加强废品回收工作

各类废旧物资乱堆、乱放、乱丢，不仅影响环境整洁，也造成了不应有的浪费。

3.8.1 各分厂领用机（配）件，必须严格按照公司《物资管理规定》的要求，实行"以旧换新"。

3.8.2 各分厂小改小革废旧配件、废旧物品及各类包装箱必须送到废品仓库，由物供部、储运部负责定期处理。

4. 检查与考核

4.1 三个方面的检查

环境文明卫生工作抓一朝一夕并不难，难在持之以恒。为了抓好长效管理，提高全体员工的文明素质，保证环境始终处于卫生、整洁、优美状态，必须加强检查与考核力度，坚持三个方面的检查相结合。

4.1.1 各分厂（部门）自查。各分厂（部室）、工段、班组要对照环境文明卫生的标准，认真自查，自我整改。对自查中发现的屡教不改的员工，要列入日常管理考核。

4.1.2 有关职能部门专职查。公司办公室重点对全公司除生产车间以外区域的环境卫生情况进行管理和检查考核；公司技术发展部、综合检查办公室重点对生产车间的现场管理、文明生产情况进行检查考核；公司人事保卫部重点对车棚、集体宿舍、浴室的文明卫生情况进行管理和检查考核。各有关职能部门要将日常检查与突击抽查相结合，检查中发现的问题及时反馈给各分厂（部门）整改，同时将每月的检查情况进行汇总，提交公司综合检查考核工作领导小组，按有关规定对分厂、部门进行考核。

4.1.3 公司文明创建环境建设工作组和爱卫会组织督查。创建工作组和爱卫会每月组织开展一至两次活动，对全公司的环境文明卫生情况进行检查，有关情况反馈给公司文明创建工作领导小组和综合检查考核领导小组，对有关分厂、部门进行考核奖惩。

4.2 检查内容及标准

4.2.1 各部门办公室内卫生要做到窗明几净，干净整洁。

（1）机械设备、桌椅、计算机、办公用品等要整洁光亮。门窗、门楣、隔断板、窗帘等要整洁，无乱涂乱画，无积灰、污迹、蜘蛛网或者其他污物等。

（2）物品摆放要整齐有序。花卉、各种茶具等物品摆放有序；办公室桌面、卷柜里面、茶几上面不准乱摆放、乱堆积书刊、报纸等杂物，该归档的要归档，临时使用的文件材料要归放在文件框、夹、柜内，不许随意摆放。

（3）室内空气流通、清新、无异味；不得从楼上向楼下扔弃物品，不得随意弃置废物。

4.2.2 要维护、保护好公用卫生设施，树立良好形象。

（1）职工食堂卫生要达到××局（公司）食堂卫生安全管理制度规定标准；各种餐具按照规定进行卫生消毒处理。

（2）电梯、走廊、楼道内无痰迹、水渍、污渍、烟头、纸屑等杂物；墙壁、顶棚、挡板、楼道扶梯等无积灰、污迹、蜘蛛网和其他污物等。

（3）卫生间室内设施和工具完好无损，摆放有序、干净整洁。洗面台面无水渍、头发等污物；地面无积水或者烟头、纸屑等杂物；便器及时冲刷，无污垢、杂物、积粪、粪疤、尿碱。

4.2.3 落实责任，做好室外卫生。

（1）庭院绿化定期剪修，无杂草、落叶。

（2）车辆摆放整齐，尾部统一朝一个方向，停放在指定位置。

（3）前庭后院公共区域应当分区并落实好责任人，及时清扫，不得有烟头、纸屑、落叶等杂物。

| 拟定 | | 审核 | | 审批 | |

13-02　卫生与环境管理制度

××公司标准文件		××有限公司 ×××管理制度/工作程序	文件编号×× -×× -××	
版次	A/0		页次	第×页

1.目的

为维护员工健康及工作场所环境卫生与秩序，特制定本制度。

2.适用范围

适用于公司所有办公区域及员工集中生活区，公司全体员工及相关部门须一律遵照执行。

3.管理细则

3.1　办公区域的卫生管理

3.1.1　各工作场所内，均须保持整洁，不得堆放垃圾、污垢或碎屑。

3.1.2　各工作场所及走道、阶梯等，至少每日清洁一次，并采用适当方法减少灰尘的飞扬。

3.1.3　垃圾、废弃物、污物的清除，应符合卫生要求，放置于指定的范围内。

3.1.4　各工作场所内，严禁随地吐痰。

3.1.5　饮水必须卫生清洁。桶装矿泉水及纯净水在开封使用之前，由行政部后勤专员负责检查其出厂日期，并在桶上用标签进行标注，开封后的矿泉水及纯净水饮用时间一般不能超过5天，过期的桶装水须及时撤换。

3.1.6　洗手间、更衣室及其他卫生设施须有专人负责清理，保持清洁。

3.1.7　污水排水设施应经常清除污秽，保持清洁畅通。

3.1.8　办公区域须保持空气清新，对复印机等可能产生有害物质的办公设备应放置在通风良好处，必要时应加置强排风设备。

3.1.9　公司准备应急药品（如感冒、腹泻、外伤等应急药品），由行政部后勤专员保管，以供员工应急使用。

3.1.10　各工作场所的采光应满足下列要求。

（1）各工作部门须有充分的光线。

（2）光线须有适宜的分布。

（3）光线须防止眩目及闪动。

3.1.11　各工作场所的窗户及照明器具的透光部分，均须保持清洁。

3.1.12　凡阶梯、升降机上下处及安全通道，均须有适度的光线。

3.1.13　各工作场所须保持适当的温度，并根据不同季节予以调节。

3.2　员工集中生活区域的卫生管理

3.2.1　食堂：卫生管理按《食堂管理制度》中的规定执行。

3.2.2 员工宿舍（包括员工活动室）。

（1）个人寝具、被褥起床后须摆放整齐。

（2）严禁在宿舍吸烟。

（3）个人物品应摆放有序，不得随意乱放。

（4）洗晒衣物须按指定地点晾晒。

（5）电视机、收音机的音量适度，不得过大，以免妨碍他人休息。

（6）生活垃圾应放入垃圾筒内，并及时清理。

（7）宿舍内卫生由住宿人自行清理。

（8）员工宿舍内严禁饲养宠物。

3.2.3 公共区域卫生要求参照办公区域卫生管理相关要求执行。

3.3 办公环境管理

3.3.1 办公环境是公司职员进行日常工作的区域，办公区内办公桌及文件柜由使用人负责日常的卫生清理和管理工作，办公区内办公桌面、文件柜、地面及其他区域由保洁公司人员负责打扫，行政部负责检查监督办公区环境卫生。

3.3.2 办公区域内的办公家具及有关设备不得私自挪动，办公家具确因工作需要挪动时必须经行政部的同意，并作统筹安排。

3.3.3 办公区域内应保持安静，不得喧哗；不准在办公区域内、过道及车内吸烟；不准在办公区域内就餐；办公区域内不得摆放杂物。办公桌面要求如下。

（1）上班时，办公桌面除计算机、电话、文具及正在处理的文件、专业工具书外，不许摆放其他与工作无关的物品。

（2）下班时，办公桌除计算机、电话等公司集中配置的办公设施外，其他一切物品均属保洁公司清理的范畴。

（3）屏风与墙壁上不许张贴和悬挂任何物品及纸张。

3.3.4 行政部负责组织相关人员在每周五对办公区域的卫生和秩序进行检查，并于下周一例会上公布检查结果。检查结果作为部门绩效考核的参考因素之一。

3.4 处罚

3.4.1 违反"3.1.4"条款者，每发现一次给予罚款人民币____元。

3.4.2 违反"3.2.2第（1）、（3）～（6）"条款者，第一次给予口头警告，第二次给予会议批评，第三次给予纪律处分。

3.4.3 违反"3.2.2第（2）"条款者，每发现一次给予罚款人民币____元。

3.4.4 违反"3.3.3"条款者，按情节给予人民币____元的罚款。

4. 相关记录

（1）卫生状况检查表。

（2）办公环境状况检查表。

| 拟定 | | 审核 | | 审批 | |

13-03　办公室卫生管理制度

××公司标准文件		××有限公司 办公室卫生管理制度	文件编号××-××-××	
版次	A/0		页次	第×页

1.目的

为营造规范、宜人的办公环境，保持办公场所的整齐、洁净，增强员工对公司的责任感和归属感，推进公司日常工作规范化、秩序化，树立公司形象，特制定办公室卫生管理制度。

2.适用范围

适用于本公司办公区域的卫生管理。

3.管理规定

3.1　整体要求

3.1.1　办公室人员每日提前到达办公室，按照卫生清扫及物品摆放标准进行卫生清扫及物品整理等，要求在9:00前清理完毕。

3.1.2　员工下班后，须及时关闭门窗、各类电源开头、水龙头等设备，以防安全隐患和资源浪费。

3.1.3　办公室卫生划分为个人、公共两大区域。

（1）个人区域范围：员工个人办公及相关区域（如办公桌及地面、桌面物品、花草等），其卫生由所属员工自行管理、清扫。

（2）公共区域范围：除个人区域以外的公共卫生及相关区域（如公共地面、公共家具、会议室、卫生间、总经理办公室等），实行每日轮流值日制度，行政部每月底制定次月"卫生值日表"，办公室人员按照值日表进行卫生清扫、整理。

3.2　卫生清扫及物品摆放标准

3.2.1　地面：干净光洁，无瓜果皮、纸屑、其他杂物，无水迹、污渍。

3.2.2　家具：表面整洁干净，无污迹、无尘土，摆放整齐。

3.2.3　墙壁及天花板：干净，无污迹、灰尘，无蜘蛛网。

3.2.4　卫生间：保持通风、空气清新、无异味；台面、洗手盆、镜面等清洁光亮，无污物、水迹；马桶及坐垫内外要求保持干净，无黄垢、无毛发、无杂物、光亮白洁。

3.2.5　门窗：边框干净，无尘土、无水渍、无污渍等，窗帘干净，悬挂整齐。

3.2.6　饮水机：机身干净、无污渍，出水口处干净无污点；水槽内无污水、残渣并干净整洁。

3.2.7　垃圾篓：垃圾日产日清，垃圾篓内外壁要保持无污迹。

3.2.8　物品摆放：各类家具及物品摆放整齐；各类物品、书籍、资料等分类摆放整齐，不乱堆乱放；办公室物品使用完毕后需及时归放原处，保证物品摆放整齐、美观。

3.2.9 花草养护：要求定时浇水养护，保持水分充足，并随时清理枯叶。

3.3 卫生大扫除

3.3.1 办公室实行每周卫生大扫除制度，全体员工必须参加。

3.3.2 卫生大扫除时间：每周六下午5：00。如员工因特殊原因无法参加，需提前通知当日办公室负责人，经其同意后，方可不参加。

3.4 检查制度

3.4.1 办公室卫生实行每天检查制，如在检查过程中发现卫生打扫不达标者，作如下惩处。

（1）初次卫生不达标者，责令其重新打扫，并进行复查，如仍不达标，在原基础之上，责令其连续3天打扫整个办公室的卫生。

（2）出现以下情况，将对责任人进行5～30分扣分处理。

①多次卫生打扫不合格者或未打扫卫生者。

②窗户、计算机、开关、打印机、空调、水龙头等未关闭，造成安全隐患和资源浪费者。

③不服从主管人员工作安排者。

④出现的其他类似情形。

此扣分直接和经济挂钩，每1分为＿＿元。

3.4.2 惩处说明。

（1）规定本惩处目的是监督、促进工作。

（2）违反规定时，员工签收罚款通知书，月底随考勤一同交至行政部。

| 拟定 | | 审核 | | 审批 | |

13-04　厂区环境卫生管理制度

××公司标准文件		××有限公司 厂区环境卫生管理制度	文件编号××-××-××	
版次	A/0		页次	第×页

1. 目的

为了加强本公司生产、办公环境的卫生管理，创建文明、整洁、优美的工作环境，特制定本制度。

2. 适用范围

本制度适用于全厂生产、办公环境卫生设施的设置、建设、管理、维护和环境卫生的清扫保洁、废弃物收运处理以及食堂的卫生管理。

3. 权责部门

（1）凡在本公司工作的员工和外来人员，均应遵守本制度。

（2）行政部为厂区环境卫生管理的职能部门，负责厂区的环境卫生管理工作；其他各有关部门、车间班组都应当按照各自的职责，做好厂区的环境卫生工作。

（3）环境卫生设施的开支经费由行政部提出计划，经总经理审批签字后，上报公司采购。

（4）公司所有员工都应提高环境卫生意识，养成良好的环境卫生习惯。

（5）环境卫生清扫保洁人员应当认真履行职责，文明作业。任何人都应当尊重环境卫生工作人员的劳动。

（6）员工工作区域（如办公室桌面，生产线工作台面等，统一使用的公共区域除外）的清扫保洁工作，由使用者负责。

4. 管理规定

4.1 办公楼、厂区公共区域各车间各部门清洁区域划分

4.1.1 办公楼一楼内外、二楼公共区域（包括×总、×经理办公室等）、三楼各办公室及公共区域、四楼品酒室及公共区域、厂区公共区域（包括主次干道地面、垃圾桶、路灯、厂区外宣传公告栏、办公楼卫生间、厂区绿化带等）的保洁及维护，由行政部安排保洁人员负责；其余各部门办公室的清洁卫生由各部门自行安排人员负责打扫及维护。

4.1.2 办公楼各部门应当按照行政部划分的卫生责任区，负责清扫与维护。

4.1.3 临时占用道路或场地工作的各部门、各车间需负责占用区域和占用期间的清洁卫生。

4.1.4 包装车间负责环境卫生区域为包装车间内外地面、门窗、机械设备等，以及办公室内外、卫生间、包装车间外围排水沟；机修班负责清洁区域为机修办公室及机修库房内外。

4.1.5 采购部负责环境卫生区域为办公楼二楼采购部办公室及包装车间二楼包材库房。

4.1.6 物流部负责环境卫生区域为物流部办公室内外、成品仓库内外及成品库外围排水沟和叉车充电处。

4.1.7 勾贮中心负责环境卫生区域为酒库内外及酒库外围排水沟。

4.1.8 酿酒中心负责环境卫生区域为车间、办公室、洗手间及酿酒车间外围排水沟。

4.1.9 食堂负责环境卫生区域为食堂内外的清洁。

4.1.10 安保部负责环境卫生区域为值班室、消防控制室内外及厂区大门口范围。

4.2 环境卫生的管理标准

4.2.1 禁止在厂区内公共场地倾倒、堆放垃圾，禁止将卫生责任区内的垃圾扫入道路或公共场地，禁止在厂区内焚烧垃圾和树叶，禁止随地吐痰和乱扔果皮、纸屑、烟头及各种废弃物。

4.2.2 公共走道及阶梯，至少每日清扫一次，并须采用适当方法减少灰尘的飞扬。偏僻地段，做到无垃圾、无积水、无死角的前提下每周至少清扫一次。

4.2.3 排水沟应经常清除污秽，保持清洁畅通。

4.2.4 卫生间、更衣室及其他公共卫生设施，必须保持清洁，做到无异味、无污秽。

4.2.5 禁止在建筑物墙面内外随意张贴各种海报、标语及广告宣传品等纸画（公司统一安排的除外）。

4.2.6 车辆须按公司规定的区域和位置停放车辆，严禁乱停放车辆。

4.2.7 行政部需定期安排对卫生间及厂区排水沟等场所实施药物喷洒，杀灭蝇蛆。

4.2.8 厂区的树木、花草须加强养护和整修，保持鲜活完好，不准损毁、攀摘或向绿化带抛弃垃圾，不准利用树木晾晒物品。

4.2.9 各部门要建立每日轮流清扫卫生的制度，当日轮值人员有事外出，由次日轮值人员顶替值勤，依次类推。

4.2.10 卫生总要求：员工衣着整洁，地面干净无纸屑，地沟干净无杂物、桌柜无杂物、门窗干净，墙面墙角无蜘蛛网，设备整洁，物料堆放整齐，工具摆放整齐。

4.2.11 办公区域不准许随便存放垃圾，应及时把垃圾倒入垃圾桶内，如垃圾桶装满需及时更换新垃圾袋并把垃圾放置在厂区后大门处的环卫车内。

4.2.12 办公室内办公用品等摆放整齐有序，不得存放与工作无关的物品，个人生活用品应放在固定的抽屉和柜内。

4.3 废弃物收运与管理

4.3.1 行政部派人负责厂区卫生设施的保洁、维护，如有其他部门在厂区内发现有垃圾时请及时和行政部联系。

4.3.2 在厂区内运输垃圾和废弃物时，不得洒落和抛撒，如有洒落和抛撒，保洁人员必须及时清扫干净。

4.4 卫生设施与工具的管理

4.4.1 公共厕所和卫生工具（扫把、拖布等）的设置与管理，应当依据办公室的相关规定，由各车间各部门负责人负责。

4.4.2 任何部门和个人不得擅自在道路旁或门前放置各类垃圾容器。

4.4.3 设置在各部门和办公室的垃圾桶等工具，部门和个人有责任及义务协助做好维护工作，不丢失、不人为损坏。

4.5 食堂的卫生管理

4.5.1 认真贯彻中华人民共和国《食品卫生法》。

4.5.2 食堂的环境卫生、个人卫生，由安保部经理督导，明确每一个人的岗位职责，分餐人员必须身着工作服、帽子、口罩等，工作服要求干净整洁。

4.5.3 食堂操作间和设施的布局应科学合理，避免生熟工序交叉污染。

4.5.4 操作间及其环境必须干净，每餐清扫，保持整洁，每周彻底大扫除一次。

4.5.5 食堂门窗、纱窗无灰尘、油垢，玻璃明亮；墙壁、屋顶经常打扫，保持无蜘蛛网、无黑垢油污。

4.5.6 食堂的灶台、工作台、放物架等应洁净，无油垢、污垢和异味。

4.5.7 各种餐具、用具（大小塑料菜筐、调料盆等）要放在固定位置，摆放整齐，清洁卫生，呈现本色。

4.5.8 炒菜、做饭的锅铲、铁瓢等工具一律不许放在地上或挪作他用。

4.5.9 各种蔬菜加工时，必须严格按照"一摘、二洗、三切配"的程序进行。

4.5.10 凡洗完的各种蔬菜，不得有泥沙、杂物，用干净菜筐装好，存放在架上，不允许中途落地。

4.5.11 已做好等待食用的菜肴、米饭，加盖防蝇、防尘罩。

4.5.12 供给直接入口的食品必须使用工具，不得用手直接拿取食品。

4.5.13 食堂的盆、碗、盘、碟、杯、筷等餐具都要实行严格的清洁制度，使用中的餐具必须每天消毒。消毒程序必须坚持"一洗、二清、三消毒"。

4.5.14 食堂采购的原材料必须新鲜，存放的环境应通风、干燥，避免霉变。严禁使用过期或变质的原材料和食品。

4.5.15 炊事用具必须生熟分开，生、熟菜板应有区别标识。冰箱中存放的食品必须生、熟分开。冰箱要求清洁、无血水、无臭味，不得存放私人物品。

4.5.16 遵照办公室有关灭鼠、灭蝇、灭蟑螂的安排和实际情况，按照技术要求在食堂内喷洒药水等，做到无蝇、无鼠、无蟑螂。

4.6 奖罚

4.6.1 由各车间、各部门抽调一名员工成立卫生检查小组，每月月初第一周的周一定期对车间、各部门办公室及厂区公共区域进行卫生抽查，以促进公司的环境卫生质量不断提高，本年度如有受到下条规定处罚的员工年底不予参与优秀员工等评选。

4.6.2 本制度规定，有下列行为之一者，给予经济处罚，并由行政部责令其纠正违规行为，采取整改措施，情节严重不思悔改者开除。

（1）随地吐痰，乱扔果皮、烟头、纸屑及废弃物，扣除绩效工资50元。

（2）垃圾不装袋、不入桶随意弃置的，扣除绩效50元。

（3）使用公共区域后未及时清理打扫，影响厂容和环境卫生的，扣除绩效工资50元。

（4）故意损坏环境卫生设施的，扣除绩效工资50元。

（5）不履行环境卫生责任区清扫保洁义务，影响环境卫生的，扣除绩效工资50元。

| 拟定 | | 审核 | | 审批 | |

第14章 安全管理制度

本章阅读索引：

- 治安保卫管理制度
- 保安管理制度
- 识别证管理办法
- 门卫管理制度
- 厂区出入管理规定
- 消防安全管理制度
- 消防安全应急预案

14-01 治安保卫管理制度

××公司标准文件		××有限公司 治安保卫管理制度	文件编号××-××-××	
版次	A/0		页次	第×页

1. 目的

为了规范公司内部治安保卫工作，保护公司财产和人员生命安全，维护公司的工作、生产、经营秩序，特制定本制度。

2. 适用范围

本制度适用于公司范围内治安保卫工作的管理。

3. 职责

（1）安环科是公司治安保卫管理的归口管理科室，负责对公司治安保卫工作进行检查、指导与考核。

（2）保安队负责公司所有进出大门、生产区域和办公区域的治安保卫工作。

（3）各单位负责本单位所管辖区域内的治安保卫工作。

（4）各单位主要负责人对本单位的治安保卫工作负责。

4. 内容

4.1 公司治安保卫管理机构及保安员责任制

4.1.1 安环科治安保卫工作职责。

4.1.1.1 贯彻落实国家有关治安保卫的法律、法规及地方政府主管部门的要求。

4.1.1.2 负责组织制定公司治安保卫管理制度，落实治安保卫管理措施。

4.1.1.3 督促、指导保安队及各单位开展治安保卫工作，并定期对工作开展情况进行检查和考核。

4.1.1.4 负责组织开展治安保卫法律法规和公司管理制度的宣传教育活动,提高公司员工治安保卫意识。

4.1.1.5 定期组织召开治安保卫工作会议,研究解决治安保卫工作存在问题。

4.1.1.6 定期组织开展治安保卫工作检查,及时整改存在的问题。

4.1.1.7 协调解决公司各种治安事件。

4.1.2 保安队工作职责。

4.1.2.1 贯彻执行国家治安保卫法律法规、上级主管部门要求和公司治安保卫管理制度。

4.1.2.2 负责组织保安队员开展公司治安保卫工作,认真执行门卫值班、生产区和办公区巡回检查等工作任务,并定期对工作开展情况进行检查和考核。杜绝和减少治安事件发生,维护公司的工作、生产、经营秩序,确保公司财产和人员生命安全。

4.1.2.3 定期组织保安队员进行国家有关治安保卫法律法规、上级主管部门要求、公司治安保卫管理制度和业务知识的培训教育,不断提高政治思想意识和业务能力。

4.1.2.4 定期组织召开治安保卫工作会议,总结工作情况,研究解决工作存在的问题。

4.1.2.5 定期开展治安保卫安全检查,发现治安隐患及时报告和落实整改。

4.1.2.6 定期组织保安队员开展业务训练,提高身体素质和业务技能。

4.1.2.7 加强与公司周围村屯和主管部门联系,及时掌握地方治安状况,并落实相应的安全防范措施。

4.1.2.8 发生治安案件,及时进行处理,并向公司安环科、主管部门领导或地方派出所报告。

4.1.2.9 完成公司和上级主管部门临时交办的各项工作任务。

4.1.3 保安队队员工作职责。

4.1.3.1 加强学习国家有关治安保卫法律法规、上级主管部门要求、公司管理规章制度和业务知识,努力提高政治思想素质和业务工作能力。

4.1.3.2 严格遵守警容风纪的规定,养成守纪律、着装整齐、举止端庄、态度热情、有礼貌的良好作风。严禁酗酒、赌博和滋事斗殴,不得泄露公司机密。

4.1.3.3 严格执行门岗24小时值班制度,做好出入公司的人员、车辆、物资的登记、检查及放行工作。

4.1.3.4 严格执行巡回检查制度,按规定对生产区、办公区和生活区进行巡回检查。发生治安案件或发现违纪人员,应及时处理,并向保安队领导、公司安环科及地方派出所报告,同时做好巡查记录。

4.1.3.5 严格执行交接班制度,认真填写交接班记录。

4.1.3.6 严格遵守劳动纪律,严禁酒后上岗,上班时间做到不迟到、不早退、不睡岗，不脱岗，不做与工作无关的事情。

4.1.3.7 强化保安器械管理，严防丢失、被盗。

4.1.3.8 做好值班室和责任区环境卫生的清扫工作，确保清洁整齐。

4.1.3.9 定期参加业务训练，努力提高身体素质和业务技能。

4.1.3.10 完成公司和保安队临时交办的各项工作任务。

4.2 门岗治安保卫管理

4.2.1 生产区和办公区门岗执行24小时治安值班制。

4.2.2 公司员工凭佩戴上岗证进入生产区、办公区门岗。

4.2.3 外来人员必须得到公司领导或科室领导同意，并进行登记后，方可进入办公区门岗。

4.2.4 外来参观学习人员、上级政府部门考察或检查人员，必须有公司领导、科室领导陪同或佩戴参观出入证，方可进入生产区门岗。

4.2.5 计划外用工和外来施工人员，必须凭公司签发的《临时出入证》方可进入生产区、办公区门岗。

4.2.6 严禁未成年人进入生产区。

4.2.7 严禁携带各种违禁品、危险品和与生产、工作无关的物品进入生产区，严禁任何人私自携带公司财产出生产区门岗。

4.2.8 车辆进出生产区、办公区门岗，按《公司内部机动车辆管理规定》执行。

4.2.9 门岗值班的保安队员要严格履行工作职责，负责执行人员、车辆和货物进出的登记、检查和放行等工作。

4.2.10 白班上班前10分钟和下班时间，倒班员工接班前15分钟和下班时间，门岗值班保安队员应到门岗外面站岗。

4.3 生产区和办公区治安保卫管理

4.3.1 生产区和办公区执行夜班治安值班制度和巡回检查制度。

4.3.2 按照"谁主管，谁负责"的原则，各单位要建立健全以本单位"一把手"为主要负责人的治安保卫工作责任制，把治安保卫列入日常工作进行管理，自觉维护本单位的生产、经营和工作秩序，确保公司财产和人员生命安全。

4.3.3 各单位要明确治安保卫重点部位，落实相应的治安保卫防范措施。下班时应把现金及贵重物品放进保险柜或指定存放点，办公室及库房的门窗必须关好并按要求上锁。

4.3.4 公司每月组织一次治安保卫情况检查，各单位每周组织进行一次自查，发现治安保卫存在问题和隐患，及时落实整改和防范措施。

4.3.5 加强对员工进行法制和公司管理制度的教育，提高员工法制意识。严禁吵架斗殴、无理取闹、聚众闹事、酗酒赌博、违章吸烟、偷盗和破坏公司财物等，自觉同违反公司治安保卫管理制度和违法犯罪的行为作斗争。

4.3.6 值班的保安队员要认真履行工作职责，严格按照巡回检查的频次、路线和部位进行检查，发现治安问题和治安案件，要及时处理，并向公司安环科、保安队领导或地方派出所报告。

4.4 停机大修期间治安保卫管理

4.4.1 停机大修期间执行24小时值班制度。

4.4.2 各单位根据治安保卫工作的需要，落实值班人员，值班执行三班倒。

4.4.3 下班前，各单位应把容易被盗的工具、材料收回仓库或放到值班处。

4.4.4 值班人员必须遵纪守法，遵守公司各项规章制度，按时上下班，做到不迟到、不早退、不离岗、不睡岗、不干与值班无关的事。

4.4.5 严格执行巡回检查制度，值班人员按照巡查的频次、路线和部位进行巡查，发现治安问题和治安案件，要及时处理，并及时报告或报警。

4.4.6 严格执行交接班制度，接班人员应提前5～10分钟到岗位，并在履行相关交接班手续后，交班人员方可离岗。

4.4.7 值班期间只允许白班中途回去吃饭一次，时间不超过30分钟，且要在门岗请假得到同意和登记，并有门卫代监管后方能离开，需别人代班的，必须得到生产区门岗保安队员同意。

4.5 考核

4.5.1 处罚。

4.5.1.1 处罚执行"教育为主，惩罚为辅，惩前毖后，治病救人的方针"和坚持"谁主管，谁负责"的原则。

4.5.1.2 违反本制度的罚款，应设立专门账户管理，并专款专用。

4.5.1.3 保安队值班人员有下列行为之一的，处以20～50元罚款。

（1）值班时间迟到、早退或与他人闲聊的。

（2）值夜班期间，未按规定频次、路线和部位巡逻或未按要求填写值班记录的。

（3）交接班不交代当班情况，或交班后还遗留在班时应完成而没完成的工作的。

（4）白班上班前10分钟和下班时间，倒班员工接班前15分钟和下班时间，门岗值班保安队员没有到门岗外面站岗的。

（5）值班时着装不规范，有损公司形象的。

（6）未按公司规定对进出门岗车辆、人员、货物进行登记、检查，造成不良后果的。

（7）无故没有按时完成领导布置临时工作任务的。

（8）值班期间发现治安异常情况不及时处理和上报的。

（9）在公司区域内发生治安事件，接到报警后10分钟内没有赶到出事地点的。

（10）值班时间睡觉、酗酒、无故脱岗的。

（11）值班时对待来宾态度不好，受到举报的。

4.5.1.4 保安队值班人员有下列行为之一的，处以50～300元罚款，情节严重的，给予解除劳动合同处理。

（1）因工作失职导致盗窃案件发生，造成较大经济损失的。

（2）对公司突发治安事件不及时采取有效应急措施制止、避免，出现失职的。

（3）未按公司规定对进出门岗车辆、人员、物资进行登记、检查，造成严重后果的。

（4）值班时间睡觉、酗酒、无故脱岗，造成后果的。

（5）值班时发现治安异常情况不及时处理和上报，造成后果的。

（6）在公司区域内发生治安事件，接到报警后，没有赶到出事地点的。

（7）有意损坏公司财物、岗位上设备、器具，除按照价值赔偿外的。

（8）消极抵触，不服从领导临时工作安排的。

（9）在公司内打架斗殴，造成影响的。

4.5.1.5 公司员工有下列行为之一的，处以20～50元罚款或者警告。

（1）侵占公司财产价值在50元以下，除赔偿经济损失外的。

（2）侮辱、诽谤他人、吵架、骂人，未影响正常工作、生产、经营秩序的。

（3）未经有关领导批准，翻墙越门进入公司生产区和办公区的。

（4）与外单位人员串通共同损害公司利益，未造成损失的。

（5）破坏生产设备、设施、产品，尚未造成后果的。

（6）其他有违本制度有关条款，尚未造成后果的。

4.5.1.6 单位或公司员工有下列行为之一的，处以50～300元罚款。

（1）盗窃公司财物在2000元以下，除追回被盗财物或赔偿经济损失外的。

（2）参与赌博或酒后上岗的。

（3）打架斗殴、酗酒闹事、造谣惑众、制造混乱，影响正常工作、生产、经营秩序的。

（4）拒绝、阻碍工作人员履行职责的。

（5）泄密给公司造成一定后果的。

（6）调戏、侮辱妇女，进行淫乱、流氓活动的。

（7）破坏生产设备、设施、产品造成损失，除赔偿经济损失外的。

（8）非法携带匕首、三棱刀、弹簧刀等管制刀具及违禁品、危险品和与生产、工作无关的物品进入生产区的。

（9）单位由于没有履行治安保卫管理职责，导致治安案件发生，给公司造成经济损失或影响正常工作、生产、经营秩序的。

4.5.1.7 外单位人员偷盗公司财物，除追回被盗财物或赔偿经济损失外，未移交司法机关的，处以100～1000元罚款。

4.5.2 奖励。

单位、保安队员或公司员工有下列行为的,给予50～500元奖励。

4.5.2.1 工作中认真负责,忠于职守,在值班、巡逻、保卫工作中责任心强,警惕性高,抓获违法犯罪分子或在抢险救灾中成绩显著的。

4.5.2.2 及时发现和制止违反本制度、违法犯罪行为,消除治安灾害隐患,使公司财产和员工生命免受或少受损失的。

4.5.2.3 及时发现生产上的险情并采取有效措施进行排除或及时报告,为公司避免损失,经查实后情况属实的。

4.5.2.4 单位领导重视,认真落实治安保卫措施,在预防治安案件和治安灾害事故中成绩突出的。

4.5.2.5 检举揭发他人违反本制度或违法犯罪行为,勇于同犯罪分子作斗争,积极提供重要违反本规定条款或违法犯罪线索,表现突出的。

4.5.2.6 认真调解各种治安纠纷,防止矛盾激化,对有违法犯罪行为的人员进行帮教,取得显著成绩的。

拟定		审核		审批	

14-02 保安管理制度

××公司标准文件		××有限公司 保安管理制度	文件编号××-××-××	
版次	A/0		页次	第×页

1. 目的

为了树立良好的企业形象,维护企业财物和员工的安全,特制定本制度。

2. 适用范围

适用于本公司所有保安人员。

3. 权责

行政部负责本制度的制定、修订及执行的监督,由总经理核准后执行。

4. 内容

4.1 工作守则

4.1.1 保安人员为公司形象的代表,必须做到:精神饱满、纪律严明、礼貌待人、反应迅速。

4.1.2 主要任务。

(1) 保障公司财产及员工的人身安全。

(2) 维护公司各项规章制度。

(3) 维护厂内正常秩序。

（4）协同行政部处理相关事宜。

4.2 保安职责

4.2.1 共同职责。

（1）值班时，应着制服，随身携带对讲机，保持通信联络。

（2）督导员工打卡，按规定穿工衣、戴厂证。

（3）上班时间，员工凭放行条外出，车辆凭派车单外出，无单者保安有权阻止其外出。

（4）不准在保安室闲聊或做与工作无关的事。

（5）不定时巡查厂内各区域，对厂内物品进行检查，防止意外事件的发生。

（6）厂内如发生民事纠纷，应及时劝阻和制止，并及时报告保安队长或行政部处理。

（7）不定时巡察各楼层水、电源开关及仓库物资，保证重要区域的安全。

（8）保持保安室、公告栏、打卡机及厂门的清洁卫生。

（9）监管公司所有消防器材，定期举行消防演练。

4.2.2 值班规定。

（1）各岗位保安必须保持仪容整洁、精神状态佳、态度和蔼、认真负责。

（2）热情接待来访人员，总经理、副总经理及贵宾来访时应敬礼问好。

（3）坚守岗位，不擅离职守，因事离开岗位必须有人代班，无关人员不得进入保安室。

（4）值班保安严禁睡觉、看小说杂志、酗酒、听收录机、监守自盗。

（5）保安人员进入厂区和餐厅时，应穿制服，佩戴厂证，并纠正违纪人员，维护厂内秩序。

（6）早上7：00打开写字楼及行政部大门，晚上10：00锁闭写字楼大门、行政部大门及通向仓库和生产部的小门，于生产部上班前一小时打开生产部大门。

（7）加强对厂区、宿舍水电、消防设施的巡查，发现问题及时向上级报告处理，对因工作失职，给公司造成损失者，追究当班保安责任。

4.3 门禁制度

4.3.1 人员进出管理。

（1）员工出入厂门时，应将厂证戴于左胸前。对违纪且态度恶劣者，保安应记下其姓名、部门，交行政部处理。

（2）节假日及上班以外时间，如果公司生产部没加班，后门保安应阻止员工进入生产部及仓库，其他特殊情况须经相关部门审核并登记。

（3）员工上班时间出厂应持部门主管核准的放行条，有携带物品时，须由副总以上检核，无放行条时，保安有权限制止其外出（特殊情况应解释清楚并备案）。

（4）员工应自觉维护厂内及宿舍环境卫生，保安有权制止乱扔果皮、纸屑以及在厂内边走边吃东西的行为。

（5）被公司除名及离职人员，保安应凭核准后的放行条给予放行，并严格检查其行李物品，严禁携带任何具有本公司标志的公司物品出厂。

（6）外来人员因公入厂，保安应先帮其联络，征得受访人同意，并持有效证件登记后发放访客接洽单进入。

（7）上班时间，严禁私访，若有特殊情况需部门主管同意方可在前门保安室会客，会客时间不得超过30分钟。下班后如需在公司前门保安室会客者，会客时间为：17:30～21:00，节假日 8:00～21:00。

（8）员工须从公司前门出入。前门放行时间：17:30～23:30，节假日 8:00～00:00。

（9）所有到宿舍楼的来访人员须经副总经理以上批准后方可进入。非本厂人员一律不准在公司宿舍住宿，特殊情况须经总经理核准。

4.3.2 车辆进出管理。

（1）本公司车辆外出，须持副总经理以上签核的派车单交保安登记。

（2）外来车辆入厂应在保安室登记，出厂时，保安应严格检查，携带本公司物品应由副总经理或代理人在放行条出厂货物内容一栏上注明并签字，值班保安将车内所载物品名称、数量、型号与放行条核对，无误后才予以放行。

（3）所有车辆入厂后均应在指定地点停放，自行车出入厂门时，必须下车推行。

4.3.3 物品进出管理。

（1）员工及外来人员携带行李、包裹进出厂门时，须自觉接受保安的检查与登记。

（2）携带物料、加工零件、样板或模具出厂，须有副总经理以上审核，在放行单据携带物件一栏上注明，经核实无误后方可出厂。

（3）厂商来厂交货，应先在保安室登记，由保安通知收货人员接洽。

（4）提交的小件物品、信函、文件等应由保安代收发，保安应及时准备做好收、发工作，并例行登记。

（5）对人员、车辆所携带物件有疑问时，应及时询问相关人员加以确认。

4.3.4 严禁进厂的外来人员。

（1）携带易燃易爆及危险品的人员及车辆。

（2）不明身份、衣冠不整的人员。

（3）推销产品及收购废品的人员及车辆。

（4）非洽谈公务人员与车辆，或是洽谈公务但拒绝登记检查者。

（5）来访人员报不清受访部门及受访人者。

（6）来访人员不能出示有效证件者。

4.3.5 严禁进厂的公司员工。

（1）携带违禁物品者。

（2）边吃东西边走者。

（3）不戴厂证者。

（4）上班穿拖鞋、短裤、背心者。

（5）衣帽不整、形象太差者。

（6）未经主管核准擅自带客参观者。

（7）已离职者。

4.3.6 严禁出厂人员、车辆及物品。

（1）人员与车辆出厂时拒绝检查者。

（2）货物出厂无放行条或所装货物与放行条不符合者。

（3）虽有放行条，但放行条注明货物未经副总经理以上或职务代理人签核者。

（4）本厂车辆外出，无派车单者。

（5）员工上班外出，无放行条者。

（6）员工出厂，携带物品，放行条上无副总经理以上签核者。

（7）员工携带物品有放行条，但物单不符者。

4.3.7 检查时应注意的事项。

（1）不可触及人身。

（2）主要以检查有无公司产品、物料半成品或工作器具等公司财物为主。

（3）检查时态度要谦和有礼，避免引起被检查人的误会与反感，必要时婉言说明，并请谅解。

（4）严禁公报私仇，故意刁难。

4.4 突发事件的处理

4.4.1 遇火灾、水灾、台风等自然灾害时应勇于救护，情况严重时应迅速向有关部门和主管汇报，如遇台风警报，保安人员应时刻准备着。

4.4.2 遇抢劫、偷盗等危害厂区安全的行为，值班保安应迅速与保安队长及其他保安联络，并立即打110报警，处理完事件后，应将事情经过详细记录在保安日志上，严重事件应当保护好现场。

4.4.3 员工之间发生纠纷或有不轨行为，保安人员应及时劝阻，并制止事态的发展，本厂员工与外厂人员发生争吵、斗殴等行为，应协助调解，并及时报告保安队长处理。

4.4.4 员工发生急病或工伤应立即通知保安队长和行政部，以便安排厂车及时送往医院治疗。

4.5 工作交接

4.5.1 值班状况交接。

（1）按时交接班，详细了解上一班值班情况。

（2）查看保安值班日志，检查需交接的公文、信件和证件。

(3)检查来访人员情况。

(4)上级规定或指示的事项。

(5)送货或寄存物品的转交。

4.5.2 警具、警械的交接。

(1)交接班时,仔细检查对讲机、警棍和充电器、手电筒的使用状态。

(2)接班后,警具、警械应随身携带,不得交于无关人员玩耍。

(3)接班时警具如有人为损坏(因公损伤除外),应追究当事人责任。

(4)所有交接物品,应在当面交接时清点,检查清楚,并详细记录于保安值班日志上,以保证遇紧急情况时能投入正常使用,否则,由接班保安负责。

4.6 查勤及巡逻

4.6.1 目的:加强保安勤务管理,做好保厂护舍工作。

4.6.2 内容。

(1)队长对保安岗哨及人员坚持不定时查岗查夜,及时纠正保安人员的不规范行为。

(2)查岗查夜的时间由队长自行安排,晚上不得少于2次。

(3)在查看时发现有违纪行为,应及时记录,作为考核的依据。

(4)每日查勤情况应详细记录于查勤日报告上,次日交行政部审查。

(5)查勤内容。

①保安仪容仪表

②当班保安日志。

③物件签收事宜。

④人、车、物出厂稽查。

⑤异常事件的处理。

⑥保安的巡逻事项。

(6)保安巡逻内容。

①员工着装穿戴及厂证佩戴。

②上班员工有无睡觉、抽烟、闲聊等违纪现象。

③员工的上下班打卡。

④灭火器位置挂放是否移动,压力是否够,有无超过有效期。

⑤消防栓是否供水。

⑥防火标志、疏散方向标志是否正确。

⑦消防通道是否畅通。

⑧作业现场有无隐患。

⑨水电设施是否正常。

⑩洗手间卫生。

⑪楼梯、通道、公共区域卫生。

⑫行政部卫生。

⑬房间卫生。

⑭餐厅卫生。

⑮地面、水沟卫生。

⑯门窗安全及卫生。

⑰晚上00:00以后宿舍内有无熄灯。

⑱有无其他异常情况。

4.7 考核办法

4.7.1 考核目的：对保安人员工作的评定，督促保安人员执行厂规、厂纪，履行保安职责，保证公司财物及人员的安全。

4.7.2 考核内容。

（1）服从执勤日程安排，认真做好上下班交接及填写好值班日志。

（2）按规定着装，穿制服、打领带、扎腰带、戴帽子、佩戴警徽标志，注重仪容、仪表的整洁及保安室周围的卫生。

（3）热情接待来访人员，注意接电话的礼节。

（4）自觉遵守厂纪厂规，随时督导员工遵守制度，与同事之间互相协助及团结。

（5）坚守岗位，当班期间对责任区的物资要巡视检查，值班时不饮酒，不做与工作无关的事。

（6）遇紧急情况的处理和对其他岗哨的支援。

（7）积极参加有关保安及消防安全的训练、组织活动和部门主管指派的其他义务活动。

（8）对公司规章制度及保安有关规定的了解与执行。

（9）对公司物品的保护及警具警械的保养、爱护与佩戴。

（10）品行端正，言行诚信，忠于职守。

4.7.3 评分标准。

（1）依据考核内容，对保安人员执行厂规、保安职责情况做出评定。

（2）考核内容每条10分，总分100分，根据工作表现列出分数高低，并排出名次。

（3）每月考核一次，连续三次前三名者，给予嘉奖一次，连续三次第一名者，给予记功一次，连续三次名列最后一名者，给予记过处分。以作为年终评核加薪的参考。

4.8 奖惩条例

4.8.1 奖励。

（1）有下列事迹之一者，给予嘉奖一次或发放奖金。

①维护公司利益，有具体事迹者。
②热心服务，有具体事迹，足可为其他员工楷模者。
③工作尽心尽责，阻止公司财物被盗者。
（2）有下列事迹之一者，给予记大功一次或发放奖金。
①遇有意外或突发事件，奋不顾身，拼力抢救而减少损失者。
②维护公司安全，冒险执行任务，避免重大损失者。
③维护本公司重大利益，竭尽全力，避免重大损失者。
④具有其他重大功绩，足为他人表率者。
4.8.2 惩罚。
（1）凡保安人员有下列情形之一者，视情节轻重予以记大过或除名。
①工作不交接，擅离岗位，玩忽职守者。
②当班酗酒或睡觉者。
③监守自盗者。
④因工作失职造成本公司损失＿＿＿元以上者。
⑤对来宾言语轻浮、下流或粗暴无礼者。
⑥对来宾索取好处及贪小便宜或故意刁难者。
⑦暴行犯上，不服从管理，工作不认真，造成失误者。
（2）有下列情况之一者，给予记过处分或罚款＿＿＿元。
①值班时看小说杂志，写私人信件者。
②利用上班时间，做与工作无关的事情者。
③交接班时，对应交接事项未交接而造成失误者。
④不请假外出，晚上不归者。
⑤对员工言语轻浮、下流、粗暴无礼或故意刁难者。
⑥值班时间，电话及对讲机私用，影响勤务者。
⑦未经许可，擅自调班者。
（3）有下列情况之一者，给予警告处分或罚款＿＿＿元。
①不穿制服，不戴厂证或仪容不整者。
②满口污言秽语者。
③对来访人员未能严格检查，未发放访客接洽单而放行者。
④对违反安全、卫生管理规定的人员，未加制止，视而不见者。
⑤对员工不戴厂证不加询问而放入厂者。
⑥未能按时打扫保安室内外卫生，造成保安室秩序混乱者。

拟定		审核		审批	

14-03 识别证管理办法

××公司标准文件		××有限公司 识别证管理办法	文件编号××-××-××
版次	A/0		页次	第×页

1. 目的

为了树立良好的企业形象，加强门禁管制，特制定本办法。

2. 适用范围

适用于公司全体员工和因业务需要进入本公司的客人、施工人员。

3. 定义

（1）识别证：指贵宾证/施工人员证/工作证。

（2）工作证：指本公司员工佩戴的识别证。

（3）贵宾证：因业务需要进入本公司佩戴的识别证。

（4）施工人员证：需要进入本公司施工作业人员佩戴的识别证。

4. 职责

行政部：负责识别证的发放制作及日常的监督管理。

5. 程序内容

5.1 工作证的管理程序

5.1.1 工作证为员工出入办公场所及厂区之用，不得作为其他身份的证明，其制发由行政部负责。

5.1.2 员工上班期间应按规定佩戴工作证，工作证不得随意涂改或改变佩戴方式。

5.1.3 工作证一律佩戴于左胸前，不得挂于腰际或以外套遮盖，违者以未佩戴工作证论处。

5.1.4 工作证若有遗失或损坏，应及时到行政部补办，工本费10元从工资中扣除，自然损坏的不予扣款。

5.1.5 工作证不得转借他人，离职时应将工作证交还行政部，否则扣除工本费10元。

5.1.6 各部门主管应督促属下员工按规定佩戴工作证，否则依6S评分标准给予扣分。行政部工作人员在稽查时如遇违规行为时，当事人不得拒绝稽查人员查看其工作证，否则视情节轻重给予警告以上处分。

5.1.7 凡有下列情况之一者，将严肃处理或交公安部门处理。

（1）利用工作证在外破坏公司名誉的。

（2）将工作证借给非公司员工做身份掩护而犯罪的。

5.2 贵宾证、施工人员证的管理程序

5.2.1 贵宾证供因业务需要出入厂区的客人佩戴，不得作为其他身份的证明，其制发由行政部负责。

5.2.2 贵宾证一律佩戴于胸前，出厂时应将其交还保安室。

5.2.3 施工人员证若有遗失或损坏，应及时到行政部补办，工本费10元，自然损坏的不予扣款。

| 拟定 | | 审核 | | 审批 | |

14—04 门卫管理制度

××公司标准文件		××有限公司	文件编号××-××-××	
版次	A/0	门卫管理制度	页次	第×页

1. 目的

为维护公司资源安全，确保外来人员、车辆、物资出入安全有序，提高公司形象，特制定本制度。

2. 适用范围

公司所辖所有场合的出入管理与值班管理。

3. 管理规定

3.1 人员出入管理

3.1.1 公司员工。上班期间严禁无故外出，除公司总经理、副总经理以及采购、司机等外勤人员外，因公外出者，凭有效的出门凭证；因事或因病请假者，凭有效的"请假单"交门卫处；因公司原因造成的提前下班（如缺料、断电等特殊原因），凭公司办公室有效的出门证明交门卫处后方可离开公司。

3.1.2 基建及维护施工人员。外来施工人员如有出入必要，凭个人有效身份证件，在公司办公室办理外来人员登记手续，领取临时出入证，并凭证出入，业务结束后到公司办公室办理出入证注销手续。

3.1.3 政府机关人员及参观人员。如政府机关及外单位参观人员等需进入公司时，由公司经办人代办外来人员登记手续，门卫在参观人员离厂时签注离厂时间。

3.1.4 其他会客人员。原则上在上班时间不得会客，若确有要事，应由门卫通知该部门领导，报经办公室同意后相关人员至门卫值班室会客，会客时间不得超过20分钟。公司禁止在工作场所会客。

3.1.5 应聘人员：门卫应要求办理外来人员登记手续，而后指示至办公室面试，在应聘完毕后离开公司时，门卫应签注离厂时间。

3.1.6 临时或长期住宿在分公司内的员工家属，应在办公室办理出入证，凭证出入。

3.2 物资出入管理。

3.2.1 公司物资。物资出厂（包括发往施工现场安装的和加工产生的废品），由仓库开具出库单报部门主管签字批准后，门卫根据出库单核对物品无误并登记后方可出公司。

3.2.2 外来物品。供货商送货进入公司时，应办理外来人员登记手续，并注明送货的产品名称；出公司时，门卫根据物资入库票据，核对无误后放行。

3.3 车辆管理

3.3.1 对进入公司的车辆进行指引，对车况不良的车辆加强检查，并做好相应措施。

3.3.2 监督公司员工的车辆停放，维持停放秩序。

3.3.3 进入公司的外来车辆，如有损坏公司财物，应报公司办公室，责其照价赔偿。

3.3.4 车辆离开，门卫应对车辆进行检查，是否有货带出。若有，必须出具物资出门单据，门卫须根据车辆进入登记信息核对无误后，方可放行。

3.4 日常巡视管理

3.4.1 巡视时间：每天员工下班后、当晚12:00以前各巡视一次，次日早晨上班前巡视一次。

3.4.2 巡视范围：公司厂区。

3.4.3 巡视时做到多看、多听，若有问题，立即报公司领导。

3.4.4 下班后对厂区进行巡视，检查水电、门窗是否关闭。

3.4.5 巡视时注意人身安全，遇突发事件立即汇报，并对事件做详细记录。

3.5 安全

3.5.1 值勤期间发现有可疑的人或事，应及时处理并报告办公室。

3.5.2 如发现火警、电气漏电、设备故障、建筑物险情等不安全情况，应立即采取有效措施，并及时通知有关部门主管。

3.5.3 值勤期间，要做到大门随开随关，门卫室随时要保持有人（特别是遇值班门卫用餐、为完成临时事项需离开一会等情况的），以保证人员、物资、车辆进出得到有效控制。

3.6 考核

未按规定实施人员、物资、车辆出入登记及检查及日常巡视管理，一经发现每次扣减当月收入____元。若因此造成公司物资流失的，按《损失赔偿制度》规定承担赔偿。

| 拟定 | | 审核 | | 审批 | |

14-05 厂区出入管理规定

××公司标准文件		××有限公司 厂区出入管理规定	文件编号××-××-××	
版次	A/0		页次	第×页

1. 目的

为规范各车间及外来人出入车间、厂区的行为，加强安全防范工作，特制定本规定。

2. 范围

适用于本公司。

3. 职责

3.1 行政部

员工出入厂区打卡方法的宣传；负责员工出入车间、厂区的相关制度的制定与宣导；监督员工出入厂区的打卡行为；对员工打卡时的不规范行为及时通报；监督本制度的执行并对相关违纪行为做出处罚。

3.2 各部门

严格执行本制度。

4. 管理规定

4.1 厂区出入程序

4.1.1 总则。

（1）工厂主管及以下级员工出入厂区均须打卡；所有公司人员出入厂区必须佩戴厂牌，来宾佩戴贵宾卡。

（2）任何情况下，任何人都不得请人代打卡或代他人打卡。

4.1.2 工作时间。

（1）生产一线员工上下班时间根据实际情况而定，由各部门主管提出，经主管/厂长/总经理批准后实施。一般情况下，员工工作时间为白班上午上班时间为7:45，下班时间为11:45；白班下午上班时间为13:15，下班时间为17:15；夜班上班时间为19:45，下班时间为7:45（中间半小时吃饭时间，其他时间计加班）。

（2）办公室人员上午上班时间为8:00，下班时间为12:00；下午上班时间为13:30，下班时间为17:30，如有调整，以公司通告为准。

4.1.3 加班：各部门人员如确因工作需要而须于工作时间之外继续工作的，由各部门相关人员提出加班申请，部门主管批准（《员工加班管理办法》）。员工加班时间出入厂区，同样必须打卡。

4.1.4 因公外出：员工因工作需要外出时，需填写《员工外出申请单》。如外出时间和（或）返回时间在上班时间，出入厂区均须打卡。离厂时，外出申请单交保安室，由当值保安员确认外出时间并加以保管；员工回厂时，由当值保安员填写入厂时间后交行政部。员工因公外出须经部门主管/部长批准；主管级（含副主管及享受副主管级待遇人员）人员，因公外出须经主管副总经理、厂长或总经理批准。

4.1.5 因私外出：员工因个人原因外出并于当日返回公司者，需填写《请假单》，如外出时间和（或）返回时间在上班时间，出入厂区均须打卡，并需当值保安员签名确认出厂时间和返回时间，由保安员直接交行政部。员工因私外出须经部门主管/部长批准；主管级（含副主管及享受副主管待遇人员）人员，因私外出须经主管副总经理、厂长或总经理批准（请假，且需于第二天返回或更长时间者，《请假单》交行政部保管，不在此管理办法之列）。

4.1.6 漏打卡：如果员工在规定打卡时间，未按要求打卡，必须于三个工作日内以书面形式向直接上司说明原因，由部门文员统一交行政部保存，否则视漏打卡时段为旷工。员工每漏打卡一次，扣款5元；主管及以上级人员（含副主管及享受副主管级待遇人员）每漏打卡一次，扣款5元；当月漏打卡次数累计超过四次（含四次）者，加倍扣款。如有员工因迟到、早退而故意漏打卡，一经发现，每次做旷工半天处理，情节严重者给予开除。员工因漏打卡扣款由行政部直接从工资中扣除。

4.1.7 代打卡：公司严禁请人代打卡或代他人打卡的行为，如有发生，一经查出，将对所有当事人给予书面警告或以上处分，并罚款50元，情节严重者，将开除出厂。

4.1.8 故障：如员工在打卡时因卡钟系统或员工工卡等客观原因而导致无法打卡或打卡无记录者，不视为漏打卡；打卡时，工卡出现故障者，员工必须于两个工作日内到行政部更换，两个工作日后，将按漏打卡处理。

4.2 车间出入程序

4.2.1 车间出入登记制度。

（1）部门间确因工作需要需进入其他车间或部门。

（2）所有出入非本部门的人员。

（3）在各车间设在位于大门侧的登记簿上登记并注明出入时间、事由。

4.2.2 严禁串岗：定岗人员外（机电修人员、物料员、统计员）各车间生产员工严禁串岗。其他人员如各部主管除公司明令禁止进入区域外均可出入；工程技术人员应按职责界定可出入区域，如有违反此规定现象，视情节轻重予以处罚。

4.2.3 违规处罚：生产部各车间的主管及当班班长有权力及义务对本部门的"外部人员"（非本部门人员均可视为外部人员）进行询问，并对违规人员做出处罚建议并移交行政部处理。分布在各车间的品质部组长负责对生产部该项工作的监督，如该项规定未能得到充分贯彻执行，将追究部门负责此项工作的主管、班长、组长责任。

4.2.4 送货人员一律严禁进入车间、厂房。

4.2.5 外来人员及外厂技术维修人员进入厂区须经设备部主管批准。在获准进入后，需佩戴身份识别卡；在相关部门人员全程陪同下方可进入指定区域。外厂维修人员可交由相关车间予以控管，不得进入非指定区域，违者一经发现交由行政部严肃处理。

4.2.6 公司所有人员，严禁在工作期间无领导批准、无任何理由进入车间、仓库等工作现场，如有紧急工作需处理应向公司当值保安员及值班人员说明情况并由值班员记录在当天值班记录内。

4.2.7 公司欢迎广大员工积极举报无理由串岗者，凡举报且属实者公司将给予50～200元不等的奖励并为举报者保密。

拟定		审核		审批	

14-06　消防安全管理制度

××公司标准文件		××有限公司 消防安全管理制度	文件编号×× - ×× - ××	
版次	A/0		页次	第×页

1. 目的

为了贯彻落实"预防为主，防消结合"的消防工作方针，防范火灾事故的发生，确保企业安全和员工人身安全，促进企业持续健康发展，特制定本制度。

2. 适用范围

适用于本公司各部门、各区域的消防安全管理。

3. 管理规定

3.1 消防安全教育、培训制度

3.1.1 每年以创办消防知识宣传栏、开展知识竞赛等多种形式，提高全体员工的消防安全意识。

3.1.2 定期组织员工学习消防法规和各项规章制度，做到依法治火。

3.1.3 各部门应针对岗位特点进行消防安全教育培训。

3.1.4 对消防设施维护保养和使用人员应进行实地演示和培训。

3.1.5 对新员工进行岗前消防培训，经考试合格后方可上岗。

3.1.6 因工作需要员工换岗前必须进行再教育培训。

3.1.7 消控中心等特殊岗位要进行专业培训，经考试合格，持证上岗。

3.2 防火巡查、检查制度

3.2.1 落实逐级消防安全责任制和岗位消防安全责任制，落实巡查检查制度。

3.2.2 消防工作归口管理职能部门每日对公司进行防火巡查。每月对公司进行一次防火检查并复查追踪改善情况。

3.2.3 检查中发现火灾隐患，检查人员应填写防火检查记录，并按照规定，要求有关人员在记录上签名。

3.2.4 检查部门应将检查情况及时通知受检部门，各部门负责人应每日检查消防安全情况，若发现本部门存在火灾隐患，应及时整改。

3.2.5 对检查中发现的火灾隐患未按规定时间及时整改的，根据奖惩制度给予处罚。

3.3 安全疏散设施管理制度

3.3.1 公司内应保持疏散通道、安全出口的畅通，严禁占用疏散通道，严禁在安全出口或疏散通道上安装栅栏等影响疏散的障碍物。

3.3.2 应按规范设置符合国家规定的消防安全疏散指示标志和应急照明设施。

3.3.3 应保持防火门、消防安全疏散指示标志、应急照明、机械排烟送风、火灾事故广播等设施处于正常状态，并定期组织检查、测试、维护和保养。

3.3.4 严禁在营业或工作期间将安全出口上锁。

3.3.5 严禁在营业或工作期间将安全疏散指示标志关闭、遮挡或覆盖。

3.4 消防控制中心管理制度

3.4.1 熟悉并掌握各类消防设施的使用性能，保证在扑救火灾过程中操作有序、准确、迅速。

3.4.2 做好消防值班记录和交接班记录，处理消防报警电话。

3.4.3 按时交接班，做好值班记录、设备情况、事故处理等情况的交接手续。无交接班手续，值班人员不得擅自离岗。

3.4.4 发现设备故障时，应及时报告，并通知有关部门及时修复。

3.4.5 非工作所需，不得使用消防控制中心内线电话，非消防控制中心值班人员禁止进入值班室。

3.4.6 上班时间不准在消防控制中心抽烟、睡觉、看书报等，离岗应做好交接班手续。

3.4.7 发现火灾时，迅速按灭火作战预案紧急处理，并拨打119电话通知公安消防部门并报告部门主管。

3.5 消防设施、器材维护管理制度

3.5.1 消防设施的日常使用管理由专职管理员负责，专职管理员每日检查消防设施的使用状况，保持设施整洁、卫生、完好。

3.5.2 消防设施及消防设备的技术性能的维修保养和定期技术检测由消防工作归口管理部门负责，设专职管理员每日按时检查了解消防设备的运行情况。查看运行记录，听取值班人员意见，发现异常及时安排维修，使设备保持完好的技术状态。

3.5.3 消防设施和消防设备定期测试。

（1）烟、温感报警系统的测试由消防工作归口管理部门负责组织实施，保安部参加，每个烟、温感探头至少每年测一次。

（2）消防水泵、喷淋水泵、水幕水泵每月试开泵一次，检查其是否完整好用。

（3）正压送风、防排烟系统每半年检测一次。

（4）室内消火栓、喷淋头的测试每季度一次。

（5）其他消防设备的测试，根据不同情况决定测试时间。

3.5.4 消防器材管理。

（1）每年在冬防、夏防期间定期两次对灭火器进行普查换药。

（2）派专人管理，定期巡查消防器材，保证处于完好状态。

（3）对消防器材应经常检查，发现丢失、损坏应立即补充并上报领导。

（4）各部门的消防器材由本部门管理，并指定专人负责。

3.6 火灾隐患整改制度

3.6.1 各部门对存在的火灾隐患应当及时予以消除。

3.6.2 在防火安全检查中，应对所发现的火灾隐患进行逐项登记，并将隐患情况书面下发各部门限期整改，同时要做好隐患整改情况记录。

3.6.3 在火灾隐患未消除前，各部门应当落实防范措施，确保隐患整改期间的消防安全，对确无能力解决的重大火灾隐患应当提出解决方案，及时向公司消防安全责任人报告。

3.6.4 对公安消防机构责令限期改正的火灾隐患，应当在规定的期限内改正并写出隐患整改的复函，报送公安消防机构。

3.7 用火、用电安全管理制度

3.7.1 用电安全管理。

（1）严禁随意拉设电线，严禁超负荷用电。

（2）电气线路、设备安装应由持证电工负责。

（3）各部门下班后，该关闭的电源应予以关闭。

（4）禁止私用电热棒、电炉等大功率电气。

3.7.2 用火安全管理。

（1）严格执行动火审批制度，确需动火作业时，作业单位应按规定向消防工作归口管理部门申请"动火许可证"。

（2）动火作业前应清除动火点附近5米区域范围内的易燃易爆危险物品或做适当的安全隔离，并向保卫部借取适当种类、数量的灭火器材随时备用，结束作业后应即时归还，若有动用应如实报告。

拟定		审核		审批	

14-07　消防安全应急预案

××公司标准文件		××有限公司 消防安全应急预案	文件编号××-××-××	
版次	A/0		页次	第×页

1.总则

1.1　编制目的

为了提高公司对各类消防安全事故的应急响应和处理能力，建立快速、有效的抢险、救援机制，最大限度地减轻火灾、消防安全事故造成的损失，保障全厂全体职工的人身和财产安全，根据本公司实际情况制定本预案。

1.2　编制依据

根据《中华人民共和国突发事件应对法》为依据。

1.3　适用范围

本预案适用于公司发生达到Ⅱ级及以上应急响应的消防安全事故。

1.4　工作原则

应急处置应按照轻重缓急进行，公司各部门在火灾事故预防与应急处理工作中，必须遵循"预防为主、常备不懈"的方针，贯彻"集中领导、分级管理、统一指挥、运行高效"的原则。

2.应急培训

2.1　消防器材的使用原理及方法

2.1.1　手提式干粉灭火器。

（1）ABC干粉灭火器主要由盛装粉末的粉桶、贮存二氧化碳的钢瓶、装有进气管和出粉管的器头以及输送粉末的喷管组成。

（2）ABC干粉灭火器主要适用于扑救石油及其产品、可燃气体和电气设备的初起火灾。

（3）使用ABC干粉灭火器时，应先拔掉保险销，一手握住喷粉管最前端，使喷嘴对准火源，另一手紧握导杆提环，将顶针压下，干粉即喷出。

（4）ABC干粉灭火器应保持干燥、密封，以防止干粉结块。同时要防止日光曝晒，以防二氧化碳受热膨胀而发生漏气现象。应定期检查干粉是否结块，二氧化碳气量是否充足。干粉灭火器分为手提式和推车式两种。

2.1.2　1211灭火器。

（1）1211灭火器主要由筒身（钢瓶）和筒盖两部分组成。钢瓶内装满1211灭火剂，筒盖上装有压把、压杆、喷嘴、密封阀、虹吸管、保险销等。

（2）1211灭火器主要适用于扑救油类、精密机械设备、仪表、电子仪器设备及文物、图书、档案等贵重物品的初起火灾。

（3）使用时，先拔掉保险销，然后握紧压把开关，压杆就使密封阀开启，1211灭火剂在氮气压力作用下，通过虹吸管由喷嘴喷出。松开压把开关，喷射即中止。

（4）1211灭火器应放置在不受日照、火烤的地方，但又要注意防潮，防止剧烈震动和碰撞。要定期检查压力表，发现低于使用压力的90%时，应重新充气。同时要定期检查重量，低于标明重量90%时，应重新灌药。1211灭火器分为手提式和推车式两种。

2.1.3 其他消防用具。

（1）消火栓：消火栓是连接消防供水系统的阀门装置，分室内消火栓和室外消火栓两种。

（2）水龙带：常用的水龙带有内扣式和压簧式两种。水龙带平时应卷好存放在通风、干燥的地方，防止腐烂。水龙带是连接消防泵（或消火栓）和水枪等喷射装置的输水管线。

（3）消防水枪：水枪是一种增加水流速度、射程和改变水流形式的消防灭火工具。根据水枪喷射出的不同水流，分为直流水枪、开花水枪、喷雾水枪和开花直流水枪等，它们的作用如下：直流水枪是用来喷射密集充实水流的水枪；开花水枪是用来喷射密集充实水流的水枪，还可以根据灭火的需要喷射开花水，用来冷却容器外壁、阻隔辐射热，掩护灭火人员靠近着火点；喷雾水枪是在直流水枪的枪口上安装一个双级离心喷雾头，使水流在离心力作用下，将压力水变成水雾。喷雾水枪喷出的雾状水流，适用于扑救油类火灾及油浸式变压器、多油式断路器等电气设备火灾。开花直流水枪是一种可以喷射充实水流，也可以喷射伞形开花水流的水枪。

2.2 其他规定

2.2.1 每年由指定负责人对运行、检修、安全生产管理等应急人员进行一次预防和扑救火灾方面的知识、技能培训，包括：如何报火警、如何使用灭火器、火场逃生、烧伤烫伤处理、外伤止血包扎等。

2.2.2 本预案每两年由行政人事部负责组织有关部门应急人员进行一次全面演练，每年进行一次组合演练或单项演练。演练结束后，需对演练的结果进行总结和评估，对本预案在演练中暴露出的问题和不足应及时修订完善。

2.2.3 每年由行政人事部负责对公司员工进行一次防火安全教育，使其了解各种火灾事故的发生原因，了解事故现场救护的方法，了解各种警报的含义和应急救援工作的有关要求。不断增强公司员工的消防安全意识，减少和避免火灾事故的发生。

3. 应急规定

3.1 应急措施

3.1.1 火灾事故的应急过程主要以扑救火灾、医疗救治、抢救贵重设备等为主要任务。

3.1.2 在消防安全事故突发时能及时有效地进行应急处置，全公司所有人员在保证自身安全的情况下，服从专人指挥，最大限度地保证工人人身安全和公司财产安全，按照"救人第一和快速有效"的处理事故原则，及时灭火、抢险、消除险情、控制事态发展，将事故损失降低到最低程度。

3.1.3 全公司消防设备、车辆、照明装备、防护装备、救护物品等，均可作为应急装备资源，而派出所、消防支队等可作为外部应急力量。

3.2 应急联络与机构

3.2.1 应急联络。

内部应急电话：××××××××。

外部救援电话：119、120。

第一责任人：×××。联系电话：×××××××××。

第一指挥人：×××。联系电话：×××××××××。

第二指挥人：×××。联系电话：×××××××××。

3.2.2 应急成员组成。

消防成员：×××、×××、×××、×××、×××。

救援组组长：×××。联系电话：×××××××××。

成员：×××、×××、×××、×××。

3.3 应急响应

3.3.1 现场应急处置组织。

（1）各部门接到火灾事故报警后，应在5分钟时间内组织人员就地待命。保卫人员应积极主动配合消防部门、治安防控中心、救护队开展工作。根据火灾性质，组织技术人员进行事故分析，并向治安防控中心汇报处理意见。

（2）保卫人员应当加强事故现场的安全保卫和治安管理工作，预防和制止破坏活动，维护好现场秩序，记录好报案人员和现场目击者，同时对肇事者或有关当事人采取监控保护措施，防止逃逸或发生意外。

（3）提高安全意识，切实做好火灾事故的预防工作。各部门领导要以高度负责的态度，充分认识此项工作的重要性，要把此项工作列入重要议事日程，要组织力量深入生产第一线，抓好安全防火工作，进行防火巡查和检查，消除火险隐患，对存在的火险隐患要监督跟踪整改，同时要坚决制止各种违反安全规程、操作规程及违章指挥的现象，防止事故发生。

（4）加强宣传教育，强化防火意识，要充分利用网络、邮件、公告栏、消防知识培训、考试等形势，宣传防火工作的重要性，提高员工的自我安全防护意识和安全防范技能，增强自防自救的能力。

3.3.2 应急行动组织实施。

（1）由公司消防成员组成。火灾发生时，根据火势严重程度，组织本单位消防成员灭火或向119指挥中心报警,同时向本单位第一责任人和第一指挥人汇报,第一指挥人根据情况可随时调集消防成员赶赴火灾现场。在第一责任人、第一指挥人、内部或外部增援力量未到事故现场以前,发现事故人员应迅速组织义务消防队员实施灭火扑救。首先要切断电源,利用就近的灭火器、消防栓、铁锹等工具进行灭火,以足够的灭火力量和最快的速度消灭初起火灾。

(2)单位第一责任人在火灾发生后要及时抽调人员成立临时指挥组,负责调动人员、车辆、疏散、供水、医疗及抢救等工作,配合消防部门灭火,查明火灾原因及损失,并拿出处理意见,同时向治安防控中心汇报。

3.3.3 医疗救护组。

由救援组组长负责指挥现场伤员的救治工作,必要时迅速拨打120急救中心电话。

3.3.3.1 火场救人。

(1)疏散人员,在疏散时使受困人员有秩序地撤离火场。

(2)寻找人员的方法和地点:进入室内主动呼喊,观察动静,注意倾听辨别哪里有呼救声、喘息声和呻吟声,要注意搜寻出口(如门窗、走廊等处);在车间、实验室寻人时,注意机器和设备附近。

(3)救人的方法:对于神志清醒,但在烟雾中辨不清方向或找不到出口的人员,可指明通道,让其自行脱险,也可直接带领他们撤出;当救人通道被切断时,应借助消防梯、安全绳等设施将人救出;遇有烟火将人员围困在建筑物内时,应借用消防水枪开辟出救人的通道,并做好掩护;抢救人员也可以用浸湿的衣服、被褥等将被救者和自己的外露部位遮盖起来,防止被火焰灼伤。

3.3.3.2 转移物资。

(1)受到火势威胁的物资应予转移,如妨碍或影响火情侦察、灭火、抢救人员等行动的物资,应予转移。

(2)超过建筑物承重的物资,用水扑救会使建筑物内单位面积上的重量猛增,有引起楼板变形、塌落的危险时,应将物资转移到安全地带。

(3)有些物资因体积大、分量重或因数量多、火势迅猛而来不及转移的,可采用阻燃、防水材料遮盖或用水枪冷却等方法进行保护。

3.3.3.3 警戒与治安。

由行政人事部保安负责在火灾事故现场周围建立警戒区域,实施现场通道封闭,维护火灾现场治安秩序,防止与应急救援无关的人员进入火灾现场,保障救援队伍、物资运输和人群疏散等交通的畅通。

3.3.3.4 人群疏散与安置。

在火灾事故应急预案中,应对疏散的紧急情况和决策、预防性疏散准备、疏散区域、疏散距离、疏散路线、疏散运输工具、安全蔽护场所以及回迁等做出细致的规定,应考虑疏散人群的数量、所需要的时间及可利用的时间、环境变化等问题。对已实施临时疏散的人群，要做好临时安置。

3.4 应急行动组织善后、恢复

3.4.1 善后处理组。

由行政人事部、生产部、财务部组成，负责伤亡人员家属的接待、安抚、抚恤和善后处理工作，负责因处理事故引起的法律诉讼、保险索赔等事宜。

3.4.2 现场恢复。

应急抢险单位在火灾事故抢险工作结束后，对参与火灾事故应急的人员进行清点，使用的抢险物资与装备安排专人进行清点和回收。对使用现场配置的消防器材要及时补配到位。

3.4.3 应急结束。

在充分评估危险和应急情况的基础上，经火灾事故指挥部批准，由现场指挥人员宣布应急结束。

拟定		审核		审批	

第15章 保密管理制度

本章阅读索引：

- 公司保密制度
- 员工保密承诺书签订规定
- 文件、资料保密制度
- 信息安全保密管理办法
- 网络和信息安全事件应急处置和报告制度

15-01 公司保密制度

××公司标准文件		××有限公司 公司保密制度	文件编号××-××-××	
版次	A/0		页次	第×页

1. 目的

根据国家相关规定，结合《公司知识产权管理规定》及具体情况，为保障公司整体利益和长远利益，使公司长期、稳定、高效地发展，适应激烈的市场竞争，特制定本制度。

2. 适用范围

适用于公司所有人员。所有人员，包括技术开发人员、销售人员、行政管理人员、生产和后勤服务人员等（以下简称"工作人员"），都有保守公司商业秘密的义务。

3. 管理规定

3.1 公司秘密的范围

3.1.1 公司秘密是指不为公众所知晓、能为公司带来经济利益、具有实用性且由公司采取保密措施的技术信息和经营信息。

（1）不为公众所知晓，是指该信息不能从公开渠道直接获取。

（2）能为公司带来经济利益、具有实用性，是指该信息具有确定的可应用性，能为公司带来现实的或者潜在的经济利益或者竞争优势。

（3）公司采取保密措施，包括订立保密协议、建立保密制度及采取其他合理的保密措施。

（4）技术信息和经营信息，包括内部文件，如设计、程序、产品配方、制作工艺、制作方法、管理诀窍、客户名单、货源情报、产销策略、招投标中的标底及标书内容等。

3.1.2 公司秘密包括但不限于以下事项。

（1）公司生产经营、发展战略中的秘密事项。

（2）公司就经营管理做出的重大决策中的秘密事项。

（3）公司生产、科研、科技交流中的秘密事项。

（4）公司对外活动（包括外事活动）中的秘密事项以及对外承担保密义务的事项。

（5）维护公司安全和追查侵犯公司利益的经济犯罪中的秘密事项。

（6）客户及其网络的有关资料。

（7）其他公司秘密事项。

3.2 密级分类

公司秘密分为三类：绝密、机密和秘密。

（1）绝密是指与公司生存、生产、科研、经营、人事有重大利益关系，一旦泄露会使公司的安全和利益遭受特别严重损害的事项，主要包括以下内容。

①公司股份构成，投资情况，新产品、新技术、新设备的开发研制资料，各种产品配方，产品图纸和模具图纸。

②公司总体发展规划、经营战略、营销策略、商务谈判内容及载体，正式合同和协议文书。

③按《档案法》规定属于绝密级别的各种档案。

④公司重要会议纪要。

（2）机密是指与本公司的生存、生产、科研、经营、人事有重要利益关系，一旦泄露会使公司安全和利益遭受严重损害的事项，主要包括以下内容。

①尚未确定的公司重要人事调整及安排情况，行政部对管理人员的考评材料。

②公司与外部高层人士、科研人员的来往情况及其载体。

③公司薪金制度，财务专用印鉴、账号，保险柜密码，月度、季度、年度财务预、决算报告及各类财务、统计报表，计算机开启密码，重要磁盘、磁带的内容及其存放位置。

④公司大事记。

⑤产品的制造工艺、控制标准、原材料标准、成品及半成品检测报告、进口设备仪器图纸和相关资料。

⑥按《档案法》规定属于机密级别的各种档案。

⑦获得竞争对手情况的方法、渠道及公司相应对策。

⑧外事活动中内部掌握的原则和政策。

⑨公司总监（助理级别）以上管理人员的家庭住址及外出活动去向。

（3）秘密是指与本公司生存、生产、经营、科研、人事有较大利益关系，一旦泄露会使公司的安全和利益遭受损害的事项，主要包括以下内容。

①消费层次调查情况，市场潜力调查预测情况，未来新产品的市场预测情况及其载体。

②广告企划、营销企划方案。

③总经理办公室、财务部、行政部等有关部门所调查的违法违纪事件及责任人情况和载体。

④生产、技术、财务部门的安全保卫情况。

⑤各类设备图纸、说明书、基建图纸、各类仪器资料、各类技术通知及文件等。

⑥按《档案法》规定属于秘密级别的各种档案。

⑦各种检查表格和检查结果。

3.3 保密措施

3.3.1 各密级知晓范围。

（1）绝密级。董事会成员、总经理、监事会成员及与绝密内容有直接关系的工作人员。

（2）机密级。总监（助理）级别以上管理人员以及与机密内容有直接关系的工作人员。

（3）秘密级。部门经理级别以上管理人员以及与秘密内容有直接关系的工作人员。

3.3.2 公司员工必须具有保密意识，做到不该问的绝对不问，不该说的绝对不说，不该看的绝对不看。

3.3.3 总经理负责领导保密的全面工作，各部门负责人为本部门的保密工作负责人，各部门及下属单位必须设立兼职保密员。

3.3.4 如果在对外交往与合作中需要提供公司秘密，应先由总经理批准。

3.3.5 严禁在公共场合、公用电话、传真上交谈、传递保密事项，不准在私人交往中泄露公司秘密。

3.3.6 公司员工发现公司秘密已经泄露或可能泄露时，应立即采取补救措施并及时报告总经理办公室，总经理办公室应立即做出相应处理。

3.3.7 总经理办公室及各机要部门必须安装防盗门窗、严格保管钥匙，非本部门人员得到获准后方可进入，离开时要落锁，清洁卫生要有专人负责或者在专人监督下进行。

3.3.8 备有计算机、复印机、传真机的部门都要依据本制度制定本部门的保密细则，并严格执行。

3.3.9 文档人员、保密人员出现工作变动时应及时办理交接手续，交由主管领导签字。

3.3.10 司机对领导在车内的谈话要严格保密。

3.4 保密环节

3.4.1 文件打印。

（1）文件由原稿提供部门领导签字，签字领导对文件内容负责，文件内不得出现对公司不利或不该宣传的内容，同时确定文件编号、保密级别、发放范围和打印份数。

（2）打印部门要做好登记，打印、校对人员的姓名应反映在发文单中，保密文件应由总经理办公室负责打印。

（3）打印完毕，所有文件废稿应全部销毁，计算机存盘应消除或加密保存。

3.4.2 文件发送和E-mail使用。

（1）文件打印完毕，由文印室专门人员负责转交发文部门，并作登记，不得转交无关人员。

（2）发文部门下发文件时应认真做好发文记录。

（3）保密文件应由发文部门负责人或其指定人员签收，不得交给其他人员。

（4）对于剩余文件应妥善保管，不得遗失。

（5）发送保密文件时应由专人负责，严禁让试用期员工发送保密文件。

（6）公司禁止员工在工作期间登录个人E-mail。员工在上班期间，应用公司的个人邮箱传递信息。

3.4.3 文件复印。

（1）原则上保密文件不得复印，如遇特殊情况需由总经理批准方可执行。

（2）文件复印应做好登记。

（3）复印件只能交给部门主管或其指定人员，不得交给其他人员。

（4）一般文件复印应有部门负责人签字，注明复印份数。

（5）复印废件应即时销毁。

3.4.4 文件借阅。

借阅保密文件时必须经借阅方和提供方领导签字批准，提供方负责做到专项登记，借阅人员不得摘抄、复印或向无关人员透露，确需摘抄、复印时，要经提供方领导签字并注明。

3.4.5 传真件。

（1）传递保密文件时，不得通过公用传真机。

（2）收发传真件时应做好登记。

（3）保密传真件的收件人只能为部门主管负责人或其指定人员。

3.4.6 录音、录像。

（1）录音、录像应由指定部门整理并确定保密级别。

（2）保密录音、录像材料由总经理办公室负责存档管理。

3.4.7 档案。

（1）档案室为材料保管重地，无关人员一律不准进入。

（2）借阅文件时应填写"申请借阅单"，并由主管领导签字。

（3）秘密文件仅限下发范围内人员借阅，如遇特殊情况需由总经理办公室批准借阅。

（4）秘密文件的保管应与普通文件区别开，按等级、期限加强保护。

（5）档案销毁应经鉴定小组批准后指定专人监销，要保证两人以上参加，并做好登记。

（6）不得将档案材料借给无关人员查阅。

（7）秘密档案不得复印、摘抄，如遇特殊情况需由总经理批准后方可执行。

3.4.8 客人活动范围。

（1）保安部应加强保密意识，无关人员不得在机要部门出入。

（2）客人到公司参观、办事，必须遵循有关出入厂管理规定，无关人员不得进入公司。

（3）客人到公司参观时，不得接触公司文件、货物和营销材料等保密件。

3.4.9 保密部门管理。

（1）与保密材料相关的部门均为保密部门，如总经理办公室、传真室、收发室、档案室、文印室、工艺室、研发室、实验室、配料室、化验室以及财务部、行政部等。

（2）各部门需指定兼职保密员，从而加强保密工作。

（3）保密部门应对出入人员进行控制，无关人员不得进入并停留。

（4）保密部门的对外材料交流应由保密员操作。

（5）保密部门应根据实际工作情况制定保密细则，做好保密材料的保管、登记和使用记录工作。

3.4.10 会议。

（1）所有重要会议均由总经理办公室协助相关部门做好保密工作。

（2）应严格控制参会人员，无关人员不应参加。

（3）会务组应认真做好到会人员签到及材料发放登记工作。

（4）保卫人员应认真鉴别到会人员，无关人员不得入内。

（5）会议录音、摄像人员由总经理办公室指定。

3.4.11 保密协议与竞业限制协议。

（1）公司要按照有关法律规定，与相关工作人员签订保密协议和竞业限制协议。

（2）保密协议与竞业限制协议一经双方当事人签字盖章，即产生法律效力，任何一方违反协议，另一方都可以依法向仲裁机构申请仲裁或向人民法院提起诉讼。

3.4.12 员工离职规定。

（1）员工离开公司时，必须将有关本公司技术信息和经营信息的全部资料（如试验报告、数据手稿、图纸、软盘和调测说明等）交回公司。

（2）员工离开公司时，公司需要以书面或者口头形式向该员工重申保密义务和竞业限制义务，并可以向其新任职的单位通报该员工在原单位所承担的保密义务和竞业限制义务。

（3）员工离开公司后，利用在公司掌握或接触的由公司所拥有的商业秘密，并在此基础上做出新的技术成果或技术创新，有权就新的技术成果或技术创新予以实施或者使用，但在实施或者使用时利用了公司所拥有的且本人负有保密义务的商业机密时，应当征得公司的同意，并支付一定的使用费。

（4）未征得公司同意或者无证据证明有关技术内容为自行开发的新的技术成果或技术创新的，有关人员和用人单位应当承担相应的法律责任。

3.4.13 违纪处理。

（1）公司对违反本制度的员工，可视情节轻重，分别给予教育、经济处罚和纪律处分。情节特别严重的，公司将依法追究其刑事责任。对于泄露公司机密，尚未造成严重后果者，公司将给予警告处分，处以＿＿元的罚款。

（2）利用职权强制他人违反本制度者，公司将给予开除处理，并处以＿＿元以上的罚款。

（3）泄露公司机密造成严重后果者，公司将给予开除处理，并处以＿＿元以上的罚款，必要时依法追究其法律责任。

| 拟定 | | 审核 | | 审批 | |

15-02　员工保密承诺书签订规定

××公司标准文件		××有限公司 员工保密承诺书签订规定	文件编号××-××-××	
版次	A/0		页次	第×页

1.目的

为保障公司及公司客户的利益，确保所有员工了解"员工保密义务承诺书"的内容及签订承诺书，特制定本规定。

2.适用范围

适用于本公司所有员工。

3.管理规定

3.1 保密原则

3.1.1 所有员工均有机会获取对公司内部和外部有利或有价值的机密信息。对于保证不泄露机密信息是十分重要的，这是我们开展业务的基本原则，公司每位员工都负有保护公司和客户信息的责任。

3.1.2 公司将保密性视为一个极为重要的问题，任何违反该原则的行为均将被视为违反公司规章制度,公司有正当理由辞退违反者。

3.1.3 任何员工违反保密原则的任何行为都将受到纪律处分,直至辞退处分;甚至可能因其违反适用的法律法规,而对其追究民事罚款和/或刑事处分。

3.2 保密义务承诺书的签署

3.2.1 所有员工均须签署本承诺书,保证其未泄露或未不正当地使用保密信息。

3.2.2 承诺书须在员工正式任职于本公司前予以签署,以保证员工明白并确认其对保密义务的承诺。

3.2.3 对于有机会接触公司保密信息的非正式员工,包括但不限于分支机构员工、实习生、兼职人员等,均应签署本承诺书。

3.3 保密内容

3.3.1 客户信息及资料。

(1)公司规章制度及职业道德要求公司每位员工对公司和客户机密信息负有保密责任,员工承诺对上述机密信息将永不泄露、不予以不正当使用。

(2)所有员工不应有如下行为。

①与第三方讨论其他客户事务。

②向未被允许获得机密信息的职员泄露机密信息。

③在公共场合讨论保密的公司或客户事务信息。

④在社交活动中谈论有关客户事务。

⑤未经许可将重要资料带离公司。

⑥其他有违反公司规章制度和职业道德的行为。

注:上述规定无论在员工任职于本公司期间或离开本公司后均适用。

3.3.2 公司、供应商信息及材料。

(1)作为公司的职员都有机会拥有、获得或参与公司经营管理的信息和材料,包括公司、公司的供应商的机密/专有信息和材料。保密信息和/或专有信息材料包括以下内容。

①业务程序。

②营销计划、客户名录。

③价格。

④软件。

⑤硬件。

⑥知识产权,如专利、版权、商业机密、商标和服务商标。

⑦任何对公司所从事的行业尚未被广知或普遍获取的信息。

(2)禁止将任何保密和/或专有信息用于或泄露给公司之外的任一方,为了执行公司职能需要的除外。

3.3.3 员工报酬。

公司严格遵守所有有关报酬事务的机密性，员工的报酬是员工与公司有关管理层之间商定之事。

3.3.4 公司产权。

（1）下列秘密属于公司产权。

①公司的交易秘密，包括商品产、供、销渠道，客户名单，买卖意向，成交或商谈的价格，商品性能、质量、数量、交货日期。

②公司的经营秘密，包括经营方针，投资决策意向，产品服务定价，市场分析，广告策略。

③公司的管理秘密，包括财务资料、人事资料、工资薪酬资料、物流资料。

④公司的技术秘密，包括产品设计、产品图纸、生产模具、作业蓝图、工程设计图、生产制造工艺、制造技术、计算机程序、技术数据、专利技术、科研成果。

（2）无论是员工职责以内或是职责以外，但由公司特别指定完成的所有公司产权范围内秘密的所有权和获利权完全属于公司所有。员工必须清楚地认识到公司享有对上述秘密通过任何方法、在任何场所以任何形式使用的权力，而不必向员工支付额外酬劳。公司要求员工在必要情况下需以上述行为为准则，完全地、行之有效地维护公司秘密的所有权及由此引出的获利权。

（3）员工在任职期间或离职后，不得破坏任何秘密的有效性和合法性。

3.4 离职限制

除非经过公司最高权限主管的书面同意，否则员工在离职（包括终止、解除劳动合同，退休）后的1年内（____职等以下）、2年内（____职等以上）必须遵守以下规定。

（1）不得直接或间接地与公司客户，或与公司有合作协议的公司或个人建立业务往来。

（2）不得要求或说服公司在职员工离开公司。

（3）不得妨碍为公司供应产品、资料或服务的供应商对公司的继续供应。

（4）不得以任何形式从事公司同类产品的生产和经营，不得利用公司的商业保密为他人与自己谋求利益，不得服务于与公司服务客户有直接竞争关系的客户，公司支付给员工的薪酬中已包含了员工遵守此项竞业限制的补偿。

3.5 与保密义务有关的行为规范

3.5.1 作为公司的员工，员工应承诺对所有有助于公司高效运行、开拓发展的人士（包括客户、职员及供应商）负有保密责任。

3.5.2 员工应对有关公司业务和客户的所有信息进行保密，保密信息不应作为获取个人利益之用。

3.5.3 员工须承诺不为个人或家庭的利益，而直接或间接地有任何与公司有竞争性质的行为或与公司的责任相悖的行为。

3.5.4 员工承诺将不因个人利益，接受供应商、潜在供应商或第三方的金钱和具有相当价值的货物和服务。

3.5.5 若有任何与此规范实际或潜在的冲突的行为，需及时向公司总经理汇报。

| 拟定 | | 审核 | | 审批 | |

15-03 文件、资料保密制度

××公司标准文件		××有限公司 文件、资料保密制度	文件编号××-××-××	
版次	A/0		页次	第×页

1. 目的

为保守公司机密，维护公司权益，特制定本制度。

2. 适用范围

公司每个员工都有保守公司机密的义务。接触到公司商业机密的高级员工，如管理人员、财务人员、销售人员、总经办等对保守公司机密负有特别的责任。

3. 管理规定

3.1 保密办法

3.1.1 密级的分类。公司机密的密级分为"绝密""机密""秘密""公开"四级。

（1）绝密是指最重要的公司机密，泄露会使公司的权益和利益遭受特别严重的损害，仅限于公司内部个别人员知悉。

（2）机密是指重要的公司秘密，泄露会使公司权益和利益遭受到严重的损害，仅限于文件处理过程中的相关人员知悉。

（3）秘密是指一般的公司机密，泄露会使公司的权益和利益遭受损害，仅限于公司内部员工知悉。

（4）公开是指公司可对内、对外公开的，不会损害公司的权益和利益的各类文件资料。

3.1.2 密级的确定。

（1）公司经营发展中，直接影响公司权益和利益的重要决策文件为绝密级。

（2）公司的规划、财务报表、统计资料、重要会议记录、公司经营情况为机密级。

（3）公司人事档案、合同、协议、职员工资性收入、尚未公开的各类信息、公司规章制度、奖惩文件等为机密级。

（4）公司年报等各类信息为公开。

3.1.3 公司保密范围。

（1）公司商业机密。

（2）公司重大决策中的机密事项。

（3）公司尚未付诸实施的经营战略、经营方向、经营规划、经营项目及经营决策。

（4）公司内部掌握的合同、协议、意见书及可行性报告、主要会议记录。

（5）公司所掌握的尚未公开的各类信息。

（6）公司工资薪酬福利待遇。

（7）其他经公司确定应当保密的事项。

3.1.4 各部门保密范围。

各部门保密范围

序号	部门	保密范围
1	行政部	（1）公司未公布的人事调动、人事任免，机密文件 （2）公司机构的设置、编制、人员档案等，机密文件 （3）公司各级员工的个人薪金收入情况，机密文件 （4）费用支出登记表，机密文件 （5）材料报销单，机密文件 （6）各类合同，机密文件 （7）部门保管或经手的其他机密文件
2	财务部	（1）公司财政预算、决策报告、财务报表、统计资料、财务分析报告、审计资料、银行账号，机密文件 （2）投标预算文件，机密文件 （3）工程标后预算，机密文件 （4）各类合同，机密文件 （5）账本、凭证，机密文件 （6）部门保管或经手的其他机密文件
3	业务部	（1）公司客户的资料，机密文件 （2）公司销售合同及请款单，机密文件 （3）部门保管或经手的其他机密文件
4	工程部	（1）标后预算，机密文件 （2）各类合同，机密文件 （3）报料单、收料单，机密文件 （4）部门保管或经手的其他机密文件
5	品管部	（1）项目检查记录，机密文件 （2）分段验收记录，机密文件 （3）部门保管或经手的其他机密文件
6	采购部	（1）供货商报价单，机密文件 （2）与供应商合同（采购单），机密文件 （3）项目配置方案，机密文件 （4）供应商产品资料，机密文件 （5）部门保管或经手的其他机密文件

（续表）

序号	部门	保密范围
7	设计部	（1）工程图纸、效果图等，机密文件 （2）部门经手或保管的其他机密文件
8	战略发展部	（1）标书、组织施工方案，机密文件 （2）通知、制度，机密文件 （3）部门经手或保管的其他机密文件
9	物控部	（1）物料入库（出库）单，机密文件 （2）物料台账，机密文件 （3）部门经手或保管的其他机密文件
10	客服部	（1）客户验收单，机密文件 （2）安装图纸，机密文件 （3）部门经手或保管的其他机密文件

3.1.5 保密期限。

保密期限分8年、5年、1年，一般与密级相对应，特殊情况另下应标明。保密期限届满，除要求继续保密事项外，自行销毁。

3.1.6 文件保密措施。

（1）对于公司的密级文本文件、资料和其他物品由各部门经理指定专人保管对于公司各类电子版密级文件，由各部门经理或部门经理指定人员保管，并对文件采取加密措施，以防止泄露。

（2）在对外交往与合作中需要提供公司机密事项的，应当事先经总经理批准。

（3）不准在私人交往和通信中泄露公司机密，不准在公共场所谈论公司机密，不准通过其他方式传递公司机密。

（4）公司工作人员发现公司机密已经泄露或者可能泄露时，应当立即采取补救措施并及时报告总经办，总经办接到报告，应立即做出处理。

（5）总经办文员对各部门保密文件及保密措施进行定期检查，检查时间为三个月一次。

3.1.7 文件复印、领用、查阅权限。

（1）除总经理以外人员不得翻阅绝密文件，更不得留存绝密文件和电子文件，以防止泄露。

（2）部门经理级人员可以查阅、复印、领用本部门机密文件，跨部门查阅、复印、领用机密文件须经该部门经理同意。部门经理级以下人员查阅、复印、领用本部门机密文件须本部门经理同意，部门经理级以下人员跨部门查阅、复印、领用机密文件，须经本部门经理批准，文件保管部门经理同意。

（3）部门经理级人员可以查阅、复印、领用公司机密文件。部门经理级以下管理人员可以查阅公司机密文件需复印、领用机密文件的，须经部门经理批准。

（4）公司员工及客户可以查阅、领用公司公开文件资料。

3.2 员工泄密处理

3.2.1 出现下列情况之一者，给予警告，并扣发工资____元以上____元以下：

（1）泄露公司机密，尚未造成严重后果或经济损失的。

（2）已经泄露公司机密但采取补救措施的。

3.2.2 出现下列情况之一的，予以辞退并酌情赔偿经济损失：

（1）故意或过失泄露公司机密，造成严重后果或重大经济损失的。

（2）违反本保密制度规定，为他人窃取、刺探、收买或违章提供公司机密的。

（3）利用职权强制他人违反保密规定的。

3.3 权利与义务

3.3.1 公司提供员工正常的工作条件和业务拓展的空间，努力创造有利于员工发展的机会

3.3.2 员工严格遵守本公司保密制度，防止泄露公司机密，员工未经批准，不准复印、摘抄、随意或恶意拿走公司的机密文件和计算机软、硬件等。

3.3.3 员工未经批准、不得向他人泄露公司机密、信息。

3.3.4 非经公司书面同意，不得利用公司机密进行生产与经营活动。

3.3.5 员工应妥善谨慎保管和处理公司及客户的机密信息资料及固定资产，如有遗失应立即报告并采取补救措施挽回损失。

3.4 注意事项

3.4.1 部门发出的各项文件，必须在文件右上角上加注保密等级标志，保密等级标志统一为"宋体五号字"并加灰底边框，针对不便加注保密等级标志的文件须于总经办登记并盖章后发出。

3.4.2 保密文件必须及时亲自处理，不得代办、留存。

3.4.3 公司人员应养成良好的保密习惯，做到：不是自己应知道的事，不问；对别人不应知道的事，不说。

| 拟定 | | 审核 | | 审批 | |

15-04　信息安全保密管理办法

××公司标准文件		××有限公司 信息安全保密管理办法	文件编号××-××-××	
版次	A/0		页次	第×页

1. 目的作用

企业内部的"信息流"与企业的"人流""物流""资金流",均为支持企业生存与发展的最基本条件。可见信息与人、财、物都是企业的财富,但信息又是一种无形的资产,客观上给人们利用过程中带来安全管理上的困难。为了保护公司的利益不受侵害,需要加强对信息的保密管理,使公司所拥有的信息在经营活动中充分利用,为公司带来最大的效益,特制定本制度。

2. 管理职责

由于企业的信息贯穿在企业经营活动的全过程和各个环节,所以信息的保密管理,除了领导重视而且需全员参与外,各个职能部门人员都要严格遵守公司信息保密制度,公司督察部具体负责对各部门执行情况的检查和考核。

3. 企业的信息及其安全隐患

3.1 涉及企业安全的信息

在本公司,涉及企业安全的信息包括以下方面。

3.1.1 技术图纸。主要存在于技术部、项目部、质管部。

3.1.2 商务信息。主要存在于采购部、客服部。

3.1.3 财务信息。主要存在于财务部。

3.1.4 服务器信息。主要存在于信管部。

3.1.5 密码信息。存在于各部门所有员工。

3.2 风险

针对以上涉及安全的信息,在企业中存在如下风险。

3.2.1 来自企业外的风险

(1)病毒和木马风险。互联网上到处"流窜"着不同类型的病毒和木马,有些病毒在感染企业用户计算机后,会篡改计算机系统文件,使系统文件损坏,导致用户计算机最终彻底崩溃,严重影响员工的工作效率;在用户访问网络的时候,有些木马会被植入计算机中,轻则丢失工作文件,重则泄露机密信息。

(2)不法分子等黑客风险。计算机网络的飞速发展也导致一些不法分子利用网络行窃、行骗等,他们利用所学的计算机编程语言编译有特定功能的木马插件,经过层层加壳封装技术,用扫描工具找到互联网上某计算机存在的漏洞,绕过杀毒软件的追击和防火墙的阻挠,从漏洞进入计算机,然后在计算机中潜伏,依照不法分子设置的特定时间运行,开启远程终端等常用访问端口,那么这台就能被不法分子为所欲为而不被用户发觉,尤其是技术部、项目部和财务部计算机若被黑客植入"后门",留下监视类木马插件,将有可能造成技术图纸被复制泄露、财务网银密码被窃取。还有些黑客纯粹为显示自己的能力以攻击为乐,他们用以上方法在网络上"绑架"了成千上万的计算机,让这些计算机成为自己"傀儡",在网络上同时发布大量的数据包,前几年流行的洪水攻击及DDoS分布式拒绝服务攻击都由此而来,它会导致受攻击方服务器资源耗尽,最终彻底崩溃,同时整个网络彻底瘫痪。

3.2.2 来自企业内的风险。

(1)文件的传输风险。若有员工将公司重要文件以QQ、MSN、微信发送出去,将会造成企业信息资源的外泄,甚至被竞争对手掌握,危害到企业的生存发展。

(2)文件的打印风险。若员工将公司技术资料或商业信息打印到纸张上并带出公司,会使企业信息资料外泄。

(3)文件的传真风险。若员工将纸质重要资料或技术图纸传真出去,以及将其他单位传真给公司的技术文件和重要资料带走,会造成企业信息的外泄。

(4)存储设备的风险。若员工通过光盘或移动硬盘等存储介质将文件资料复制出公司,可能会泄露企业机密信息。若有动机不良的员工,私自拆开计算机机箱,将硬盘偷偷带出公司,将会造成企业信息的泄露。

(5)上网行为风险。员工可能会在计算机上访问不良网站,将大量的病毒和顽固性插件带到企业网络中来,造成计算机及企业网络的破坏,更甚者,在计算机中运行一些破坏性的程序,导致计算机系统的崩溃。

(6)用户密码风险。主要包括用户密码和管理员密码。若用户的开机密码、业务系统登录密码被他人掌握,可能会窃取此用户权限内的信息资料和业务数据;若管理员的密码被窃取,可能会被不法分子破坏应用系统的正常运行,甚至会被窃取整个服务器数据。

(7)机房设备风险。主要包括服务器、UPS电源、网络交换机、电话交换机、光端机等。这些风险来自防盗、防雷、防火、防水。若这些自然灾害发生,可能会损坏机房设施,造成业务中断。

(8)办公/区域风险。主要包括办公区域敏感信息的安全。有些员工缺乏安全意识,在办公区域随意堆放本部门的重要文件或是在办公区域毫不避嫌谈论工作内容,若不小心被其他人拿走或听到,可能会泄露部门工作机密,甚至是公司机密。

4.信息安全总则

4.1 计算机设备安全管理

4.1.1 公司所有人员应保持清洁、安全、良好的计算机设备工作环境,禁止在计算机应用环境中放置易燃、易爆、强腐蚀、强磁性等有害计算机设备安全的物品。

4.1.2 严格遵守计算机设备使用、开机、关机等安全操作规程和正确的使用方法。

任何人不允许私自拆卸计算机组件，计算机出现故障时应及时向信息管理部报告，不允许私自处理和维修。

4.1.3 发现由以下个人原因造成硬件的损坏或丢失的，其损失由当事人如数赔偿：违章作业；保管不当；擅自安装、使用硬件和电气装置。公司每位员工对自己的工作计算机既有使用的权利又有保护的义务。任何硬件损坏必须给出损坏报告，说明损坏原因，不得擅自更换。公司会视实际情况进行处理。

4.1.4 下班后所有不再使用的计算机，应关闭主机电源，以防止意外，对于共同使用的计算机，原则上由最后一个退出系统的使用人员关机，并关闭电源。外人未经公司领导批准不得操作公司计算机设备。

4.2 部门资料安全管理

4.2.1 外接存储设备安全管理。

（1）严禁所有人员以个人介质光盘、U盘、移动硬盘等存储设备复制公司的文件资料并带出公司。

（2）若因出差等原因需要复制文件资料到存储设备中，需要向上级请示此行为，并以公司存储设备进行文件复制。

（3）为确保硬盘的安全，严禁任何人私自拆开计算机机箱。

①将用户主机贴上封条标签，除信管部人员外，任何人不得私自拆开机箱，若信管部进行计算机硬件故障排查时，拆除封条标签后，在故障排查结束及时更换新的封条标签。信管部将定期检查，若发现有封条拆开痕迹，将查看视频监控记录，追查相关人责任。

②给每台计算机主机配备锁柜，将所有用户主机存放在锁柜内，锁柜钥匙统一由信管部保管，若需要为用户处理计算机故障，信管部在打开锁柜处理完计算机故障时，一定要锁好主机柜，确保主机内硬盘的安全。

4.2.2 文件传真安全管理。

（1）所有人员对外发送传真，必须经上级核实后，统一在综合部登记，由综合部发送，严禁个人私自在未经许可的情况下对外发送任何类型的传真文件，一经发现，所有后果将由个人承担。

（2）在对内传真文件时，应即刻通知传真接收人接收并取走传真件，在传真结束时，应马上取走传真原件。若因传真时没有取走传真件，导致传真件丢失，造成本部门信息外泄，则由本人承担一切后果。

4.2.3 文件打印安全管理。

（1）所有人员不得私自将公司文件打印并带出公司，一经发现，严肃处理。

（2）若在上班时间，打印工作文件时，需要即刻在打印机处等候文件的打印，文件打印完成后马上取走，若因文件打印时有其他紧急事件，应该通知本部门人员代为领取打印文件。

（3）禁止一切打印后未及时取走打印文件的行为，一经发现，将对本人警告，若因打印后，文件丢失，造成信息资料外泄，则由本人承担相关责任。

4.2.4 文件的存储安全管理。

（1）所有部门人员应每周清理计算机中的文件，清除不需要的垃圾文件，将重要的文件和工作资料保存在特定的文件夹里，每月月末应将计算机中的文件资料做一次备份，将文件资料备份到部门专用U盘或移动硬盘上，确保个人工作资料的文件归档，在计算机突发性故障或硬盘损坏时，能够及时恢复最近的工作资料；计算机桌面上的文件应每周末复制到非系统盘符中或不要在桌面存放任何工作性文件资料。

（2）若因个人原因未执行备份，造成数据资料丢失时，将由本人承担相关后果。

（3）若员工离职，在办完离职手续后，所在部门负责人应联系信管部协助将此员工将工作资料复制到部门U盘或移动硬盘上，若没有执行此安全过程，离职员工损失的文件资料由该部门承担。

4.2.5 办公区域的安全管理。

（1）所有部门人员每天下班时应保证办公桌的整洁，将部门重要文件资料存放在个人抽屉柜中，并检查确保办公桌上没有存放重要文件或其他有可能泄露本部门工作内容的信息源。

（2）若因资料没有存放好，被他人取走，造成的后果将由本人承担。

4.3 账号密码安全管理

4.3.1 使用者须妥善保管好自己的账户和密码。严防被窃取而导致泄密。账户及密码由网络管理员设置后通知员工，员工不得随意更改密码。所有员工必须在所使用的计算机中设置开机密码和屏幕保护密码。为了保护公司的信息资产，设置密码时应注意：密码至少有8个字符长；密码必须包含以下任一部分，字母A～Z或a～z，数字0～9，特殊字符，例如$、-等。

4.3.2 计算机密码管理：每个员工拥有一个公司内部计算机登录账户。新员工申请账户时需要向网络管理员提供姓名、部门、职位等信息，网络管理员在一天内将账户信息通知其本人。公司所有用户在分配到工作计算机时，应首先更改自己的计算机登录密码，并将个人登录密码在信息管理部登记，若更改密码后未进行登记，一经信管部发现，将对该用户进行口头警告。同时，因没有及时向信管部备案造成的计算机故障问题或文件丢失等问题，信管部不承担责任。

4.3.3 应用系统密码管理：所有ERP用户及OA用户都将分配到一个账号和密码，账号是不变的，用户可以更改自己的系统密码，密码尽可能设置为高安全性的复杂密码，严禁用户将密码设置为如123456等"傻瓜式"密码，若密码设置过于简单，被其他用户非法登录后，在ERP中将会非法编制篡改单据，在OA中非法冒用流程管理权限,若产生此情况,将会导致严重的后果;严禁将ERP账号或OA账号密码透露给他人,让他人代已做ERP单据或办理OA流程;员工调离岗位或离职,所在部门负责人应及时通知信管部注销该员工的应用系统账户。若因以上原因造成的信息安全后果将由本人承担。

4.3.4 采用用户身份认证系统:目前本公司登录服务器采取的是静态密码认证,这种密码保护技术是最低层次的。在企业内,容易被其他部门人员注意到服务器登录密码,从而可能会被动机不良的员工登录到服务器,破坏服务器数据;在企业外,容易遭到黑客字典扫描破解密码,从而攻击各应用服务器,破坏或盗取商业数据等。因此,在未来的发展规划中,要将用户身份认证当作安全的一个重大隐患,想办法解决这个问题。

这里,可以采取动态口令牌或US(2)KEY认证技术,并选择其中一种技术与公司现有的静态密码技术相结合,动态口令牌随机生成动态密码,并于60秒内自动刷新密码,无法采用数据字典扫描破解密码,让黑客攻击行为束手无策;而US(2)KEY采用USB密钥,存储特定的加密算法,只有将USB钥匙接上计算机,与计算机中存储的认证软件验证通过后,才能进入。通过"动态+静态"混合身份认证,或"硬件+软件"混合身份认证,保证服务器的登录基于网内的行为、网外的行为都是安全的。

4.4 杀毒软件安全管理

用户使用的杀毒软件和防火墙已经设置好自动调度更新和病毒库升级,每日定时杀毒,使用者也应经常手动扫描杀毒。

4.5 各类软件安全管理

软件原始盘片应交综合部保管,软、硬件设备的原始资料(软盘、光盘、说明书及保修卡、许可证协议等)交综合部保管。保管应做到防水、防磁、防火、防盗。使用者必需的操作手册由使用者长借、保管。

4.6 邮件安全管理

所有因公对外联系的电子邮件一律通过公司邮箱在指定的计算机上进行收发(参考邮箱管理制度)。

4.7 使用者的安全防范意识

综上所述,使用者应该具有一定的安全防范意识,具体应做到以下几点。

4.7.1 日常工作信息安全。

(1)员工应对在自己公司计算机内公司机密信息的安全负责,当需暂时离开座位时必须立即启动屏幕保护程序并带有密码。

(2)员工有责任正确地保护分配给本人的所有计算机账户。

(3)各部门经理及人事部应及时向信息管理部提供本部门及公司员工的人事及职位变动信息。

（4）每台公司计算机内必须安装反病毒软件并启动实时扫描程序。信息管理部可以提供最新杀毒软件。

（5）不得安装有可能危及公司计算机网络的任何软件，若实在有需要进行软件测试的必须将计算机脱离公司计算机网络进行单机操作。

（6）任何对公司内部计算机网络的黑客行为是绝对禁止的，一经查实将按公司有关规定严肃处理。

（7）假期时间办公室的安全：确保工作计算机的安全，在离开之前的一周内备份文件。在即将离开之际确保计算机关机并设有开机密码，其他信息管理设备的电源也必须切断。

（8）确保数据的安全：确保备份数据源和所有机密文件被妥善锁好。公司高度秘密和秘密信息在不用时必须总是被保存在设有密码锁或钥匙的柜中。公司的机密信息必须存放在锁上的办公桌或文件柜中。

（9）当员工在外的时候：不要在任何地方谈论公司的机密信息。公司的竞争对手成员也可能在休假，而且总在探听本公司的消息，任何信息都可能是他们所需要的。

（10）当员工回来的时候：如果发现在安全方面有任何可疑之处都要向公司有关方面进行汇报。报告任何意外对于正确调查和阻止任何更进一步错误的行为是很重要的。

4.7.2 常规注意事项。

（1）任何外来盘片（包括CD、VCD碟片及软盘），只有经过系统管理员确认不带病毒后，才可在公司计算机上使用，否则造成病毒感染或其他破坏的，公司将对其责任人进行罚款处理，每次金额50～500元。

（2）个人未经公司领导允许不得擅自将公司保密的商务资料、技术文件输出，若需输出必须履行审批手续。申请人填写申请单，写明输出资料内容、份数、路径、用途、申请日期、申请人等项目，经部门领导和公司领导共同签字审批后，交由专人上机操作。

（3）未经系统管理员许可，不得从互联网上下载安装任何软件，系统管理员将不定期检查，发现有违反本条规定的，将给予50～500元的罚款。

（4）严禁在工作时间利用计算机网络从事与本职工作无关的活动，发现有违反本条规定的，将给予50～200元的罚款。

5.各部门安全防范措施细则

5.1 采购部的安全处理措施

5.1.1 采购招标的安全管理。

（1）由采购部门编写招标计划，经部门负责人签字后，上报总经理审批，总经理根据生产过程的物料需求及原有的物料采购价格决定是否需要寻找新的货源，若审批同意后，采购部才可以开展招标工作。

（2）采购部制定招标邀请书，邀请众多有法人资格、供货条件的单位参与本公司的招标活动。

（3）在发标书的过程中，采购部应遵守下列原则。

①招标的公开性：对于采购的招标信息应该公开；评标的标准和程序应该公开；中标的结果应该公开。

②招标的公平与公正：对待各方投标者一视同仁，不得对任何投标方带有主观意见。

③招标的保密性：采购部人员严禁以任何形式向投标方透露招标的意向。评标完成后提交评标报告给总经理，最后由总经理中标、授标。

5.1.2 采购价格及供应商的信息安全保密。

要求采购部所有人员不得以任何形式向其他部门或外部人员透露物料采购的价格，严禁向他人透露各种物料的供货来源。采购部人员要随时检查个人办公区域的文件资料是否存放好，防止因打印的采购价格表和供应商联络单没有存放好，导致采购信息资料外泄。要求部门人员要严格保管好工作纸质文件，同时一定要在计算机中设置带密码的屏幕保护，确保价格信息与供应商资料的电子信息安全。

5.2 客服部

5.2.1 客服部有如下工作存在安全隐患。

（1）及时向甲方传递发货信息与到货信息。

（2）甲方基地发货及库存统计：记录甲方发往各工场的数据，盘点甲方各基地库存数。

（3）总经办工作安排。

5.2.2 以上存在的安全隐患及处理措施如下。

（1）发货、到货、现场库存信息安全。客服部人员在统计往工场发货及现场库存的时候，可能会因为客服部盘点疏忽，最终统计的库存结果不准确。这会造成公司的发货信息与现场到货数量不一致，从而需迅速查找整个发货到货流程的出错环节；甚至会因为库存统计的不准确，延迟发货到货时间，导致现场库不能及时向工场发货，从而影响客户的业务。客服部现场人员必须每日在OA中编写日记，以便部门领导能随时掌握此现场人员的工作动态，现场人员要认真盘点到货数量及现场库存信息，在现场与甲方进行每月、每季、每年度的数据核对，确保到货数量与发货数量一致，并随时向部门负责人汇报。

（2）总经办的日程安排管理。在实际的工作中，总经理因工作繁忙暂时不在公司，一些待办理的工作无法通过审核。客服部负责人要了解总经办的行程，并确保行程不被泄露，保证总经理的其他事务不会受到打扰，在总经理方便时，提醒总经理处理一些比较紧急的待办文件；若总经理不在公司，以先短信后电话的形式向总经理汇报待办理的文件类型，在总经理办理完成后，及时将文件下发给相应部门。

5.3 项目部的安全处理措施

5.3.1 图纸的安全管理。

项目部的图纸只允许在部门内部传阅。在进行项目生产时，工艺员申请借阅项目图纸，经签字确认后，档案专员将图纸副本发放给工艺员，工艺员负责监督技术人员和操作人员严格按照图纸进行生产，确保生产过程符合ISO 9000体系要求。生产完成后，工艺员将图纸返还给档案专员，图纸副本重新归档。在借阅过程中，严禁借用人将图纸传阅给其他人员，一经发现，必将严肃处理。

5.3.2 工艺技术文件的安全管理。

项目生产的工艺技术文件由计划员归档保存，在组织生产人员进行操作培训时，指导操作人员学习质量文件和相关工艺规程，培训过程中，确保工艺技术文件只在培训过程中流转，培训完成后，收回所有的技术文件，禁止任何人以任何理由将文件带出公司。禁止任何人复印、传真此类文件。

5.3.3 人员的安全管理。

项目部保管着生产技术文件和图纸，公司的人员流动很容易造成技术的泄露。鉴于此，部门应严格控制工艺技术文件及图纸的传阅。文件将由专员保管，禁止部门人员在未经允许的情况下传真或复印此类文件；在部门员工调动或离职前，由部门档案专员收回该员工所有工作文件。若档案专员调动或离职，由部门经理亲自收回该岗位所有的工作资料，并清点所有书面文件和电子文件是否存在缺损或丢失的情况，最大限度避免人员流动造成技术资料的外泄。

5.4 仓储部存在的安全隐患及处理措施

5.4.1 物料库存安全。

物料采购入库后，仓储部做好物资的保管工作，如实登记仓库实物账，经常清查、盘点库存物资，确保系统账、查、存、卡、实物一致；做好物资采购、存储、生产领用各环节平衡衔接工作，做到物料的先进先出，当保管物料的库存量不足时，及时通知采购部，由采购部制订新的计划进行物料采购，再入库存，确保生产有序进行。

5.4.2 物料信息安全。

仓储部所有人员不得向任何人以任何形式透露各种物料的供货数量、供货来源。仓储部负责人应严格规范部门人员的安全防范意识，并严格存放好入库单和领料单等纸质单据，确保不会因为单据的存放不善而泄露物料供货信息。

5.4.3 仓库整体安全。

做好物资的存储工作，按品种、规格、体积、重量等特征决定存放的方式与位置，仓库物品堆放整齐、平稳，合理利用储物空间，减少地面负荷，便于盘存和领取，并有效做到先进先出；做好仓库的安全、防火、防盗、防爆、卫生工作，确保仓库和物资的安全；对危险品需进行单独存放与隔离、管制。

5.5 技术研发部的安全处理措施

5.5.1 图纸的归档。

（1）外来书面图纸：公司指定收件人收到后整理并编制归档，确认完整无误后，交由综合部档案管理员。图纸蓝图邮寄到公司总部，复印件登记，入库经总经理批示发放至相应部门。

（2）电子版图纸：外来电子版图纸，由公司指定专人负责接收。打印一份，并同时将电子文件交档案管理员登记入库，经总经理批示发放至相应部门；若外来电子版图纸已由对方传至我方项目人员处，项目人员应将图纸资料整理后报综合部存档，由综合部统一打印及按公司规定下发至相应的职能部门，若出现图纸变更时，综合部应及时替换旧版电子图，并回收已发放的旧版图纸。

（3）内部设计电子版图纸：在工程完工后一周内，技术人员应将最后定稿图纸交综合部，由其在三天内加密统一刻录光盘。一式两份，公司领导及综合部档案管理员各保管一份。

5.5.2 外来工艺文件、技术规格书。

技术人员在收到文件后一个工作日内整理无误，交综合部档案管理员登记、入库经总经理批示后方能发放。

5.5.3 内部拟定的工艺文件、技术规范文件。

（1）公司自行编写的生产工艺文件，经总经理审批签署后交综合部档案管理员入库存档。

（2）移交文件时，移交人应备有档案实体和目录，经档案管理员对照验收无误后方能办理移交登记手续。

（3）档案管理专员应仔细检查文件材料是否完整、齐全，签署是否齐全，凡不符合规定要求者，有权拒绝接收，并限期改正补交。

（4）移交时，移交和接收文件方均应建立书面移交记录。

5.5.4 技术图书、期刊、标准的管理。

公司购入的技术图书、期刊和标准，均属公司固定资产，应由综合部加盖行政专用章后登记、入库，领用、借用、查阅应办理审批、发放登记手续。损坏、丢失应由责任人负责全价赔偿或购买新书。

5.5.5 技术项目往来传真件。

综合部收到技术文件后，下发到相应部门，相关责任人签收签字。同时保留复印件，按项目不同分类，待项目结束后，各负责人将其保存的传真复印件整理装订后归档。

5.5.6 技术项目往来电子邮件。

由公司指定接收人以及综合部邮箱管理员定期下载整理。每月将电子邮件交综合部统一刻制成光盘存档。

5.5.7 本行业其他公司宣传画册、样本、产品信息等文件，由综合部按《样本资料明细表》登记保管，使用人可查询使用，不得私自留存。

5.5.8 技术文件的复印。

归档的技术文件确因工作原因需要复印时，须由使用人到综合部填写《资料复印申请表》，经总经理批准后，综合部指定人员复印后发放至使用人。

5.5.9 技术文件的借阅。

（1）借阅手续：各部门有关工作人员因工作需要借阅归档技术文件，应办理调阅手续，经部门负责人签字，交公司领导批准后方可办理借阅手续。

（2）借阅记录：档案管理员应有清楚、准确的借阅记录，包括借阅人、借阅资料名称、借阅时间、归还时间、签字等。

（3）借阅时间：一般最长不超过8个小时，超过8个小时需在办理调档申请时特别说明。如员工因工作原因经批准需要带出资料时，则其返回后一个工作日内归还。

（4）归还要求：借阅的资料交还时，必须由经办人当面点交清楚，如发现遗失或损坏，应立即报告领导，同时应追究使用人的责任。

5.5.10 公司所有技术文件均应先由综合部专人登记入库，经总经理批示后分发至相应部门负责人处，由其向部门员工下发。各部门负责人应做好本部门技术资料的保密工作，若保管技术资料人员离职时应向综合部交回相关的技术资料。综合部下发技术文件时，须由签收人签字确认。

5.6 质管部的安全处理措施

5.6.1 工艺文件的安全管理。

部门档案专员保管本部门的工艺文件。此文件用于检验新工艺生产过程中各环节是否存在质量不合格的情况，若要进行生产过程检验，在部门负责人授权下，部门档案专员将工艺文件副本传阅给质量管理工程师及部门其他管理人员，质量工程师或其他管理人员根据工艺文件的标准，对生产现场各道工序施工工艺、方法、操作规程进行检查监督，提出生产过程中的不合项，对不合格项进行跟踪验证。生产过程检验完毕后，质量工程师将工艺文件副本返还给部门档案专员，最后由档案专员进行文件归档。工艺文件仅允许部门内部管理人员传阅，不得借阅给其他任何部门及工人。若部门管理人员借阅工艺文件后，造成的文件丢失，则借阅者承担相关责任。

5.6.2 验收图纸的安全管理。

（1）验收图纸用于检验生产完工后的产品是否合格，由部门档案专员保管。质量工程师借阅验收图纸后，以此为标准对完工产品进行鉴定，若合格，则调入成品库；

若不合格，则对不合格项进行跟踪验证，直到产品合格为止。

（2）验收图纸借阅分为以下几种情况。

①内部管理人员借阅。验收图纸只允许本部门内管理人员的互相传阅，借阅人在档案专员处登记，确定归还时间后，档案专员对其分发验收图纸副本，借阅完后，及时归还给档案专员，禁止传阅给部门非管理人员。

②技术研发部人员借阅。只有技术研发部人员才能借阅本部门验收图纸。在借阅时，要遵守借阅流程，在技术研发部经理签字后，上报总经理审批，总经理审核通过后，质管部方可将验收图纸副本借阅给相关人员，并要求在8个小时内归还图纸。图纸借阅过程中，严禁将图纸传阅给其他人员，或私自将图纸进行复印或扫描，一经发现，必将严肃处理。

③验收图纸不得传阅给其他部门人员，也不得传阅给本部门非管理人员。一经发现，追究档案专员相关责任。

5.7 财务部的安全处理措施

5.7.1 财务部为公司重要数据信息部门，除本部门在内工作外，其他无关人员不得入内。

5.7.2 财务人员去银行取现金、支票等，应两人以上同行，禁止途中办理任何与此项工作无关事宜。

5.7.3 妥善存放支票，支票与有效密码及专用印鉴要分别存放。

5.7.4 出纳人员不得私配保险柜钥匙，不得将保险柜密码外传，过节或放假时，要与综合部配合，对保险柜加贴封条。若因密码钥匙保管不善，导致现金及其他财产损失，将由本人承担一切损失。

5.7.5 会计人员应妥善保管好各类凭证及发票，不得在凭证及发票随意摆放在办公桌的情况下离开办公区域。凭证及发票录入核对完毕，应立即整理存放到财务凭证专柜中，同时确保上锁，并妥善保管好钥匙，若因以上原因造成财务数据丢失，将由本人承担一切后果。

5.7.6 财务人员应保管好电子银行或其他一切与财务有关的加密锁，在使用时，使用人不得离开计算机，确保所做的一切操作均出自本人之手。若使用完毕，一定要将加密锁存放于财务专柜中妥善保管。

5.7.7 由于数据的重要性，因此财务部门对安全的要求很高。在使用计算机时，要求财务部门人员一定要每天升级杀毒软件，若计算机出现异常，应联系信管部查明原因，是否能安全操作。

5.7.8 财务部是企业工资的发放部门，掌管着企业全体人员的工资详情。由于工资向来是公司的敏感信息，因此，财务的工作要求财务所有人员应严格遵守职业素养，严禁财务部人员以任何形式向任何人透露工资或奖金信息。

5.8 综合部的安全处理措施

5.8.1 技术类文件、图纸和图书的安全管理。

（1）综合部指定收件人收到外来书面图纸后整理并编制归档，确认完整无误后，交由档案管理员。

（2）图纸蓝图邮寄到总部，将复印件登记，再经总经理批示后发放至相应部门。

（3）综合部指定收件人接收到外来电子版图纸，打印一份，并同时将电子文件交档案管理员登记入库，经总经理批示发放至相应部门，若图纸出现变更时，综合部应及时替换旧版电子图，并回收已发放的旧版图纸。

（4）公司购入的技术图书、期刊和标准，均属公司固定资产，应由综合部加盖行政专用章后登记、入库、领用、借用、查阅应办理审批、发入登记手续。损坏、丢失应由责任人负责全价赔偿或购买新书。

5.8.2 涉外合同的安全管理。

（1）综合部统一管理各部门的涉外合同。

（2）各部门将已盖章的合同原件提交给综合部后，由综合部将其分类归档到指定的档案盒中，并将档案盒编号题名存放于指定的档案柜中，将档案柜锁好。由指定的档案管理员保管钥匙。

（3）各部门需要借阅已归档的合同资料，需要向综合部提出申请，经综合部负责人审批通过后，档案管理员方可开启档案盒调出文件发放给相关部门；原则上不允许各部门向综合部借阅其他部门的合同资料，若确因工作原因需要借阅，则应提交总经理审批，综合部在看到总经理的签字后方可指派档案管理员借出资料，并规定借阅时间不得超过8个小时，由借阅人签字，在借阅过程中造成的合同资料丢失，将由借阅人承担相关后果。

（4）严禁档案管理员在未经许可的情况下私自开启任何类型的档案盒；严禁档案管理员将档案柜钥匙借给任何人，若因此造成的合同信息泄露、合同丢失将由档案管理员承担一切责任。

5.8.3 工资编制的安全管理。

（1）综合部统一核算管理人员和工人工资。工资针对所有部门都是保密的，综合部在核算员工工资的时候，应该谨慎处理，如在电子表格发送之前，可以设置相应的密码，防止不小心发送到其他人计算机上，在打印工资表的时候，应单独设置非监控直接打印，并立即去打印机取走打印表。

（2）工资的核算应严格以考勤、绩效为依据核算，不得擅自更改原始依据。工资核算完成后，上报公司领导审批。

（3）严禁工资核算人向他人透露公司工资及奖金信息，严禁在任何场合与他人讨论工资话题，一经发现，将追究其相关责任。

5.9 信管部的安全处理措施

5.9.1 计算机网络设备安全管理。

（1）公司所有计算机及网络设备统一归信息管理部管理。本制度所涉及产品的界定如下。

①计算机是指为公司内部员工使用的PC机（包括CPU、硬盘、内存、机箱、显示器、网卡、键盘和鼠标。主机板和显示卡由本公司提供，如非特殊需要不配备光驱和软驱）。

②网络设备是指公司内部使用的服务器、网络交换机、路由器、集线器，以及网络接入设备等。

③计算机其他配件是指公司备用的光驱、软驱等。

④附带软件包括计算机驱动盘、系统安装盘、程序安装盘等。

⑤包括计算机及耗材的采购计划、故障维修等项工作。

（2）在员工计算机各组件老化或损坏，严重影响工作效率时，信管部可申请以旧换新或报废处理。若需要报废，则填写报废申请单经部门负责人确认后上报总经理审批，审批通过后才能做报废处理，信管部不得擅自处理破旧的计算机或电子设备。

5.9.2 公司所有输入输出设备统一归信息管理部管理。

输入输出设备包括扫描仪、传真机、打印机。使用者在使用此相关设备遇到问题时可寻求信息管理部帮助。在使用设备过程中遇到故障要及时向信息管理部反映，以便信息管理部及时查找原因，解决故障。

5.9.3 公司视频会议设备和视频监控设备统一由信息管理部管理。

（1）视频会议设备包括视频会议服务器、视频会议终端、摄像头、会议话筒、电视、投影仪以及键盘、接收器、遥控器和线材部分。信息管理部负责以上设备的维护管理工作，包括视频会议的搭建。

（2）视频监控设备包括监控服务器、监控系统以及各路视频采集器。信息管理部负责各路视频的监控以及备份和维护工作。

5.9.4 信息化系统ERP、OA账户安全管理。

（1）系统管理账号的设置与管理。

①ERP（企业资源计划）、OA系统管理账号必须经过总经理授权取得。

②ERP系统管理员负责ERP系统账套环境生成、维护，负责一般操作账号的生成和维护，负责故障恢复等管理及维护；OA系统管理员负责OA系统自定义表单的生成、流程的建设和优化。

③ERP、OA系统管理员对业务系统进行数据整理、故障恢复等操作，必须有相关部门的签字和领导的审批授权。

④ERP、OA操作用户需要增加或修改权限应填写ERP/OA用户权限申请表，并经过本部门负责人签字后交由总经理审核，通过后，再由信息管理部做权限相关处理。

⑤系统管理员不得使用他人账号进行业务操作。

⑥系统管理员调离岗位或离职，信息管理部负责人应及时注销其账号并生成新的系统管理员账号。

（2）一般操作账号的设置与管理。

①一般操作账号由系统管理员根据各类应用系统操作要求生成，应按每个用户一个账号对应设置。

②操作员调离岗位，系统管理员应及时注销其账号并在新员工入职时根据需要生成新的操作员账号。

5.9.5 密码安全管理。

（1）终端计算机密码安全管理：系统管理员及时登记公司所有用户计算机密码，制成《用户计算机密码登记》文件。在用户人员变动或计算机更换时，系统管理员及时登记相应的新密码。

（2）应用服务器密码安全管理：包括ERP服务器、OA服务器、域服务器、邮箱服务器。信息管理部为确保服务器置于外网相对安全，针对每个服务器创建一个复杂的、不同的密码，并每年更换一次新密码。制成《服务器密码登记》文件，并提交给部门负责人。

（3）防火墙/路由器密码安全管理：防火墙和路由器的密码与服务器管理方法一样，设置成不同的、复杂的密码，并每年更换一次，将密码登记到《网络设备密码登记文件》中，并提交给部门负责人。

（4）ERP/OA系统密码安全管理：ERP/OA系统密码分为管理员密码和操作用户密码。系统管理员登录密码由ERP/OA管理员掌管，为保证系统安全需要定期更改时，及时上报部门负责人。操作用户密码由ERP/OA管理员在创建账户时初始生成，信息管理部发放账号密码后，由用户本人修改密码，并自行保管好自己的密码，如特殊原因忘记密码时，由ERP/OA管理员帮其初始化密码。

（5）信管部应将所有的服务器和网络设备设置不同的密码，所有密码仅限于信管部内部人员掌握，不得向其他部门人员透露，在特殊情况下，需要供应商做远程调试时，方可透漏相关设备密码。在调试结束后，应尽快更改密码，并通知部门内其他人员。由于服务器及网络设备均置于公网上，容易受到不法分子攻击，因此，需要定期更改密码，且密码复杂性尽可能设置高。

5.9.6 数据备份安全管理。

定期备份ERP服务器、OA服务器、邮箱服务器，具体备份方法如下。

（1）ERP服务器备份：每天早上自动备份E3账套和5000账套。

（2）OA服务器备份：每天早上9:00备份OA数据库，并于每周五早上9:00备份OA系统文件夹。

（3）邮箱服务器备份：每周五早上9:00在邮箱控制台执行备份操作，并于每月28日备份邮箱目录文件夹。备份完成后，将备份文件转存到其他计算机上或移动硬盘上做异地归档，以防本地硬盘发生故障时能随时做灾难恢复。

5.9.7 数据清理安全管理。

数据清理前必须对数据进行备份，在确认备份正确后方可进行清理操作。历次清理前的备份数据要根据备份策略进行定期保存或永久保存，并确保可以随时使用。数据清理的实施应避开企业网络应用高峰，避免对各部门工作造成影响。数据的清理包括以下内容。

（1）ERP系统中错误单据的清理、错误初始资料的清理、人员变动记录的清理。

（2）OA系统中错误流程的清理、错误审批单的清理、人员变动记录的清理。

（3）邮箱系统中垃圾邮件的清理、人员变动记录的清理。

（4）用户计算机中系统垃圾文件的清理、IE缓存的清理。

5.9.8 信息资料安全管理。

（1）加密系统管理：目前本公司使用的是××文档加密系统，对常用办公软件office、pdf、AutoCAD文件加密，公司内部的此类文件被带出公司后，显示在其他的计算机上均为乱码，保证了各个部门在未授权的情况无法将公司的文件资料泄露出去。

（2）××监控软件管理：监控软件在很大程度上起到威慑作用，监控软件能够记录所有用户在个人计算机上的一举一动，通过实时屏幕监控、屏幕录像、插入存储设备报警、网页及程序过滤等功能及时抓出威胁企业信息安全的"元凶"。

（3）打印控制软件管理：打印控制软件应用后，员工的打印需要在管理员审核通过后方能打印，若管理员审核到某员工的打印内容涉及本公司信息安全，拒绝员工的打印。在审核通过、打印完成后，管理员可随时调出以前的打印记录，保证了及时信息安全责任追究。

（4）设备送外维修，须经设备管理部门负责人批准。送修前，需将设备存储介质内应用软件和数据备份后删除，并进行登记。对修复的设备，设备维修人员应对设备进行验收、病毒检测和登记。

（5）信息管理部和综合部对报废设备中存有的程序、数据资料进行备份后清除，并妥善处理废弃无用的资料和介质，防止泄密。

（6）信息管理部负责计算机病毒的防治工作，建立本单位的计算机病毒防治管理制度，经常进行计算机病毒检查，发现病毒及时清除。

（7）用户计算机未经信息管理部允许不准安装其他软件、不准使用来历不明的载体（包括软盘、光盘、移动硬盘等）。

5.9.9 机房安全管理。

（1）非信息管理部人员不得进入机房，信管部人员要确保机房大门时刻处于关闭状态。若因为工作需要进入机房时，完成相关操作后，一定要关好机房大门，并保管好机房钥匙。

（2）保持机房整齐清洁，各种机器设备按维护计划定期进行保养，保持清洁光亮。

（3）确保机房防水，定期检查机房天花板、四壁有无漏水现象，保证机房内的服务器和其他电气设备的安全。

①发生机房漏水时，信管部应立即通知综合部联系大厦物业，同时，信管部第一时间保护好服务器及其他设备，避免设备浸水后损坏。

②若为墙体或窗户渗漏水，应急领导小组应立即采取有效措施确保机房安全，同时安排通知综合部协助及时清除积水，维修墙体或窗户，消除渗漏水隐患。

（4）确保机房防火，定期检查机房内灭火器状态完好无损。

①完善机房环境，确保机房具备二氧化碳灭火器；禁止携带易燃易爆物品进入机房。

②一旦发生火灾，迅速切断机房电源，避免灾情的扩散，并迅速拨打物业管理和119火警电话。

③等待消防车到来期间，应组织物业保安或工作人员在保证安全的前提下灭火，应急领导小组应在第一时间内集中所有二氧化碳灭火器，抓住时机，尽可能地把火扑灭。

④配合消防部门调查事故原因，对造成的损失和起火原因做好记录，以便进行灾后总结。

（5）确保机房防雷，遇到暴风雨恶劣天气，应做防范性处理。

①遇雷暴天气，信管部在下班后应及时关闭所有服务器，切断电源，暂停内部计算机网络工作。

②雷暴天气结束后，信管部应及时开通服务器，恢复内部计算机网络工作，对设备和数据进行检查。出现故障的，事发部门应将故障情况及时报告应急领导小组。

③因雷击造成损失的，信管部应会同综合部进行核实、报损，并在调查工作结束后一日内书面报告领导。应急领导小组每日查看、清点设备并锁好机房大门。

（6）确保在停电后，业务应用的安全管理。

信管部在接到停电通知时，应设置便签提醒自己具体要停电的时间，若停电时间在上班时间，则提前发出通知给总部和分公司所有人员，避免在停电时出现文件损坏或资料丢失；若停电时间发生在下班时间，则在下班时通知所有人关闭电源，同时信管部及时关闭服务器，以免停电损坏主机电源。

停电结束后，打开各应用服务器，并谨记要打开视频监控服务器，恢复闭路监控系统正常工作。

（7）确保机房防盗，针对此环节，做相关防范处理。

①信息管理部每日查看、清点设备并锁好机房大门。

②信息管理部每日检查录像监控服务器状态，确保监控画面正常，并检查每日录像正常性、完整性。

③发生设备被盗或人为损害设备情况时，使用者或管理者应立即报告信息管理部，同时保护好现场。

④信管部接报后，即刻调出监控录像，搜查可疑行迹，若无法解决，可联系公安部门处理。

拟定		审核		审批	

15-05　网络和信息安全事件应急处置和报告制度

××公司标准文件		××有限公司 网络和信息安全事件应急处置和报告制度	文件编号××-××-××	
版次	A/0		页次	第×页

1. 目的

为了保证本公司网络畅通，安全运行，保证网络信息安全，特制定本制度。

2. 适用范围

适用于公司网络信息安全的应急处理。

3. 管理规定

（1）在公司领导下，贯彻执行《中华人民共和国计算机信息系统安全保护条例》《中华人民共和国计算机信息网络国际互联网管理暂行规定》等相关法律法规；落实贯彻公安部门和省教育厅关于网络和信息安全管理的有关文件精神，坚持积极防御、综合防范的方针，本着以防为主、注重应急工作原则，预防和控制风险，在发生信息安全事故或事件时最大限度地减少损失，尽快使网络和系统恢复正常，做好网络和信息安全保障工作。

（2）信息网络安全事件定义。

①网络突然发生中断，如停电、线路故障、网络通信设备损坏等。

②公司网站受到黑客攻击，主页被恶意篡改、交互式栏目里发表有煽动分裂国家、破坏国家统一和民族团结、推翻社会主义制度；煽动抗拒、破坏宪法和国家法律、行政法规的实施；捏造或者歪曲事实，故意散布谣言，扰乱秩序；破坏社会稳定的信息及损害国家、学校声誉和稳定的谣言等。

③公司内网络服务器及其他服务器被非法入侵，服务器上的数据被非法复制、修改、删除，发生泄密事件。

（3）设置网上应急小组，组长由公司有关领导担任，成员由信息中心、宣传处、后勤、保卫等部门人员组成。采取统一管理体制，明确责任人和职责，细化工作措施和流程，建立完善管理制度和实施办法。设置网络运行维护小组，成员由信息中心网络技术部人员组成，确保网络畅通与信息安全。

（4）加强网络信息审查工作，若发现主页被恶意更改，应立即停止主页服务并恢复正确内容，同时检查分析被更改的原因，在被更改的原因找到并排除之前，不得重新开放主页服务。信息发布服务，必须落实责任人，实行先审后发（由宣传处负责审核），并具备相应的安全防范措施（如日志留存、安全认证、实时监控、防黑客、防病毒等）。建立有效的网络防病毒工作机制，及时做好防病毒软件的网上升级，保证病毒库的及时更新。

（5）信息中心对公司网实施24小时值班责任制，开通值班电话，保证与上级主管部门、电信部门和当地公安机关的热线联系。若发现异常应立即向应急小组及有关部门、上级领导报告。

（6）加强突发事件的快速反应。运行维护小组具体负责相应的网络安全和信息安全工作，对突发的信息网络安全事件应做到以下几点。

①及时发现、及时报告，在发现后及时向应急小组及上一级领导报告。

②保护现场，立即与网络隔离，防止影响扩大。

③及时取证，分析、查找原因。

④消除有害信息，防止进一步传播，将事件的影响降到最低。

⑤在处置有害信息的过程中，任何单位和个人不得保留、贮存、散布、传播所发现的有害信息。

（7）做好准备，加强防范。应急小组各部门成员对相应工作要有应急准备（如后勤部门做好停电应急，信息中心做好线路和网络设备故障应急）。针对网络存在的安全隐患和出现的问题，及时提出整治方案并具体落实到位，创造良好的网络环境。

（8）加强网络用户的法律意识和网络安全意识教育，提高其安全意识和防范能力；净化公司网络环境，严禁用于上网浏览与教学、科研、学习、工作无关的网站。

（9）做好网络机房及户外网络设备的防火、防盗窃、防雷击、防鼠害等工作。若发生事故，应立即组织人员自救，并报警。

（10）网络安全事件报告与处置。

①事件发生并得到确认后，有关人员应立即将情况报告有关领导，由领导指挥处理网络安全事件。应及时向当地公安机关报案。

②阻断网络连接，进行现场保护，协助调查取证和系统恢复等工作，有关违法事件移交公安机关处理。

| 拟定 | | 审核 | | 审批 | |

第3部分 行政办公管理表格

第3部分
206 张表格
请扫码下载使用

行政办公管理表格是指企业开展行政办公活动所留下的记录,是用以证明行政办公体系有效运行的客观证据。行政办公记录可以提供各项行政办公事务符合要求及有效性运作的证据,具有可追溯性、证据并据此采取纠正和预防措施的作用。

本部分共分为11章,如下所示:
- 行政办公管理表格概述
- 行政事务管理表格
- 文书档案管理表格
- 印章、证照管理表格
- 会议会务管理表格
- 办公设备用品管理表格
- 车辆管理表格
- 员工食宿管理表格
- 卫生环境管理表格
- 安全管理表格
- 保密管理表格

第16章 行政办公管理表格概述

本章阅读索引：

- 表格登记过程中常见的问题
- 表格的设计和编制要求
- 表格的管理和控制
- 办公行政管理模块及表格概览

企业管理中的各类表格主要用于记载过程状态和过程结果，是企业质量保证的客观依据，为采取纠正和预防措施提供依据，有利于业务标识和可追溯性。

16-01 表格登记过程中常见的问题

表格在登记过程中常见以下问题。

（1）盲：表格的设置、设计目的、功能不明，不是为管理、改进所用，而是为了应付检查（例如：在填写质量报表时，本来该真实记录，但为了应付检查而更改）。

（2）乱：表格的设置、设计随意性强，缺乏体系考虑，表格的填写、保管、收集混乱，责任不清。

（3）散：保存、管理分散，未作统一规定。

（4）松：记录填写、传递、保管不严，日常疏于检查，达不到要求，无人考核，且丢失和涂改现象严重。

（5）空：该填不填，空格很多，缺乏严肃性、法定性。

（6）错：写错别字，语言表达不清，填写错误。

16-02 表格的设计和编制要求

（1）表格并非越多越好，正确的做法是只选择必要的原始数据作为记录。

（2）在确定表格的格式和内容的同时，应考虑使用者填写方便并保证能够在现有条件下准确地获取所需的信息。

（3）应尽量采用国际、国内或行业标准，对表格应废立多余的，修改不适用的，沿用有价值的，增补必需的，应使用适当的表格或图表格式加以规定，按要求统一编号。

16-03　表格的管理和控制

表格的管理和控制要满足如表16-1所示的要求才能更好地被追溯。

表16-1　表格的管理和控制要求

序号	管理项目	说明
1	标识	应具有唯一性标识,为了便于归档和检索,记录应具有分类号和流水号。标识的内容应包括:表格所属的文件编号、版本号、表号、页号。没有标识或不符合标识要求的记录表格是无效的表格
2	储存和保管	记录应当按照档案要求立卷贮存和保管。记录的保管由专人或专门的主管部门负责,应建立必要的保管制度,保管方式应便于检索和存取,保管环境应适宜可靠,干燥、通风,并有必要的架、箱,应做到防潮、防火、防蛀,防止损坏、变质和丢失
3	检索	一项管理活动往往涉及多项表格,为了避免漏项,应当对表格进行编目,编目具有引导和路径作用,便于表格的查阅和使用,通过查阅各项表格可以对该项管理活动有一个整体的了解
4	处置	超过规定保存期限的表格,应统一进行处理,重要的含有保密内容的表格须保留销毁记录

16-04　办公行政管理模块及表格概览

本书为企业的行政管理提供了一些实用的表格范本供参考,具体包括如表16-2所示的几个方面。

表16-2　实用的必备办公行政管理表格

序号	管理模块	表格名称
1	行政事务管理表格	值班工作安排表
		出差申请表
		差旅费用结清单
		出差业务报告书
		业务招待费申请表
		招待物品购买申请表
		公务接待用餐申请表
		接待礼品领用单
		招待物品领用单
		业务接待住宿申请单
		公务接待费审批单
		公务接待购置物品审批单

续表

序号	管理模块	表格名称
1	行政事务管理表格	出国申请表
		出国人员承诺书
		职工因私出境申请表
2	文书档案管理表格	内部文案审批单
		文件传阅单
		文件移交单
		文书发送登记表
		对外收/发文登记簿
		档案索引
		档案明细表
		档案内容登记簿
		档案目录卡
		销毁文件清单
		档案调阅登记簿
3	印章、证照管理表格	外借印章、企业档案申请表
		公司印信使用、刻制、法人代表签名申请表
		印章管理台账（发票专用章）
		印章管理台账（法人私章）
		关于公司启用有关____专用章的通知
		公司印章留样备案表
		印章留样汇总记录表
		行政公章保管委托书
		合同专用章保管委托书
		印章保管人责任状
		公章保管责任书
		公章保管员员工担保书
		办公室主任施章管理责任书
		分公司总经理用印责任书
		印章使用申请单
		印章外出使用审批单
		用印审批记录单
		合同专用章用印审批单
		（ ）印章使用登记簿
		印章借用/托管登记表

续表

序号	管理模块	表格名称
3	印章、证照管理表格	公章使用登记审批表
		关于停用有关____专用章的通知
		印章交接单
		印章专管人离职交接单
		公司证照、印章使用登记表
		证照办理（变更）申请表
		证照使用申请表
		证照使用归档登记单
		证照借用申请表
		证照借用登记表
		介绍信使用审批单
		开具介绍信审批表
		开具法人委托书审批表
4	会议会务管理表格	会议申请单
		会议议题报审单
		会议经费预算报告审批表
		会议经费开支明细单
		会务费借支（业务）申请单
		会务费借支（业务）核销单
		会议费报销说明单
		公司本部会议室使用申请单
		公司外部场所召开会议计划表
		公司外部场所召开会议申请表
		承办会议审批表
		会议（活动）安排申请表
		会议通知
		会议议程表
		会议签到表
		大型活动会务车辆保障专案表
		接待规格及服务规范表
		大型活动指挥部工作周报
5	办公设备用品管理表格	办公设备添置申请表
		办公耗材购买申请表
		办公设备报修申请单

续表

序号	管理模块	表格名称
5	办公设备用品管理表格	办公设备报修记录表
		办公设备报废申请单
		设备借用登记表
		办公设备管理卡
		打印机、复印机、传真机、扫描仪管理人员名单
		办公用品季度需求计划表
		办公用品请购表
		办公用品申购单
		办公用品入库单
		办公用品出库单
		各部门领用办公用品登记表
		办公用品移交登记表
		办公用品报废单
		办公用品盘存报表
		办公用品领用表
		办公用品耗用统计表
		办公用品发放统计表
6	车辆管理表格	车辆（交通设备）管理簿
		公务车辆使用申请表
		车辆派遣登记表
		车辆出车安排表
		车辆出车登记表
		车辆行驶日记
		车辆行驶登记表
		车辆加油统计表
		备用卡加油统计表
		车辆维修保养申请表
		购车补贴申请表
		车辆补贴协议书
		补贴车辆里程登记表
		私车公出核准申请书
		车辆使用同意书
7	员工食宿管理表格	员工宿舍申请表
		员工宿舍入住单

续表

序号	管理模块	表格名称
7	员工食宿管理表格	员工宿舍调房（床）申请单
		宿舍员工入住情况登记表
		宿舍员工退房登记表
		员工宿舍物品放行条
		宿舍日检异常记录表
		亲人住宿申请单
		员工宿舍来访登记表
		员工宿舍内务、卫生、安全检查表
		在职员工退房单
		离职员工退房单
		住房补贴申请表
		员工意见表（食堂）
		员工食堂意见汇总表
		食堂伙食周报表
		员工伙食补贴发放登记
		取消员工住宿资格通知单
		伙食补贴申请表
		离职员工餐费扣除表
		新入职员工餐费补发表
		夜宵申请单
8	卫生环境管理表格	办公室卫生值日表
		办公区清洁责任划分表
		办公室部门清扫行动检查表
		生产部5S区域清扫要点与要求
		公司卫生情况检查表
		清洁卫生检查表
		行政部卫生状况检查表
		办公环境状况检查表
		清洁卫生评分表
		卫生区域计划表
		行政部办公环境卫生检查表
		宿舍环境卫生检查表
		办公环境卫生检查汇总表
		宿舍环境卫生检查汇总表

续表

序号	管理模块	表格名称
9	安全管理表格	员工识别证
		来宾识别证
		厂商（业者）出入厂登记簿
		物品放行单
		派车单
		消防设施一览表
		安全检查表
		车辆/人员出入门证
		车辆出入登记表
		来访人员进出登记表（门卫）
		员工出入登记表
		人员放行条
		物品放行条
		公司公共活动场所使用申请单
		消防设备巡查表
		公司防火安全检查表
		公司防火安全及安全生产检查表
		消防设施检查记录表
		应急预案演练记录
10	保密管理表格	员工保密承诺书
		保密协议（适用于外协单位）
		保密承诺书（适用于个人）
		离职保密承诺书
		保密承诺书签订情况汇总表
		机要文档外送申请表
		保密监督检查记录表
		保密工作考核评分标准
		涉密人员保密自查表
		部门保密自查记录表
		保密机要室保密自查表
		文档档案保密自查表
		计算机、办公自动化专项保密检查情况登记表
		涉密单位、部门负责人

续表

序号	管理模块	表格名称
10	保密管理表格	保密委员监督检查记录表
		总经理保密监督检查记录表
		保密检查整改通知书
		_____年上半年保密监督检查表
		保密津贴考核发放表
		涉密计算机及办公自动化保密管理情况检查表
		非涉密计算机及办公自动化保密管理情况检查表
		涉密移动存储介质保密管理情况检查表
		非涉密移动存储介质保密管理情况检查表
		涉密载体清理情况检查表
		办公网络使用管理情况检查表
		失泄密事件查处情况记录表
		涉密载体销毁、涉密设备报废情况记录表
		涉密会议活动情况记录表
		信息发布保密审查情况记录表
		计算机保密管理情况记录表
		存储介质保密管理情况记录表
		保密要害部门部位登记表
		保密工作实施奖惩情况登记表
		机关网络（网站）建设、运行保密管理情况记录表
		涉密载体借阅登记表
		涉密文件（资料）打印登记表
		涉密文件（资料）复制登记表
		涉密设备维修登记表

第17章　行政事务管理表格

本章阅读索引：

- 值班工作安排表
- 出差申请表
- 差旅费用结清单
- 出差业务报告书
- 业务招待费申请表
- 招待物品购买申请表
- 公务接待用餐申请表
- 接待礼品领用单
- 招待物品领用单
- 业务接待住宿申请单
- 公务接待费审批单
- 公务接待购置物品审批单
- 出国申请表
- 出国人员承诺书
- 职工因私出境申请表

17-01　值班工作安排表

值班工作安排表

日期	地点	领班人及电话	值班人	值班任务	注意事项

17-02 出差申请表

出差申请表

申请人		申请日期		部门		编号	
出差事项							
出差地和业务单位				出差时间		职务代理人或授权人	
费用预算（必填）	交通费（交通路线和交通工具）						
	住宿费（住宿标准和住宿天数）						
	业务招待费						
	总预算额						
出差经费支出	个人垫付（ ） 预支借款（ ）			借款金额			
部门意见				上级主管意见			
财务部							
总经理意见							
借款人签收							

注：在出差事项栏里，明确填写1.计划事项；2.处理措施；3.预期结果。

不符合乘坐飞机条件的人员，因工作需要，必须经过总经理批准才能乘坐。业务招待费领导无批示应视为不同意该笔款项支出，报销时无领导特批，不予审核报销。

17-03 差旅费用结清单

差旅费用结清单

结报时间： 年 月 日

交通费	采取全额补助（核实报支，自行开车除外） □飞机（检据核销） □火车金额　　　　元 □高铁 □客运车 □自行开车（按客运车最高票价补助）
住宿费	采取定额补助（检据核销） 夜宿　　　　晚 □有发票金额　　　　元 □无发票（按规定数额1/2补助）
膳杂费	采取定额补助（免附单据） □申请全额补助金额　　　　元 出差单位供膳两餐以上（按规定数额1/2补助杂费）
其他	
出差人签名	

17-04　出差业务报告书

出差业务报告书

部门：　　　　　　姓名：　　　　　　　　　　　　　　　年　月　日

拜访公司名		出发	年　月　日　时
会谈者		回来	年　月　日　时
事由			
处理要领、经过：			
报告说明：			

17-05　业务招待费申请表

业务招待费申请表

申请时间：　　年　月　日　　　　　　　　　　　　　　　　单位：元

申请部门			经办人		
申请原因					
被接待对象			级别		
接待人数			就餐地点		
费用预算	计划餐费	早餐	中餐	晚餐	合计
	招待费用	差旅费、住宿费	礼品费	其他	合计

总经理审批：　　　　　　　　财务审核：　　　　　　　　分管领导：

17-06　招待物品购买申请表

招待物品购买申请表

申请时间：　　年　月　日　　　　　　　　　　　　　　　　　　　　单位：元

申请人			申请部门		
物品名称	数量	单价		金额	备注
合计					
办公室主任审核			办办公室负责人审核		
财务部审核			总经理审批		

填表说明:"备注"栏主要填写购买原因。

17-07　公务接待用餐申请表

公务接待用餐申请表

申请部门：　　　　　　　　　　　　　　　　　　　　　　　　　　　年　月　日

接待单位		用餐人数	
餐别（中、晚餐）		经办人	
拟去酒店			
行政经理审核		总经理审批	

17-08　接待礼品领用单

接待礼品领用单

日期		领用人	
领用礼品			
领用数量			
用途			
行政经理审核		总经理审批	

17-09　招待物品领用单

招待物品领用单

领用时间：　年　月　日　　　　　　　　　　　　　　　　　　　单位：元

领用人			领用部门		
物品名称	数量	单价	金额	招待对象	
合计					
领用部门负责人		保管人签字		办公室主任审核	
办公室负责人审核		总经理审批（超标时）			

填表说明："总经理审批"只对超过600元的招待标准领用进行审批。

17-10　业务接待住宿申请单

业务接待住宿申请单

日期：

申请部门				备注	
申请事由					
住宿人员及人数			房间号		
申请人签字			批准人签字		
合计					

17-11　公务接待费审批单

公务接待费审批单

经办部门：　　　　　　　　　　　　　　　　　　　　　　　　　　　年　月　日

经办部门负责人		经办人	
来宾单位			
预计费用		宾客人数/陪客人数	人/人
接待事由			
总经理工作部审核意见		公司分管领导意见	
实际费用审核			
备注			

17-12　公务接待购置物品审批单

公务接待购置物品审批单

经办部门：　　　　　　　　　　　　　　　　　　　　　　　　　　　年　月　日

申请部门		物品名称	
经办人		物品数量	
申请金额		购置时间	
购置对象			
部门负责人		审核登记	
总经理工作部审核意见		公司分管领导审核意见	

17-13　出国申请表

出国申请表

姓名		性别		部门	
参加工作时间			出境国家（地区）		
出境时间		申报出境理由			
部门主管领导审批意见					
公司总经理审批意见					

17-14　出国人员承诺书

出国人员承诺书

　　立承诺书人因公经××股份有限公司派遣出国，谨保证：
　　（一）按期归国返回公司工作；
　　（二）回国后三年内绝不自动离职，如有违背愿依贵公司所订的办法负责赔偿，并放弃先诉抗辩权。

　　××公司××部门
　　立承诺书人：
　　　　年　月　日
　　地址：
　　身份证编号：

17-15 职工因私出境申请表

职工因私出境申请表

单位					
姓名		性别		政治面目	
参加工作时间			来公司报到时间		
出境国家（地区）			出境时间		
申报出境理由				年 月 日	
基层领导意见			签章：	年 月 日	
子公司领导意见			签章：	年 月 日	
公司领导审批意见			签章：	年 月 日	

第18章 文书档案管理表格

本章阅读索引：

- 内部文案审批单
- 文件传阅单
- 文件移交单
- 文书发送登记表
- 对外收/发文登记簿
- 档案索引
- 档案明细表
- 档案内容登记簿
- 档案目录卡
- 销毁文件清单
- 档案调阅登记簿

18-01 内部文案审批单

内部文案审批单

上报时间：
批准时间：

文件名称								
拟稿人			部门			时间		
会签	相关部门意见		部门1		部门2		部门3	部门4
	行政经理意见							
	总经理意见							
签发	相关部门意见							
	行政经理意见							
	总经理意见							
打印人			核稿人			印发份		
主送人								
抄送人								

18-02　文件传阅单

文件传阅单

文件名称		发文部门	
文件主题		收文日期	
行政部经理意见		签发日期	
日期	传阅者	阅后处理意见	

18-03　文件移交单

文件移交单

序号	文件资料内容	份数	移交人	接受人	签收日期	备注

18-04　文书发送登记表

文书发送登记表

月　日	发送单位	编号	数量	密（速）级	发往单位	签收

18-05　对外收/发文登记簿

对外收/发文登记簿

收文						发文					
月/日	文号	来文单位	事由	签收		月/日	文号	发文单位	事由	签收	

18-06　档案索引

档案索引

部门：

序号	档案号	档案名称	建档日期	储存位置	档案内存	处理
1						
2						
3						
4						
5						
6						

18-07　档案明细表

档案明细表

保险库号			柜位号		拟存至何时					
公司	部门	文件名称内容	类别	入库日期			出库日期			收件人签收
				年	月	日	年	月	日	

18-08 档案内容登记簿

档案内容登记簿

类号：

案号	内容	备注

18-09 档案目录卡

档案目录卡

部门：

编号	档案名称	性质	类别	建档位置	建档时间	销档时间	备注

18-10 销毁文件清单

销毁文件清单

序号	时间	文件标题	发文部门	主要内容	备注

18-11　档案调阅登记簿

档案调阅登记簿

序号	档案编号	档案名称	调阅人	调阅时间	归还时间	备注

核准：　　　　　　　　　　　　　　制表：

第19章 印章、证照管理表格

本章阅读索引:

- 外借印章、企业档案申请表
- 公司印信使用、刻制、法人代表签名申请表
- 印章管理台账(发票专用章)
- 印章管理台账(法人私章)
- 关于公司启用有关____专用章的通知
- 公司印章留样备案表
- 印章留样汇总记录表
- 行政公章保管委托书
- 合同专用章保管委托书
- 印章保管人责任状
- 公章保管责任书
- 公章保管员员工担保书
- 办公室主任施章管理责任书
- 分公司总经理用印责任书
- 印章使用申请单
- 印章外出使用审批单
- 用印审批记录单
- 合同专用章用印审批单
- (　　)印章使用登记簿
- 印章借用/托管登记表
- 公章使用登记审批表
- 关于停用有关____专用章的通知
- 印章交接单
- 印章专管人离职交接单
- 公司证照、印章使用登记表
- 证照办理(变更)申请表
- 证照使用申请表
- 证照使用归档登记单
- 证照借用申请表
- 证照借用登记表
- 介绍信使用审批单
- 开具介绍信审批表
- 开具法人委托书审批表

19-01 外借印章、企业档案申请表

外借印章、企业档案申请表

年 月 日

申请部门		申请人		预还时间		还回确认	
印章名称				资料名称			
申请事由:							

续表

部门主管意见：	行政部经理意见：	总经理意见：	董事长意见：
年 月 日	年 月 日	年 月 日	年 月 日

申请人保证：绝不超范围使用该印章及档案资料，否则我愿意承担所有法律责任和赔偿一切经济损失。

19-02 公司印信使用、刻制、法人代表签名申请表

公司印信使用、刻制、法人代表签名申请表

年 月 日

申请部门		印信名		申请人	
资料名称				份数	
申请事由：					

部门主管意见：	行政部经理意见：	总经理意见：	董事长意见：
年 月 日	年 月 日	年 月 日	年 月 日

19-03 印章管理台账（发票专用章）

印章管理台账（发票专用章）

印模	印章名称	发票专用章	印章保管记录	姓名	日期
	使用范围				
	1.用于向税务部门购买发票 2.公司业务收入开具的普票、增值税发票				

19-04　印章管理台账（法人私章）

印章管理台账（法人私章）

印模	印章名称	法人私章	印章保管记录	姓名	日期
	使用范围				
	1.用于银行业务；签收、签发支票 2.经审核的税务报表				

19-05　关于公司启用有关____专用章的通知

关于公司启用有关____专用章的通知

_____公司各部门及分子公司：

　　根据_____公司《公司印章管理办法》第____条的规定，由于_____，现公司已启用"_____专用章"，该印章由公司____部门管理，专管人员为____。为实现公司各部门业务对接、规范我公司的对内对外管理，自____年__月__日起，启用本通知附件的公章，原"_____专用章"印章同时废止。

　　特此函告。

　　附件：新旧印章样式

　　　　　　　　　　　　　　　　　　　　　　　　　　　　____年__月__日

　　　　　　　　　　旧印章样式　　　　　　新印章样式

主题词：印章　启用　通知

抄送：_____，_____，_____，_____。

_____公司办公室____年__月__日印发

19-06　公司印章留样备案表

公司印章留样备案表

No.：_____

印章名称：_____
审批人：_____
刻制人：_____
启用时间：_____
配置及保管部门：_____
印章用途：_____
印章专管员：_____

[印章留样]

本留样印章自____年__月__日启用。
印章领用凭据及承诺：
　　本人作为本留样印章的保管及使用责任人，于____年__月__日自公司办公室领取本印章，本人承诺将尽职妥善保管本印章，依照公司《印章管理制度》使用印章、登录该印章的使用记录、保管相应的审批文件资料；若因本人故意或过失使用本印章导致公司遭受经济损失时，本人自愿全额赔偿对公司因此导致的全部经济损失并接受公司的相应处罚。

印章专管员：_____
____年__月__日

19-07　印章留样汇总记录表

印章留样汇总记录表

印章留样（拓印）	印章使用范围及保管要求	保管部门	保管人	责任人

填报日期：

19-08　行政公章保管委托书

行政公章保管委托书

公司印章名称			
印章保管委托人		印模	
委托人职务	法定代表人		
委托保管期限			
接受委托保管人	保管人职务	身份证号码	有效联系方式
委托书			
一、自即日起，将公司公章委托给____保管，该同志即为公司公章保管人。公章管理按《公司印章管理使用规定》执行。 二、行政公章保管人必须妥善保管行政公章。公章保管人没有公章使用权，仅对使用权人下达的用印指令实施用印负责。 三、行政公章的使用权人以书面签字、发文签字形式通知公章保管人用印；公章保管人不见使用权人用印指令不得擅自用印。 四、本委托书一式两份，一份交办公室存档，一份连同公章与公章启用函件一并交付行政公章保管人保管。 委托人签字： 接受委托人签字： 　　　　　　　　　　　　　　　　　　　　　　　　　　年　月　日			

19-09　合同专用章保管委托书

合同专用章保管委托书

公司印章名称			
印章保管委托人		印模	
委托人职务	公司法定代表人		
委托保管期限			
接受委托保管人	保管人职务	身份证号码	有效联系方式
委托书			
一、自即日起，将公司合同专用章委托给____保管，该同志即为公司合同专用章保管人。印章管理按《公司印章管理使用规定》执行。			

续表

　　二、合同专用章保管人必须妥善合同专用章。印章保管人没有印章使用权，仅对使用权人下达的用印指令实施用印负责。
　　三、合同专用章的使用权人以书面签字、发文签字形式通知印章保管人用印；印章保管人不见使用权人用印指令不得擅自用印。
　　四、本委托书一式两份，一份交行政部办公室存档，一份连同合同专用章与印章启用函件一并交付合同专用章保管人保管。

委托人签字：
接受委托人签字：

年　月　日

19-10　印章保管人责任状

印章保管人责任状

　　我受公司法定代表人委托，负责保管并按规定使用公司印章。在此我郑重承诺：我将严格遵守《公司印章使用管理办法》，在使用印章时按章办事，不徇私情。对于我个人在印章使用过程中未按制度和规定程序工作而给企业带来的任何损失，我愿意承担一切经济和法律责任。

企业法定代表人签字：
企业公章：
印章保管人签字及指印：

年　月　日

19-11　公章保管责任书

公章保管责任书

责任人：　　　　　　　　　身份证号码：

　　本责任人郑重承诺：本人已阅读公司下发的所有与公章管理相关制度文件，将严格按照制度及规定开展工作，并愿意在未能尽责时，承担本岗位应负的所有经济赔偿及相关法律责任。
　　具体工作责任如下：
　　1.在公章使用及保管中，严格按《分公司公章管理制度》执行，不出现缺漏情况，并详细做好每次使用登记。
　　2.在公章使用中，严格区分所需盖章文件的文件性质，按《分公司公章管理制度》的要求核对审批流程，对所盖章的文件性质按《分公司公章管理制度》予以复核，对不符合规定的文件不予盖章并立即退还。
　　3.对于所有盖章的文件，认真、详细核对，确保所盖章文件与进行审批的文件内容一致。
　　4.在公章使用中，对于文件性质划分不清者，将一律上报公司总部，获得批准后方可实施用章。

续表

5.保证每个月月底前,向总部提交该月应交的文件目录及相关文件的原件。 本责任书自签订之日起,本责任人愿意承担相应的法律、经济责任,如有违反,愿意接受公司给予的任何处罚,给公司造成经济损失的,除接受公司予以处罚外愿意承担全部赔偿责任。 本责任书在责任人签字认可后生效,公章管理相关职能于转移手续完成后失效。 责任人签字: 　　　　　　　　　　　　　　　　　　　　　　　　　　　××××有限公司 　　　　　　　　　　　　　　　　　　　　　　　　　　　　　　年 月 日

19-12　公章保管员员工担保书

公章保管员员工担保书

入职人简况	姓名		性别		学历		年龄	
	入职时间			入职部门			岗位	
担保人简况	姓名		性别		年龄		电话	
	工作单位						职务	
	身份证号码					与被担保人关系		
担保人签署	<center>担保书</center> 　　本人担保_____先生(女士)到_____有限公司工作,特作出以下担保。 　　担保该先生(女士)所提供的一切资料属实,不存在虚假不实之处。 　　担保该先生(女士)到××××有限公司期间能遵纪守法,遵守单位的规章制度,并服从工作分配。 　　该先生(女士)在××××有限公司期间,如有不能胜任工作,违反公司的规定或法律,被公司辞退或是离职辞职时,本人保证负责督促其将公司所发物品以及欠款归还公司,协助办理好相关离职手续。 　　该先生(女士)在××××有限公司上班期间,因个人原因造成公司损失按规定需要进行赔偿的,保证督促其进行赔偿。 　　保证如无法担保以上保证事项而造成××××有限公司损失的,愿意承担相关的法律和经济责任。							
担保人职业证明	该员工系我公司员工,特此证明。 (公司盖章)							

续表

担保人身份证复印件	
被担保人身份证复印件	

19-13 办公室主任施章管理责任书

办公室主任施章管理责任书

责任人：　　　　　　身份证号码：

　　本责任人郑重承诺：本人已阅读公司下发的与公章管理相关的所有制度文件，将严格按照制度及规定开展工作，并愿意在未能尽责时，承担本岗位应负的所有经济赔偿及相关法律责任。
　　具体工作责任如下。
　　1.严格按照所有相关制度和规定开展工作，不违反各项制度及规定。
　　2.严格按《分公司公章管理制度》区分所需盖章文件的文件性质，按工作管理制度的要求实施审批流程，对于文件性质划分不清者，将一律上报公司总部，获得批准后方可实施用章。
　　本责任书自签订之日起，本责任人原意承担相应的法律、经济责任，如有违反，愿意接受公司给予的任何处罚，给公司造成经济损失的，除接受公司予以处罚外，愿意承担全部赔偿责任。
　　本责任书在责任人签字认可后生效，公章管理相关职能于转移手续完成后失效。

　　责任人签字：

××××有限公司
年　月　日

19-14 分公司总经理用印责任书

分公司总经理用印责任书

责任人：　　　　　　身份证号码：

　　本责任人郑重承诺：本人已阅读公司下发的与公章管理相关所有制度文件，将严格按照制度及规定开展工作，并愿意在未能尽责时，承担本岗位应负的所有经济赔偿及相关法律责任。
　　具体工作责任如下。
　　1.在公章使用中，严格按《分公司公章管理制度》所有规定执行。
　　2.审批过程中严格区分所需盖章文件的文件性质，按公司授权范围予以审批，对不符合公司审批流程规定的申请均予以退还。
　　3.对所有需要盖章的文件，认真仔细地进行审核，对本人签准的盖章文件承担全部责任。

续表

本责任书自签订之日起,本责任人对授权内的分公司公章使用及保管承担所有的法律及经济责任,如因本责任人工作原因,在公章使用及保管过程中给公司造成经济损失的,除承担全部赔偿责任外,还愿意接受公司给予的任何处罚。 　　本责任书在责任人签字认可后生效。 　　责任人签字: 　　　　　　　　　　　　　　　　　　　　　　　　　　　　　××××有限公司 　　　　　　　　　　　　　　　　　　　　　　　　　　　　　　年　月　日

19-15　印章使用申请单

印章使用申请单

施印时间:　　年　月　日　时　分　　　　　　　　　　　　编号:

申请人		申请部门		部门负责人	
文件性质分类	□常用文件　□重要文件				
分类编号					
序号	用印文件名称		文件呈交机构	数量	相关领导会签
1					
2					
3					
文件性质核查	□常用文件　□重要文件　　分类编号:				
审批人意见					
施印人	□核实结果符合公司规定　□核实结果不符合公司规定 施印人签字:				

19-16　印章外出使用审批单

印章外出使用审批单   　　　　　　　　　　　　　　　　　　　　　　　　　　　No.:＿＿＿＿＿＿ 1.部门名称:＿＿＿＿＿＿＿＿＿＿＿＿＿＿＿＿＿＿＿＿＿＿ 2.外出印章名称:＿＿＿＿＿＿＿＿＿＿＿＿＿＿＿＿＿＿＿ 3.使用日期:＿＿＿月＿＿＿日 4.用印事项:＿＿＿＿＿＿＿＿＿＿＿＿＿＿＿＿＿＿＿＿＿

续表

5.外出使用原因：_____
_____
6.用印责任人：_____
印章留样：

[留样]

7.本印章自____年___月___日____时经授权人签字同意外出使用期间，其保管责任和用印责任均由印章_____负责。

申请人：_____
____年___月___日

印章授权人签字确认：_____ ____年___月___日

19-17　用印审批记录单

用印审批记录单

No.：_____

申请人：_____　申请日期：_____
申请人所在部门：_____
所在部门负责人审核意见：同意□（由当事人勾选）_____

文件名称	正/复印件	份数	用途说明
	□正本 □复印件		
	□正本 □复印件		
	□正本 □复印件		
	□正本 □复印件		
审批同意人 （本栏根据是否需要逐级审批的具体情况填写，不需填全所有栏目）	办公室负责人	同意□	签名：
	财务部负责人	同意□	签名：
	法务部负责人	同意□	签名：
	总经理	同意□	
	董事长	同意□	签名：

续表

申请使用的印章： □公司印章 □法定代表人印章 □合同专用章 □财务专用章	用印情况（由当事人勾选） 已用印□_____（申请人签名）_____（日期） 已用印□_____（保管人签名）_____（日期）
备注说明	
注意事项	用印文件的复印件作为本审批单必须附备的文件

19-18　合同专用章用印审批单

合同专用章用印审批单

No.：_____

申请人：_____；申请日期：_____

用印申请部门		合同份数	
经办人签字		联系电话	
签约方	甲方：		
	乙方：		
	其他方（包括担保方或丙方）：		
涉及金额			
签约负责人		联系电话	
部门经理签字			
顾问律师意见：			
法务部意见：			
总经理审批			
董事长审批			

19-19 （ ）印章使用登记簿

（ ）印章使用登记簿

No.：_____

（____年__月__日～____年__月__日）

填表部门：_____   填表人：_____

序号	盖章时间	文件名称及发文号	批准部门	批准人	印章专管员或代行人印	备注

19-20 印章借用/托管登记表

印章借用/托管登记表

公章借用部门	公章借用人	有效联系方式	起借日期	计划归还日期
			____年__月__日	____年__月__日
借用理由（目的地/用途）				
借用部门经理签字	行政部领导签字	总经理签字	移交公章保管权人	接受公章保管权人
接受公章保管权人保证书：借用公章期间，公章只用于借用理由栏所列地点和用途，用完后保证立即归还公司公章保管人，如作其他用途或因未及时归还公章而造成的一切后果由本人承担				
归还公章日期	归还公章人签字	公章保管人签字	备注	
____年__月__日				

注：本表由公司公章保管人制发，须认真填写交公章保管人妥善收存，长期存档备查。

19-21　公章使用登记审批表

公章使用登记审批表

使用时间	使用人	用印文件名称	用印类型	批准用印人	备注

注：公章类型为行政公章和合同章。企业法人委托保管公章人为公章保管人；总经理为公章使用权人，即本表批准用印人；需要盖章的部门和个人为公章使用人，公章使用人填写本表并送请公章使用权人签字批准，公章保管人见批准用印人签字用印；本表归档存期10年备查。

19-22　关于停用有关____专用章的通知

关于停用有关____专用章的通知

_____公司各部门及分子公司：

　　根据____公司《公司印章管理办法》第____条的规定，由于_____，现公司决定作废停用原由公司____部门专管人员____管理的"_____专用章"。

　　____年___月___日前加盖该印章的全部公司文件仍然有效。

　　特此函告。

附件：停用印章样式

　　　　　　　　　　　　　　　　　　　　　　　　　　____年___月___日

停用印章样式

□

主题词：印章　停用　通知

抄送：_____，_____，_____，_____。

_____公司办公室____年___月___日印发

19-23　印章交接单

印章交接单

No.：_____

部门名称：_____
交接印章名称：_____
交接日期：___月___日
用印注意事项说明如下。
1.交接人双方的行为均应遵守_____公司《公司印章管理办法》的规定。
2.其他说明事项：_____
_____
3.印章留样：

留样

4.本印章自_____年___月___日_____时起，经印章授权人签字确认后，其保管责任和用印责任均由印章接收人_____负责。

移交人：_____　　　　　接收人：_____
_____年___月___日　　　　　　　_____年___月___日
印章授权人签字确认：_____　_____年___月___日

19-24　印章专管人离职交接单

印章专管人离职交接单

No.：_____

部门名称：_____
离职交接印章名称：_____
交接日期：_____月_____日
1.离职人员应当将本印章交付继任印章专管员，交接人双方的行为均应遵守_____公司《公司印章管理办法》的规定。
2.离职人员应当将其管理本印章期间的全部用印备案资料一并移交给继任印章专管员，并书面确认除前述印章资料外，再无其他用印情况；若有遗漏用印情况且导致公司遭受的经济损失，无论公司何时发现，印章专管人均对前述损失承担全额赔偿责任。
3.其他说明：_____

续表

```
4.印章留样：

                    ┌─────────────┐
                    │             │
                    │     留样     │
                    │             │
                    └─────────────┘

5.本印章自____年___月___日____时起，经印章授权人签字确认后，其保管责任和用印责任
均由印章接收人_____负责。
    移交人：_____          接收人：_____
    ____年___月___日                ____年___月___日
    印章授权人签字确认：_____   ____年___月___日
```

19-25　公司证照、印章使用登记表

公司证照、印章使用登记表

序号	使用人	使用日期	用途	审批人	备注

19-26　证照办理（变更）申请表

证照办理（变更）申请表

证照名称	
申请事由	
	申请人：　　　　　　　　年　月　日
申请人所在单位意见	
	第一负责人：　　　　　　　年　月　日

续表

审批单位意见	
	审批负责人：　　　　　年　月　日
新证移交及旧证缴销情况	
	经办人签名：　　　　　年　月　日

19-27　证照使用申请表

证照使用申请表

证照名称	
证照类型	□正本　　□副本　　□复印件
申请使用起止时间	自　　年　月　日～　　年　月　日
申请使用事由	
	申请人：　　　　　年　月　日
申请人所在部门意见	
	第一负责人：　　　　　年　月　日
审批部门意见	
	审批负责人：　　　　　年　月　日
证照归还情况	
	经办人签名：　　　　　年　月　日

19-28　证照使用归档登记单

证照使用归档登记单

证照名称	
证照类型	□正本　□副本　□复印件
使用起止时间	自　　年　月　日至　　年　月　日
证照归还情况	

经办人（双方）签名：　　　　____年__月__日

19-29　证照借用申请表

证照借用申请表

借用人		所在部门	
借用时间		归还时间	
借用证照名称			
借用事由			
主管领导审批			

19-30　证照借用登记表

证照借用登记表

借用证照名称	借用事由	所在部门	借用人	借用时间	归还时间

19-31　介绍信使用审批单

介绍信使用审批单

年　月　日　　　　　　　　　　　　　　　　　　　　　　　　　　　编号：

作用部门		部门经办人			
用途					
部门领导签字			综合办公室文秘经理签字		
综合办公室主任签字			公司领导签字		

19-32　开具介绍信审批表

开具介绍信审批表

年　月　日

申请单位（人）		联系电话	
介绍内容			

申请人签字：　　　　　部门审核签字：　　　　　领导签字：

应附评审材料情况：　有　　无（打√）　　　　　　　经办人：

19-33　开具法人委托书审批表

开具法人委托书审批表

年　月　日

申请单位（人）		被委托工	
委托内容			

申请人签字：　　　　　分管领导签字：　　　　　总经理签字：

应附评审材料情况：　有　　无（打√）　　　　　　　经办人：

第20章 会议会务管理表格

本章阅读索引：

- 会议申请单
- 会议议题报审单
- 会议经费预算报告审批表
- 会议经费开支明细单
- 会务费借支（业务）申请单
- 会务费借支（业务）核销单
- 会议费报销说明单
- 公司本部会议室使用申请单
- 公司外部场所召开会议计划表

- 公司外部场所召开会议申请表
- 承办会议审批表
- 会议（活动）安排申请表
- 会议通知
- 会议议程表
- 会议签到表
- 大型活动会务车辆保障专案表
- 接待规格及服务规范表
- 大型活动指挥部工作周报

20-01 会议申请单

会议申请单

年　月　日

申请部门			会议时间		
会议名称					
会议内容					
参会人员				合计　　　人。	
费用预算	宿费			备注：	
	餐费				
	会议室费				
	其他费用				
	总计				
申请部门意见					
综合部意见					
财务部意见					
分管领导意见					
总经理意见					

20-02　会议议题报审单

会议议题报审单

年　月　日

议题申报部门	
议题内容	
本部门审核意见	
有关部门会签意见	
综合部审核意见	
分管领导审批意见	
总经理审批意见	
备注	

20-03　会议经费预算报告审批表

会议经费预算报告审批表

填表日期　　　　　　　　　　　　　　　　　　　　　　　　　　　　　单位：元

会议名称			
简要说明			
会议时间	会议地点		参会人数
1.会议场地等费			
2.办公用品、资料费			
3.交通费			
4.咨询费	咨询费标准：　　　　元/人，咨询费合计：		
5.活动费			
6.餐费			
7.其他费用			
会议预算总额	预算总计（大写）：		
预支会议经费			
职能部门领导签字	公司主管领导签字		备注

20-04 会议经费开支明细单

会议经费开支明细单

单位：元

会议名称				
简要说明				
会议时间	会议地点		参会人数	预支费用
费用类型	明细		金额	备注
1.会议场地等费				
2.办公用品、资料费				
3.交通费				
4.咨询费				
5.活动费				
6.餐费				
7.不可预见费				
金额合计（大写）				
报销结算情况				
职能部门领导签字	公司主管领导签字		备注	

20-05 会务费借支（业务）申请单

会务费借支（业务）申请单

申请部门		申请人		电话		单号		
借支依据								
费用项目	会务费				合计	销量	投产比	
	车费	餐费	场地	其他				
费用金额								
金额大写								

续表

费用内容说明							
收款账户		账号					
费用发票	☐增值税		☐普通发票		☐收款收据		☐白条收据
市场经理意见							
部门审核							
总监审批							
财务经理意见							
出纳执行							

20-06　会务费借支（业务）核销单

会务费借支（业务）核销单

部门		借款人		电话		单号	
借支金额		多退少补		金额大写			
费用项目	会务费				合计	销量	投产比
	车费	餐费	场地	其他			
计划							
实际							
业务执行说明							
收付账户		账号					
费用发票	☐增值税		☐普通发票		☐收款收据		☐白条收据
市场经理意见							
部门审核							
总监审批							
财务经理意见							
出纳执行							

20-07　会议费报销说明单

会议费报销说明单

申请人：　　　　　　　　　　　　　　　　　　申请日期：

会议情况	会议主题及要达到的目的：	
	起止时间：	
	内容摘要： 1. 2.	
	会议地点：	会议主持人：
报销明细	人数：共　　人，共　　天	金额：　　　天
	用餐地点：	用餐时间：

申请人：　　　　　　主管复核：　　　　　　行政中心复核：

注：1.此表按次数填写。
　　2.同对应的发票粘贴在一起。

20-08　公司本部会议室使用申请单

公司本部会议室使用申请单

年　月　日

申请部门		经办人	
拟使用会议室		拟使用时间	
主持人		参会人数	
会议名称			
会议准备	会标（是/否）	桌签（是/否）	
	视频或投影 （是/否）	桌形 （报告形/交流形）	
参会部门或人员			
申请部门负责人意见： 　　　　　　　　　　　　　　　签字：　　　　　　年　月　日			
总经理办公室意见： 　　　　　　　　　　　　　　　签字　　　　　　　年　月　日			

20-09　公司外部场所召开会议计划表

公司外部场所召开会议计划表

申报部门：　　　　　　　　年度：

序号	会议名称	拟召开时间	会议地点	人数	会期	在外开会缘由	预计费用
合计：							
申报部门意见： 　　　　　　　　　　　　　　　　　　　　　　　　　　　年　月　日								
部门分管领导意见： 　　　　　　　　　　　　　　　　　　　　　　　　　　　年　月　日								

20-10　公司外部场所召开会议申请表

公司外部场所召开会议申请表

主办部门：

会议名称			
会议时间		会议地点	
出席领导			
参会人员			
会期		人数	
费用预算（明细）			
申请部门负责人签字： 　　　　　年　月　日		总经理办公室意见： 　　　　　年　月　日	
部门分管领导意见： 　　　　　　　　　　　　　　　　　　　　　年　月　日			
公司主管经营副总经理意见： 　　　　　　　　　　　　　　　　　　　　　年　月　日			

注：本表一式两份，分别由申报部门、总经理办公室留存。

20-11 承办会议审批表

承办会议审批表

承办部门：　　　　　　　　　　　　　　　报审时间：

会议名称			
委托单位			
会议时间		会议地点	
会期		人数	
预计费用（明细）			

承办部门负责人签字： 年　月　日	总经理办公室意见： 年　月　日
部门分管领导意见： 年　月　日	公司主管经营副总经理意见： 年　月　日
公司总经理意见： 年　月　日	

20-12　会议（活动）安排申请表

会议（活动）安排申请表

申请部门		申请人		申请日期	
活动内容：					
开始日期：　月　日　时　分　截止日期：　月　日　时　分					
地点：□二楼会议室；□三楼会议室；□多媒体教室；□××酒店；□其他					
计划参加人数：共___人。其中：外单位___人；本单位___人；					
需准备： 横幅（内容）： （具体悬挂位置） 席卡：共___个。姓名： □投影仪；□计算机：公司提供/自备；□白板； □音响；□麦克风：有线___个；无线___个；□纸笔：共___份； □果盘：共___份；□湿巾：共___份；□饮料：共___份； □香烟：共___盒/条/费用：共___份，每份___元； □签到表：自备/打印□花篮；□拍照/录像：公司；□其他。 餐饮（公司食堂/酒店/其他）：详细注明每次用餐地点、时间、人数、次数 住宿：共___人___天，其中___男___女。地点： 其中：单间___个；标间___个 用车： 接人（含本单位人员）：共___人；时间、地点、联系人电话等 送人（含本单位人员）：共___人；时间、地点 其他事项说明：					
申请部门负责人：　　　　　　　　　日期：					
公司/分管领导：　　　　　　　　　日期：					

注：1.本表用于需要行政部提供后勤服务的会务活动。
　　2.在需要的项目前打钩，同时将不需要的选项划掉（划线）。
　　3.表格可以调整，调整后请保持表格的整齐。
　　4.除打钩、划线及签字外，本表内容须打印，手写无效。
　　5.本表至少提前1个工作日交于行政部办公室。

20-13 会议通知

会议通知

谨定于___年___月___日___午___时___分在___召开___会议,请准时参加。若有提案请填写后于开会前提交。
　　此致

提案书	提案人	
提案内容:		

20-14 会议议程表

会议议程表

	会议议程		年　月　日	
主持人		时间地点		
1				
2				
3				
4				
5				

20-15 会议签到表

会议签到表

时间	年　月　日　时　分			主持人	
地点					
内容					
签名					
序号	姓名	部门	序号	姓名	部门

20-16　大型活动会务车辆保障专案表

大型活动会务车辆保障专案表

序号	用车人员（接送对象）	人数	用车时间	行程	联络人（责任人）	车型	车号及驾驶员、联系方式	备注

20-17　接待规格及服务规范表

接待规格及服务规范表

接待规格	适用对象	接待人员		服务规范								
		主接待	陪同人员	安排时间	摄影（像）文字	名签	宣传资料	横幅	倒水频率	水果	鲜花	毛巾	参观地点

注：表头"服务规范"下含13列，"参观地点"为最后一列。

20-18　大型活动指挥部工作周报

大型活动指挥部工作周报

部门（组别）：公关外联组与会务保障组

项目	工作要项	内容分解和预期目标（评价标准）	责任人	工作目标完成情况（评分依据）
上周工作执行情况		公关外联组		
	领导邀请	同区委、区政府拟邀请人员名单对接	×××	
		进一步与各层面拟邀请责任人对接	×××	
		领导邀请函落款相关事项的对接	×××	

续表

项目	工作要项	内容分解和预期目标（评价标准）	责任人	工作目标完成情况（评分依据）
上周工作执行情况	新闻发布会会务与保障工作	会务与保障组		
		酒店会场确定：协同品牌传播组完成酒店会场的选定工作	×××	
		车辆安排：收集各方信息，合理安排车辆	×××	
		餐饮、住宿安排：收集各方信息，考察住宿、酒店场地，确保新闻发布会用餐、住宿需求	×××	
		参会资料准备：完成会场所需资料准备	×××	
		集团领导日程安排	×××	
		人员与会务的组织安排	×××	
	开业典礼会务与保障工作	同区委、区政府就会务保障相关事项进行对接	×××	
		跟踪政府牵头组织的协调会	×××	
		与广告公司对接	×××	
		开业典礼礼品采购：根据品牌传播组的意见进行礼品册中银条的采购	×××	
本周工作计划	领导邀请	公关外联组		
		根据前期梳理的邀请人员名单与各责任人进行对接，并明确各邀请领导的落款	×××	
		邀请函的寄送，并得到初步的反馈意见	×××	
		同区委区政府对接参会主要邀请领导、邀请的操作方案，并实施	×××	
	政府部门对接	会务与保障组		
		联系跟踪区委、区政府关于召开区相关部门整体工作安排协调会，并明确任务、落实责任	×××	
		根据前期对接的推进计划表再次与政府部门对接，进一步明确会务安排事宜	×××	
	广告公司对接	同广告公司对接会场布置方案，会务关键节点要素的对接，并按会务要求进行推进	×××	
	活动专案的整理报批	完成重大活动举行方案的整理，并报公安报批	×××	
		督促广告公司消防与场地布置的报批	×××	

续表

项目	工作要项	内容分解和预期目标（评价标准）	责任人	工作目标完成情况（评分依据）
本周工作计划	会务与保障专案的整理	（1）完成接待与签到方案 （2）完成开业典礼活动现场的安全保卫方案 （3）完成开业典礼活动现场车辆的引导、流转、停放方案	×××	
	酒店协商	酒店协议相关内容的对接，进一步明确酒店场地、停车位、用餐、住宿等事宜	×××	
	酒水	同公司领导沟通，以确定开业典礼、答谢午宴的酒水档次、品种、数量，并与供应商进行联系	×××	
	用车信息保障	收集集团、物流产业车辆信息，并与外租公司进行前期沟通	×××	
	材料跟踪	开业典礼礼品袋中各类资料的跟踪	×××	
需要协助或困难事项		总指挥（执行指挥）批示		结案情况（秘书组填写）

第21章　办公设备用品管理表格

本章阅读索引：

- 办公设备添置申请表
- 办公耗材购买申请表
- 办公设备报修申请单
- 办公设备报修记录表
- 办公设备报废申请单
- 设备借用登记表
- 办公设备管理卡
- 打印机、复印机、传真机、扫描仪管理人员名单
- 办公用品季度需求计划表
- 办公用品请购表
- 办公用品申购单
- 办公用品入库单
- 办公用品出库单
- 各部门领用办公用品登记表
- 办公用品移交登记表
- 办公用品报废单
- 办公用品盘存报表
- 办公用品领用表
- 办公用品耗用统计表
- 办公用品发放统计表

21-01　办公设备添置申请表

办公设备添置申请表

需求部门		申请人		日期	
设备名称	型号及规格	月度内预算（是/否）	数量	单价	总金额
					合计

申购原因：

　　　　　　　　　　　　　　　　　　　申请人：　　　　　年　月　日

部门经理意见：

　　　　　　　　　　　　　　　　　　　签名：　　　　　　年　月　日

库存情况：

续表

行政部意见:			
	签名:	年 月 日	
财务部意见:			
	签名:	年 月 日	
主管领导意见:			
	签名:	年 月 日	

注：申请人填写表中的"申购原因"并经部门经理签署意见后交行政部，由行政部执行申请程序并将结果反馈给申请人。

21-02　办公耗材购买申请表

办公耗材购买申请表

物品名称	型号	规格	单位	单价	数量	总价
耗材使用情况说明						
申请部门				领导意见		
部门负责人						

21-03　办公设备报修申请单

办公设备报修申请单

部门		姓名		报修时间	
设备名称				设备资产编号	
故障现象					
部门负责人意见					
网管鉴定结果					

21-04 办公设备报修记录表

办公设备报修记录表

设备名称/编号	部门	姓名	报修时间	故障现象	开始解决时间	经手人	解决结束时间	解决方法

21-05 办公设备报废申请单

办公设备报废申请单

申请人： 申请日期： 年 月 日

固定资产名称及编号	规格型号	单位	数量	预计使用年限	已使用年限	原始价值	已提折旧额
设备状况及报废原因							
处理意见	使用部门		技术部网管		财务部门		审批意见

21-06 设备借用登记表

设备借用登记表

设备名称/编号	借用人	部门	借用时间	归还时间	管理员

21-07　办公设备管理卡

办公设备管理卡

购入日期	部门编号	耐用年数	购入编号	办公设备管理卡		启用日期 年　月　日		
办公用具编号（编号No.）:			型号（编号No.）:		购买厂商（编号No.）:			
					购入厂商地址和电话:			
购买金额:			购买日期:					
					购买数量	耐用年数		折旧率%
折旧记录栏（定率法、定额法）	折旧年度	折旧金额	保留价格	记账人	保管修理日期	保管修理记录		负责人
备注:					使用部门:		检验人	经办人

21-08　打印机、复印机、传真机、扫描仪管理人员名单

打印机、复印机、传真机、扫描仪管理人员名单

序号	种类	品牌	型号	主要用途	放置部门	公司指定管理人员

21-09　办公用品季度需求计划表

办公用品季度需求计划表

部门：　　　　　　人数：　　　　　　　　　　　　　第　季（　月　日）

个人领用类							业务领用类						
办公用品名称	代号	单位	数量	单价	金额	备注	办公用品名称	代号	单位	数量	单价	金额	备注
小计							小计						

预算全额：　　　　　　　　　　　部门主管　　　　　　　　经办人
实际全额：

21-10　办公用品请购表

办公用品请购表

办公用品名称	规格	用途	使用部门	本次购买数量	估计价值	上次购买		备注
						时间	数量	
请购部门主管意见			行政部经理意见			总经理意见		

21-11　办公用品申购单

办公用品申购单

申购部门			申请人		申请日期	
项目	数量	单位	规格（型号）		用途说明	
部门主管签字						

注：申购时需填写此表格，并交办公室采购人。

21-12　办公用品入库单

办公用品入库单

序号	项目	规格	单价	入库数量	单位	入库时间	备注

××公司　　　　　　　　　　　　　　　　　　　　　　　　年　月　日

入库人：　　　　　　　　　　　　确认人：

21-13　办公用品出库单

办公用品出库单

××公司　　　　　　　　　　　　　　　　　　　　　　　　　　　　　年　月

序号	部门名称	项目	规格	数量	单位	备注
1						
2						
3						
4						
5						
6						
7						
8						
9						
10						
11						
12						

21-14　各部门领用办公用品登记表

各部门领用办公用品登记表

部门名称	领用物品	数量	单位	领用时间	领用人签字

21-15　办公用品移交登记表

办公用品移交登记表

××公司　　　　　　　　　　　　　　　　　　　　　　　　　　　　年　月　日

序号	项目	规格	数量	单位	移交人	接收人	备注
接收人确认签字							
接受人确认签字							

21-16　办公用品报废单

办公用品报废单

××公司　　　　　　　　　　　　　　　　　　　　　　　　　　　　年　月　日

项目		型号		数量		单位	
价格		使用人					
报废原因							
报废处理方式							
维修人		使用人确认签字					
部门负责人签字		分管领导确认签字					

21-17　办公用品盘存报表

办公用品盘存报表

编号	名称	规格	单位	单价	上期结存		本期入库数	本期发放数	本期结存		备注
					数量	金额			数量	金额	

行政部经理：　　　　　　　　　　　　　　　　　　保管员：

21-18 办公用品领用表

办公用品领用表

部门：　　　　　　　　　　　　　　　　　　　　　　　　　　　　　　　　　年　月　日

品名	请领数量	实发数量	用途	备注

行政部经理：　　　　　　　　　部门主管：　　　　　　　　　申领人：

21-19 办公用品耗用统计表

办公用品耗用统计表

部门	代号					
	名称					
上月耗用金额						
本月耗用金额						
差异额						
差异率/%						
说明						
备注	差异额为本月耗用全额减上月耗用金额的代数差					
行政部经理			总经理			

21-20 办公用品发放统计表

办公用品发放统计表

年度：　　　　　　　　　　　　　　　　　　　　　　　　　　　　　　　　　编号：

分类	品名		1	2	3	4	5	6	7	8	9	…	12	合计	备注
消耗品															
管制消耗品															
管制品															

行政部经理：　　　　　　　　　　　　　　　　　　　保管员：

第22章 车辆管理表格

本章阅读索引:

- 车辆（交通设备）管理簿
- 公务车辆使用申请表
- 车辆派遣登记表
- 车辆出车安排表
- 车辆出车登记表
- 车辆行驶日记
- 车辆行驶登记表
- 车辆加油统计表
- 备用卡加油统计表
- 车辆维修保养申请表
- 购车补贴申请表
- 车辆补贴协议书
- 补贴车辆里程登记表
- 私车公出核准申请书
- 车辆使用同意书

22-01 车辆（交通设备）管理簿

车辆（交通设备）管理簿

编号：　　　　　　　　　　　　　　　　　　　　　　　　　　　　年　月　日

车辆登记号码	车辆名称及型号	车辆制造号码	购入日期

购入金额	供应商	供应商所在地及电话

检验、修理日	检验修理的记录	经办人		折旧年度	折旧度	残值价格	记账
			折旧记录栏				
				备注			

22-02　公务车辆使用申请表

公务车辆使用申请表

申请人		车牌号		目的地		☐市内	
申请部门		随行人数				☐外省市	
计划用车时间	月　日　时～　月　日　时							
用车事由							
备注							
部门主管				行政部审批			
此联由申请人填写，交行政部留存							

22-03　车辆派遣登记表

车辆派遣登记表

出车日期		驾驶人员	
出车时间		出发千米数	
返回时间		回程千米数	
通行费		备注	
接送人员			
接送理由			
行政经理意见：		总经理意见：	

22-04　车辆出车安排表

车辆出车安排表

车牌号码		驾驶人员	
出车时间		返回时间	
送达地点			
送达货物			
管理人员		日期	

22-05　车辆出车登记表

车辆出车登记表

车牌号				驾驶员			
出车日期	出车时间	返回时间	出发千米数	返回千米数	出车地点		签名
管理人：							

22-06　车辆行驶日记

车辆行驶日记

行驶日期		星期		所属单位		驾驶者姓名		确认
车辆登记号		使用前：	千米	加油量		加油费用		加油站
		使用后：	千米					
车种		本日行走：	千米					
出发时间		目的地			到达时间		乘坐人员	
时	分				时	分		
备注：								

22-07　车辆行驶登记表

车辆行驶登记表

车别		起讫地点	车号				加油状况		备注
日期	使用人	起讫地点	开车时间	行驶时间	起讫总里程数	油别	加油/升		

22-08　车辆加油统计表

车辆加油统计表

车牌号码				部门			
司机				加油型号、单价			
月初余额				本月起始千米数			
本月充值				本月中止千米数			
本月用油				中止千米数时油箱剩油量			
月末余额				所属期起止			
是否有现金加油	日期	金额		是否有备用卡加油	备用卡卡号	金额	
本月车辆特别事项说明：							
本月加油小票粘贴处：							

22-09　备用卡加油统计表

备用卡加油统计表

备用卡号			
月初余额			
本月充值			
月末余额			
本月用油			
加油明细	车牌号	加油金额	加油司机
合计			
特别说明事宜：			
本月加油小票：			

22-10 车辆维修保养申请表

车辆维修保养申请表

一、车辆基本情况		二、维修项目及资金预算			
车牌号		维修项目	材料费	工时费	小计
部门					
车型					
购置日期					
上次维修时间					
上次维修里程					
本次行驶里程					
上次维修项目					
是否为定期保养					
是否为常规保养					
申请人		合计			
部门经理意见:		财务部经理意见:		总经理意见:	

22-11 购车补贴申请表

购车补贴申请表

购车人基本情况							
姓名		部门		职务		任职日期	
出生年月		参加工作时间		进公司工作时间		是否首次购车	
购车理由							
申请补贴金额	大写: 拾 万 元整 ¥:						
行政部审核意见				审核人:		年 月 日	
总经理审批意见				审批人:		年 月 日	

22-12　车辆补贴协议书

车辆补贴协议书

甲方（公司）：
乙方（个人）：

　　甲方为加强企业内部管理，节约费用开支，便利乙方使用车辆，经双方协商，根据公司＿＿＿年＿＿＿月＿＿＿日下发的《中高层管理人员车辆补贴办法》（以下简称办法）规定，决定由乙方自行购车，甲方给予一次性现款补贴。现为了明确双方职责，特签订本协议书。
　　一、根据《办法》有关补贴标准，乙方享受购车补贴＿＿＿万元。
　　二、车辆购置方式选择
　　1.以公司名义落户，车辆由个人选购，购车标准不作限制。补贴标准超支部分由个人全额支付。
　　2.以个人名义落户，车辆由个人选购，产权归个人所有，购车标准不作限制。购车人凭购车发票报支车辆补贴款，并按国家规定缴纳个人所得税。
　　按甲方有关规定，经甲方审核，乙方每年的车辆保险费和路桥通行年费这两项固定费用由甲方承担；日常路桥费实行实报实销，而燃油费实行补贴，其具体补贴标准按车辆的排量来分类确定。
　　三、按甲方有关规定，经甲方审核，乙方每年的车辆保险费和路桥通行年费这两项固定费用由甲方承担；日常路桥费实行实报实销，而燃油费实行补贴，其具体补贴标准按车辆的排量来分类确定。

排量/升	≥3.0	≤3.0 ≥2.5	≤2.5 ≥2.0	≤2.0
补贴金额/(元/千米)	0.80	0.72	0.65	0.48

　　燃油费用按年结算，超支自负，节支的可用于次年车辆其他费用。
　　四、除上述约定的费用外，甲方不承担车辆任何其他费用，如车辆发生交通事故，在保险公司按规定理赔部分外的经济损失，由乙方承担。
　　五、乙方从享受购车补贴之日起，必须为甲方服务＿＿＿年，如乙方工作或职务在＿＿＿年内发生变动，不再符合补贴条件，则需按年度比例偿付相应的购车补贴款，同时甲方停止承担车辆任何费用。补贴款结清后，车辆归乙方所有。补贴车辆以甲方名义购置的，需办理过户手续。
　　六、乙方为甲方服务满＿＿＿年后，若是以甲方名义购买的，则车辆归乙方所有，车辆需无偿过户给乙方。
　　七、本协议未尽事宜，按《办法》有关规定执行。
　　八、本协议一式两份，甲乙双方各执一份。
　　九、本协议自签订之日起生效。

　　甲方（公章）：
　　代表人（签名）：
　　乙方（签名）：
　　日期：＿＿＿年＿＿＿月＿＿＿日

22-13 补贴车辆里程登记表

补贴车辆里程登记表

抄表时间	里程数起码	里程数止码	本月里程数	抄表人	车主签字确认
年　月　日					
年　月　日					
年　月　日					
年　月　日					
年　月　日					
合计					

22-14 私车公出核准申请书

私车公出核准申请书

申请人		使用车种	□汽车 □机车	车号		目的或目的地	
实际路程数	千米		申请补助金额	千米×		元/千米＝	元
行政部意见	核准人				行政经理		
核章							

22-15 车辆使用同意书

车辆使用同意书

　　本人_____是_____公司员工，在任职期间因业务需要将本人所拥有的_____牌_____，车牌_____的机/汽车于上班时间借予公司使用，因公务所使用的油费以合法加油站的发票为凭，所以由公司适量补贴。外勤人员保养费依公司规定请领。
　　特立本据为凭。

　　　　　立同意书人：
　　　　　身份证号码：
　　　　　日期：

ent
第23章 员工食宿管理表格

本章阅读索引：

- 员工宿舍申请表
- 员工宿舍入住单
- 员工宿舍调房（床）申请单
- 宿舍员工入住情况登记表
- 宿舍员工退房登记表
- 员工宿舍物品放行条
- 宿舍日检异常记录表
- 亲人住宿申请单
- 员工宿舍来访登记表
- 员工宿舍内务、卫生、安全检查表
- 在职员工退房单

- 离职员工退房单
- 住房补贴申请表
- 员工意见表（食堂）
- 员工食堂意见汇总表
- 食堂伙食周报表
- 员工伙食补贴发放登记
- 取消员工住宿资格通知单
- 伙食补贴申请表
- 离职员工餐费扣除表
- 新入职员工餐费补发表
- 夜宵申请单

23-01　员工宿舍申请表

员工宿舍申请表

申请原因	□新员工入职	□员工升职/调职					
部门	职位	性别	宿舍间数	配置等级	拟入住时间	备注	

注：
经理配置：空调、电视机、洗衣机、热水器、单人床、台、椅子、衣柜、饮水机
主管配置：空调、电视机、热水器、单人床、台、椅子、衣柜、饮水机
职员配置：电视机、热水器、落地风扇、床、台、椅子、衣柜、饮水机

制表：　　　　　　　部门负责人：　　　　　　　行政部：

23-02　员工宿舍入住单

员工宿舍入住单

姓名		部门		房号		床号	
所在部门负责人意见				签名：		年 月 日	
行政部负责人意见				签名：		年 月 日	
宿舍主管	安排　号房　号床			签名：		年 月 日	
宿舍管理员	入住时间为　月　日　时			签名：		年 月 日	

23-03　员工宿舍调房（床）申请单

员工宿舍调房（床）申请单

姓名		性别		部门		职务	
拟调出房号				床号			
申请调入房号				床号			
所在部门负责人意见				签名：		年 月 日	
行政部负责人意见				签名：		年 月 日	
宿舍主管	安排　号房　号床			签名：		年 月 日	
宿舍管理员签名	入住时间为　月　日　时			签名：		年 月 日	

23-04　宿舍员工入住情况登记表

宿舍员工入住情况登记表

房号	可住人数	宿舍长	床位号	使用员工	所在部门	岗位	入住时间	备注

续表

房号	可住人数	宿舍长	床位号	使用员工	所在部门	岗位	入住时间	备注

23-05 宿舍员工退房登记表

宿舍员工退房登记表

序号	姓名	性别	部门	岗位	居住房号	退房类别	入住时间	退房时间	备注

23-06 员工宿舍物品放行条

员工宿舍物品放行条

姓名		部门		备注
有效时间	年 月 日 时 分～ 时 分			
所携物品		数量		
携往何处		作何用途		
行政部负责人		宿舍主管签名		宿舍管理员签名
部门印章		宿舍值班门卫签名		放行时间 月 日 时 分

注：本放行条有涂改痕迹及无行政部印章者无效。

23-07　宿舍日检异常记录表

宿舍日检异常记录表

检查时间	房间号	异常记录	是否通知整改	是否整改	宿管员签名	备注

23-08　亲人住宿申请单

亲人住宿申请单

申请人姓名		所在部门	
申请理由	本人的＿＿＿＿，＿＿＿＿名，属＿＿＿＿关系。从远道而来探望本人，现申请在公司员工宿舍住宿＿＿＿＿天。住宿期间所发生的一切事情，本人愿做一切担保！ 特此申请！ 申请人： 年　月　日		
所在部门负责人意见	 签名：　　　年　月　日		
行政部负责人意见	 签名：　　　年　月　日		
宿舍主管	是否交费：是□　否□。是否验身份证原件（留存复印件）：是□　否□。安排＿＿＿＿号房＿＿＿＿号床。 签名：　　　年　月　日		
宿舍管理员	入住时间为＿＿月＿＿日＿＿时。 签名：　　　年　月　日		

23-09 员工宿舍来访登记表

员工宿舍来访登记表

序号	来访人姓名	身份证号码	来访时间	受访人姓名	离开时间

23-10 员工宿舍内务、卫生、安全检查表

员工宿舍内务、卫生、安全检查表

项目	检查	
	标准分/分	得分
一、室内布局		
1.床铺要求平整、规范、无多余杂物,闹钟除外（置于枕头右边）；被子叠放平整,棱角分明,面向门；床单要拉直铺平；枕头置于被子另一头（每项2分）	8	
2.牙刷、牙膏同向排列于漱口杯内；毛巾叠成方块；漱口杯、毛巾与肥皂盒、沐浴露和洗发水一同置于脸盆内；每一上下铺脸盆搁于下铺床底左边（每项2分）	8	
3.水杯置于桌面后端边缘线正中有序排列	3	
4.每人限放三双鞋；每一上下铺的鞋子搁于下铺床底右边；鞋跟朝外成直线；鞋跟与脸盆对齐（每项1分）	4	
5.每一上下铺箱、包均搁置下铺床底左边；箱、包紧靠墙边缘（每项2分）	4	
6.门后正中张贴宿舍相关规定及值日表	3	
7.室内没有乱拉绳、铅丝；没有钉钉；没有挂衣物、手袋等任何物品（每项2分）	6	
8.墙面没有张贴；没有涂抹；没有雕刻（每项1分）	3	
9.桌子、衣柜按指定地点摆放,没有挪动（每项1.分）	3	
10.除以上要求摆设外,其余物品均置于衣柜内,没有外露	5	
二、室内卫生		
1.室内空气新鲜,无异味	3	
2.地面干净,无果壳纸屑；无污迹；无积水等（每项1分）	3	
3.墙面无灰尘；无脚印；无蜘蛛网（每项3分）	3	

续表

项目	检查	
	标准分/分	得分
4.门、窗、床、衣柜、桌子、电话机等清洁无灰尘（每项1分）	6	
5.灯架、灯管无灰尘、无污迹（每项1分）	2	
6.箱子、脸盆等个人日常生活用品无污迹（每项1分）	2	
7.鞋干净、无异味	2	
8.床上用品常洗晒，无污迹	3	
三、室内安全		
1.不得私接电源，违章使用电炉、热得快、电水壶等电器	3	
2.不得使用明火包括点蜡烛、使用煤油炉、酒精炉、火锅等炉具	4	
3.妥善保管自己的物品，人走门闭，保管好个人锁匙	2	
4.不得私接电线、插板、电器和存放危险物品	4	
备注：		

23-11 在职员工退房单

在职员工退房单

姓名		性别		部门		房号		床号	
所在部门意见	负责人签名：　　　　　　　　　　　　　　年　月　日								
行政部	退房时间：　　年　月　日　时前　　宿舍主管签名：　　　　　　年　月　日								
	已于　月　日　时　分办妥退房手续。因原因　　　，建议赔偿　　元　　宿管员签名：　　　　　　年　月　日								
保安部	已于　月　日　时　分离开								
	值班门卫签名：　　　　　　　　　　　　　年　月　日								

反面：

声明

　　因　　　　　原因，我欲迁出员工宿舍。本人郑重声明：迁出宿舍后，在外居住所发生的一切事故均与公司无关。请行政部予以批准。

申请人（签名）：　　年　月　日

23-12　离职员工退房单

离职员工退房单

姓名		性别		部门		房号		床号	
行政部	请于　年　月　日　时～　月　日　时前办妥退房手续 已于　年　月　日　时　分办妥退房手续。因　　　原因，建议赔偿　　元							宿舍主管签名： 宿舍管理员签名：	
保安部	已于　月　日　时　分离开 　　　值班门卫签名：								

注：逾期未完成退房手续者将按有关规定处理。

23-13　住房补贴申请表

住房补贴申请表

姓名		部门	
职位		入职日期	
籍贯		婚姻状况	
是否已经在本地购房		交房日期	
现所租房屋地址			
本人符合租房补贴条件，以上情况属实 　　　　　　　　　　　　　　　　　申请人：　　　　　申请日期：			
部门意见			
行政部意见			
主管领导意见			

23-14　员工意见表（食堂）

员工意见表（食堂）

姓名：

为使员工食堂的伙食和卫生得到进一步提高，请您针对食堂各方面（含菜的质量、卫生和食堂工作人员的服务态度等内容），提供一些宝贵意见，作为食堂改进与努力的参考。谢谢！

1. 您对食堂的卫生状况　　　□非常不满意　□不满意　□尚可　□非常满意
2. 您对食堂的就餐秩序　　　□非常不满意　□不满意　□尚可　□非常满意
3. 您对食堂饭菜的可口程度　□非常不满意　□不满意　□尚可　□非常满意
4. 您对菜的分量　　　　　　□非常不满意　□不满意　□尚可　□非常满意
5. 您对食堂人员的服务态度　□非常不满意　□不满意　□尚可　□非常满意
6. 您对伙食的质量　　　　　□非常不满意　□不满意　□尚可　□非常满意
7. 您对食堂的建议事项　　　□非常不满意　□不满意　□尚可　□非常满意

谢谢您的宝贵意见。祝您工作愉快！

23-15　员工食堂意见汇总表

员工食堂意见汇总表

意见类型	满意程度			
	非常不满意	不满意	尚可	非常满意
卫生状况				
就餐秩序				
饭菜的可口程度				
菜的分量				
食堂人员的服务态度				
伙食的质量				
建议事项				
主要问题				
处理方法				

23-16　食堂伙食周报表

食堂伙食周报表

一、支出部分

物品类型	本周采购			上周采购			本周支出			本周结余			应付供应商款项
	数量	单价	金额	数量	单价	金额	数量	单价	金额	数量	单价	金额	
大米													米商____元 油商____元 肉（蛋）商____元 副调商____元 菜商____元
食油													
副调													
肉类													
蛋类													
蔬菜													
总计	—			—			—			—			____元

二、收入部分

员工就餐人数及伙食费用	月　日		月　日		月　日		月　日		会计		备注
	人数	费用	人数	费用	人数	费用	人数	费用	人数	费用	
早餐											餐费折算 1.本店人员 早餐：____元 午餐：____元 晚餐：____元 夜宵：____元 2.外来人员____元/（人·餐）
午餐											
晚餐											
夜宵											
小计											
外来人员餐费											
总计											

三、收支状况

收入____元	支出____元	应余____元	实余____元	盈亏率____（±%）

23-17 员工伙食补贴发放登记

员工伙食补贴发放登记

员工工号	IC卡卡号	员工姓名	部门	发放金额	发放时间	发放负责人

23-18 取消员工住宿资格通知单

取消员工住宿资格通知单

姓名		性别		房号		床号	
行政部	违纪事由： 　　　　　　　　　　　　　　　　　　　　宿舍管理员：　　　年　月　日						
	经调查，情况属实。依照宿舍管理制度第　　条，取消该员工宿舍住宿资格，请于　年　月　日前搬离宿舍 　　　　　　　　　　　　　　　　　　　　宿舍主管：　　　　年　月　日						
	  　　　　　　　　　　　　　　　　　　　　部门负责人审批：　　年　月　日						
	已于　月　日　时　分办妥退房手续 　　　　　　　　　　　　　　　　　　　　宿舍管理员：　　　年　月　日						
保安部	已于　月　日　时　分离开 　　　　　　　　　　　　　　　　　　　　值班门卫：　　　　年　月　日						

23-19 伙食补贴申请表

伙食补贴申请表

部门：   日期：

班组	总人数	补贴标准	小计金额
合计			
行政部		行政部经理	
财务部		财务部经理	

23-20 离职员工餐费扣除表

离职员工餐费扣除表

部门：   日期：

序号	姓名	离职时间	员工部门	当月实际就餐天数	应扣除补贴费用金额	备注

23-21 新入职员工餐费补发表

新入职员工餐费补发表

单位：　　　　　　　　　　　　　　　　　　　　　　　　　日期：

序号	姓名	入职时间	员工部门	当月应就餐天数	应补贴费用金额	备注

注："当月应就餐天数"从员工入职当日开始算起。

23-22 夜宵申请单

夜宵申请单

申请部门			申请日期		
申请夜宵总人数			交单时间		
加班赶货内容					
行政部负责人			申请部门主管		
夜宵票经办			厨房经办		
夜宵用餐	部门				合计
人员明细	人数				

注：1. 夜宵用餐时间为晚上12:00～2:30。
2. 各部门夜宵原则上需在当天下午18:00前提报行政部。

第24章 卫生环境管理表格

本章阅读索引:

- 办公室卫生值日表
- 公区清洁责任划分表
- 办公室部门清扫行动检查表
- 生产部5S区域清扫要点与要求
- 公司卫生情况检查表
- 清洁卫生检查表
- 行政部卫生状况检查表
- 办公环境状况检查表
- 清洁卫生评分表
- 卫生区域计划表
- 行政部办公环境卫生检查表
- 宿舍环境卫生检查表
- 办公环境卫生检查汇总表
- 宿舍环境卫生检查汇总表

24-01 办公室卫生值日表

办公室卫生值日表

姓名	日期					
	1	2	3	4	…	31

注:遇特殊情况需变更值日日期,由双方员工自行协商调整,如因交接不清而导致卫生未打扫者,责任由双方共同承担。

24-02　办公区清洁责任划分表

办公区清洁责任划分表

序号	区域/部位	清洁频率	清洁标准	责任人	监督人
1	会议室				
2	会客室				
3	培训室				
4	高级主管办公室				
5	厕所				
6	洗手间				
7	饮水间				
8	……				

24-03　办公室部门清扫行动检查表

办公室部门清扫行动检查表

部门：　　　　　　部门主管：　　　　　　　　　　时间：　　年　月　日

区域划分	点检地点	清扫人	清扫频率	清扫标准	达成状况	备注
办公室部门	地面（毯）		每天一次	无垃圾		
				无污垢		
				无破损		
	墙壁		每周一次	无脚印及其他痕迹		
				无过时张贴物		
				悬挂物或张贴物整齐有序		
	办公桌		每天一次	桌面干净明亮		
				桌下无杂物、垃圾		
				台面干净明亮		
	办公台		每天一次	计算机下面无灰尘		
				台面下无杂物、垃圾		
	计算机		每天一次	主机表面及下面无灰尘		
				显示器外壳荧屏无灰尘		
				键盘面及下无灰尘		

续表

区域划分	点检地点	清扫人	清扫频率	清扫标准	达成状况	备注
办公室部门	计算机		每天一次	鼠标无灰尘		
				音响外表面及下无灰尘		
				电线捆绑整齐		
	复印机（传真机）			设备外表面		
				设备后面		
				一般不打开部位		
	空调机		每天一次	外表面		
				送风口		
			每周一次	背部		
				顶部		
	文具		每天一次	文具盒无灰尘，无废弃文具		
			每天一次	文具形迹		
			每天一次	文具库存		
	文件档案		每天一次	文件柜面无灰尘		
			每周一次	文件柜顶、后部无灰尘		
			每周一次	文件柜内无废弃文件		
			每年一次	机密文件予以销毁		
			每周一次	一般文件背面可用，再用		
			每周一次	不可利用者，集中废料仓		
	照明设备		每周一次	无破损、无灰尘		
	天花板		每月一次	无灰尘、无污点		

核准：　　　　　　　　　　审核：　　　　　　　　　　制定：

24-04　生产部5S区域清扫要点与要求

生产部5S区域清扫要点与要求

项目	清扫部位	清扫周期	要求	年月					
				1	2	3	4	…	31
机器设备	内外部污垢、周边环境	停机时	眼观干净，手摸无积压灰尘						
			地面无明显废屑。正在生产的设备，地面不能有两种材料的废屑（未生产的材料废屑明显）						

325

续表

项目	清扫部位	清扫周期	要求	年月					
				1	2	3	4	…	31
地面	表面	每天	保持清洁，无污垢、碎屑、积水等						
	通道		无堆放物，保持通畅						
	摆放物品		定位、无杂物，摆放整齐、无压线						
	清洁用具		归位摆放整齐，保持用品本身干净						
墙或天花板	墙面	每天	干净，无蜘蛛网，所挂物品无灰尘						
	消防		灭火器指针指在绿色区域，有定期点检						
	开关、照明		部门人员清楚每一个开关所控制的照明和设备						
			标志清楚，干净无积尘，下班时关闭电源						
	门窗		玻璃干净，门及玻璃无破损，框架无积尘						
	公告栏	1次/周	无灰尘，内容及时更新						
	天花板	有脏污时	保持清洁，无蜘蛛网、无剥落						
工作台办公桌	桌面		摆放整齐、干净，无多余垫压物						
	抽屉		物品分类存放，整齐清洁，公私物品分开放置						
	座椅/文件		及时归位，文件架分类标志清楚						
箱或柜	表面	每天	眼观干净，手摸无尘，无非必需品						
	内部		分类摆放整齐、清洁						
茶桌	茶杯或茶瓶		摆放整齐，茶瓶表面干净、无污渍						
	表面		保持清洁，无污垢、积水等						
工具设备	表面		不使用时，归位放置，摆放整齐、稳固，无积尘，无杂物，放在设备上的物品要整齐						
组长或区域负责人签字：									

注：1.每天上午9:00由值日员工确认，合格的在相应栏内打"○"，不合格的应立即整改；不能立即整改的，先划"△"，待整改后划"√"。

2.每天上午9:00以后，区域负责人检查确认（生产车间由组长检查确认），并在确认栏签字，检查情况记入5S个人考核记录表。

3.每天5S主任和副主任对各区进行不定时的检查，对不符合项目按评分表进行扣分。

4.各区域负责人要监督管理好所管辖区域5S状况，确保所辖区域清洁。

24-05 公司卫生情况检查表

公司卫生情况检查表

年 月 日

检查内容检查结果		部门						备注
全面检查	墙壁							
	地面							
	门窗							
	设备							
	管辖区域							
重点检查	卫生间							
	浴室							
	库房							
	餐厅							
	环境							

注：此表一式两份，办公室和行政部各存一份。符合要求划"√"，不符合要求划"×"。对不合格项目由检查部门下发整改通知单限期整改。

24-06 清洁卫生检查表

清洁卫生检查表

场所： 年 月

区域	清洁项目	清洁日期							
		1	2	3	4	5	6	7	…	31
生产大楼	地面、墙面、扶手、楼梯清洁									
	办公室、门窗清洁									
	灯架、风扇、天花板清洁									
	生产设备清洁									
	消防设备清洁									
	饮水设备清洁									
厂区、宿舍	地面清洁									
	楼梯清洁									
	扶手清洁									

续表

区域	清洁项目	清洁日期							
		1	2	3	4	5	6	7	…	31
厂区、宿舍	垃圾桶盖清洁									
	垃圾分类收集									
	绿化区无垃圾									
食堂	地面、工作台、餐具、储存柜、储存室、容器清洁，食堂内无臭味，无虫害									
	荤、素、粮食以及生、熟食品分开储存，切生、熟食品的刀具、菜板分开；储藏食物离地、离墙堆放，无腐烂变质食物									
	清洁工负责人（签字）									
	检查人（签字）									
	备注									

注：1.清洁工（工作人员）负责人每天上午完成清洁后在此表上签字。
2.每天下午15:00由后勤组长检查确认并记录。
3.检查符合要求时打"√"，不符合要求时打"×"；发现不符合要求时、由清洁工立即整改。

24-07 行政部卫生状况检查表

行政部卫生状况检查表

检查项目	良好	一般	较差	缺点事实	改善事项
茶杯					
烟缸					
门					
窗					
地板					
楼道					
洗手间					
其他					

主管：　　　　　　　　　　　　　　　　　　　　　　检查人：

24-08　办公环境状况检查表

办公环境状况检查表

检查项目	良好	一般	较差	缺点事实	改善事项
办公桌面					
桌椅					
电话					
办公用具					
其他					

主管：　　　　　　　　　　　　　　　　　　　　检查人：

24-09　清洁卫生评分表

清洁卫生评分表

评分部门：	评分员：	日期：	时间：
评分项目	最高分数/分	评分	备注
一般安全	15		
消防器具	10		
走道通路	15		
工作区域整洁	15		
设备维护状况	15		
办公桌椅及办公室环境	15		
环境整洁	15		
建议及评语			

24-10　卫生区域计划表

卫生区域计划表

部门	区域				
	走道	仓库	空地	厂外环境	水沟

24-11　行政部办公环境卫生检查表

行政部办公环境卫生检查表

序号	项目	分值/分	结果	备注
1	桌面、地面、窗台有水渍、污渍	5		
2	室内物品摆放杂乱无序	5		
3	门窗不完好、不洁净	5		
4	有卫生死角、有蜘蛛网	10		
5	地面有烟头等杂物、垃圾倾倒不及时	10		
6	桌椅、橱柜上有污渍、尘土	10		
7	墙上乱贴乱画	5		
8	破坏公共卫生	20		
9	办公设备有尘土、清洁保养不及时	10		
10	文件杂乱无序、乱堆乱放	10		
11	长明灯等浪费现象	10		
说明：以上检查项目的分值均为单项分值		合计		

24-12　宿舍环境卫生检查表

宿舍环境卫生检查表

序号	项目	分值/分	结果	备注
1	桌面、地面、窗台有水渍、污渍	5		
2	室内物品摆放杂乱	5		
3	床上物品混乱	10		
4	床下物品混乱	5		
5	个人物品杂乱、乱堆乱放	5		
6	饮酒、赌博、违规书刊音像	20		
7	地面有烟头等杂物、垃圾倾倒不及时	5		
8	门窗不完好不洁净	5		
9	有卫生死角、有蜘蛛网	10		
10	长明灯等浪费现象、违规使用电气、无人时电池充电	20		
说明：以上检查项目的分值均为单项分值		合计		

24-13　办公环境卫生检查汇总表

办公环境卫生检查汇总表

部门	分数	突出问题
第一名　　　　第二名	倒数第一名	

24-14　宿舍环境卫生检查汇总表

宿舍环境卫生检查汇总表

宿舍号码	检查分数	突出问题
第一名　　　　第二名	倒数第一名	

第25章 安全管理表格

本章阅读索引：

- 员工识别证
- 来宾识别证
- 厂商（业者）出入厂登记簿
- 物品放行单
- 派车单
- 消防设施一览表
- 安全检查表
- 车辆/人员出入门证
- 车辆出入登记表
- 来访人员进出登记表（门卫）
- 员工出入登记表
- 人员放行条
- 物品放行条
- 公司公共活动场所使用申请单
- 消防设备巡查表
- 公司防火安全检查表
- 公司防火安全及安全生产检查表
- 消防设施检查记录表
- 应急预案演练记录

25-01 员工识别证

员工识别证

员工识别证	
部门：_____ 姓名：_____ 编号：_____	贴照片

25-02　来宾识别证

员工识别证

员工识别证
编号：＿＿＿＿＿＿＿＿＿

25-03　厂商（业者）出入厂登记簿

厂商（业者）出入厂登记簿

姓名	胸章号码	入厂时间	出厂时间

25-04　物品放行单

物品放行单

物品名称		数量		
携出人姓名（或厂商名）		携出时间	月　日　时　分	
携出理由				
备注		管理部保安登记		
厂部主管		科长	组长	申请人	部
					组

25-05 派车单

派车单

事由			单位	
用车时间	自 年 月 日 时 分开出			
	至 年 月 日 时分返回			
车号			驾驶人	
备注				
厂部主管		科长	组长	申请人

25-06 消防设施一览表

消防设施一览表

编号	名称	位置	型号	备注
	灭火器			
	消火栓			
	报警铃系统			
	应急灯系统			
	安全出口灯			
	消防沙			
	消防斧			
	消防钳			
	……			

25-07 安全检查表

安全检查表

检验项目	待改善事项	说明	备注	复检
1.消防	无法使用或道路阻塞			
2.灭火器	已失效、走道阻塞、缺少			
3.走道	阻塞、脏乱			
4.门	阻塞、损坏			
5.窗	损坏、不清洁			
6.地板	不清洁、损坏			

续表

检验项目	待改善事项	说明	备注	复检
7.厂房	破损、漏水			
8.楼梯	损坏、阻塞、脏乱			
9.厕所	脏臭、漏水、损坏			
10.办公桌椅	损坏			
11.餐厅	损坏、污损			
12.工作桌椅	损坏			
13.厂房四周	脏乱、废弃、未用			
14.一般机器	保养不良、基础松动			
15.空线	基础不稳、保养不良			
16.插线、开关	损坏、不安全			
17.电线	损坏			
18.给水	漏水、给排不良			
19.仓库	凌乱、防火防盗不良			
20.废料	未处理、放置凌乱			
21.其他				

检查员：

25-08 车辆／人员出入门证

车辆／人员出入门证

姓名或商号、车行		车别		车号		随车人数	
事由		车辆	入厂重量				
记事栏			出厂重量				
			载货重量				
车辆	□载货车辆 □空车	载货内容及品名：					
出入厂	＿＿时＿＿分入厂 ＿＿时＿＿分出厂	守卫签章		核章发号胸码			
指定入厂范围		经办人签章					

25-09 车辆出入登记表

车辆出入登记表

日期	车牌号	车主	驾驶员	车型	载重量	运输物品	来源地或去向地	密闭情况	清洁情况	备注

25-10 来访人员进出登记表（门卫）

来访人员进出登记表（门卫）

日期	来访人员姓名	单位	联系电话	进厂时间	出厂时间	来访呈官	值班人	备注

25-11 员工出入登记表

员工出入登记表

日期	姓名	工号/组别	出门时间	进门时间	事由	备注

25-12 人员放行条

人员放行条

放行人员名单	1.	2.	3.	4.	所属部门	
	5.	6.	7.	8.		
申请类别	□办公事　□生产任务不足　□看病　□工伤　□离职退房　□其他　请打"√"选择					
外出原因	因_____事，需出厂，请给予批准					
保安填写	出厂时间	___月___日___时___分		回厂时间	___月___日___时___分	
批准人				值班保安		

25-13 物品放行条

物品放行条

公司名称：　　　　　　　　　　　　部门：
申请放行日期_____年___月___日
携带物品人_____　身份证号码_____
物品名称/数量：
1._____　　2._____　　3._____
4._____　　5._____　　6._____
7._____
公司盖章_____　日期_____
物品核查人签署_____　日期_____
保安部人员签署_____　日期_____
部门经理签_____　日期_____

25-14 公司公共活动场所使用申请单

公司公共活动场所使用申请单

年　月　日

申请部门		申请人		拟使用场所	
拟占用时间		事由			
参加者人数		部门经理		办公室主任	
用后检查情况				检查人签字：	
备注					

注：本单由行政部管理，申用部门凭批准的本单可向总务部领用会务用具，用后填写器具、设备设施检查情况后交行政部。

25-15 消防设备巡查表

消防设备巡查表

日期		班次		巡查员	
项目	区域	位置		存在问题	部门
消火栓					
手动按钮					
排烟口					
防火门					
探测器					
喷淋头					
疏散楼梯					
安全通道					
可燃物堆放					
消防电梯					

25-16 公司防火安全检查表

公司防火安全检查表

检查部门：　　　年　月　日

检查内容	检查结果	部门										备注
全面检查	消防设施及器材											
	防火通道											
	现场环境											
	违章情况											
	其他											
重点检查	操作人员											
	防护设备报警装置											
	作业条件											
	其他											

检查员：

注：此表一式两份，总务部和行政部各存一份。符合要求划"√"，不符合要求划"×"。对不合格项目由检查部门下发整改通知单限期整改。

25-17　公司防火安全及安全生产检查表

公司防火安全及安全生产检查表

检查内容 \ 检查结果 \ 部门		采购部	原料库	市场部	备注
防火安全检查	消防设施及器材				
	防火通道				
	现场环境				
	违章情况				
	其他				
安全生产检查	操作人员				
	防护设备报警装置				
	作业条件				
	其他				

注：此表一式两份，保安部和行政部各存一份。符合要求划"√"，不符合要求划"×"。对不合格项目由检查部门下发整改通知单限期整改。

25-18　消防设施检查记录表

消防设施检查记录表

名称：　　　　　　　　编号：　　　　　　　　位置：

序号	检查项目	检查日期	检查结果	检查日期	检查结果	检查日期	检查结果

检查人：　　　　　　　　　　　　　　　　审批：

25-19 应急预案演练记录

应急预案演练记录

预案名称			演练地点		
组织部门		总指挥	演练时间		实际时间
参加部门和单位	室				
演练类别	□实际演练　□桌面演练　□提问讨论式演练　□全部预案　□部分预案			实际演练部分：	
物资准备和人员培训情况	物资准备：喇叭　灭火器　漏电开关　绝缘手套　担架　医疗箱　车辆 人员培训情况：消防安全知识教育				
演练过程描述	演练分为三个阶段：一是演练前进行相关的消防安全知识教育；二是组织安排；三是火灾发生时，组织逃生、自救、互救、消防救援人员奋力救助				
预案适宜性充分性评审	适宜性：□全部能够执行　□执行过程不够顺利　□明显不适宜 充分性：□完全满足应急要求　□基本满足需要完善　□不充分，必须修改				
演练效果评审	人员到位情况	□迅速准确　□基本按时到位　□个别人员不到位　□重点部位人员不到位 □职责明确，操作熟练　□职责明确，操作不够熟练　□职责不明，操作不熟练			
	物资到位情况	现场物资：□现场物资充分，全部有效　□现场准备不充分　□现场物资严重缺乏 个人防护：□全部人员防护到位　□个别人员防护不到位　□大部分人员防护不到位			
	协调组织情况	整体组织：□准确、高效　□协调基本顺利，能满足要求　□效率低，有待改进 抢险组分工：□合理、高效　□基本合理，能完成任务　□效率低，没有完成任务			
	实战效果评价	□达到预期目标　□基本达到目的，部分环节有待改进　□没有达到目标，须重新演练			
	外部支援部门和协作有效性	报告上级：　　　　□报告及时　　□联系不上 消防部门：　　　　□按要求协作　□行动迟缓 医疗救援部门：　　□按要求协作　□行动迟缓 周边政府撤离配合：□按要求配合　□不配合			
存在问题和改进措施	存在问题：伤员的抢救专业化程度不够 改进措施：加强医疗救护知识培训				
参加演练人员签字：					

总指挥：　　　　　　　　　评估人：　　　　　　　　　记录人：

第26章　保密管理表格

本章阅读索引：

- 员工保密承诺书
- 保密协议（适用于外协单位）
- 保密承诺书（适用于个人）
- 离职保密承诺书
- 保密承诺书签订情况汇总表
- 机要文档外送申请表
- 保密监督检查记录表
- 保密工作考核评分标准
- 涉密人员保密自查表
- 部门保密自查记录表
- 保密机要室保密自查表
- 文档档案保密自查表
- 计算机、办公自动化专项保密检查情况登记表
- 涉密单位、部门负责人____年保密工作情况
- 保密委员监督检查记录表
- 总经理保密监督检查记录表
- 保密检查整改通知书
- ____年上半年保密监督检查表
- 保密津贴考核发放表
- 涉密计算机及办公自动化保密管理情况检查表
- 非涉密计算机及办公自动化保密管理情况检查表
- 涉密移动存储介质保密管理情况检查表
- 非涉密移动存储介质保密管理情况检查表
- 涉密载体清理情况检查表
- 办公网络使用管理情况检查表
- 失泄密事件查处情况记录表
- 涉密载体销毁、涉密设备报废情况记录表
- 涉密会议活动情况记录表
- 信息发布保密审查情况记录表
- 计算机保密管理情况记录表
- 存储介质保密管理情况记录表
- 保密要害部门部位登记表
- 保密工作实施奖惩情况登记表
- 网络（网站）建设、运行保密管理情况记录表
- 涉密载体借阅登记表
- 涉密文件（资料）打印登记表
- 涉密文件（资料）复制登记表
- 涉密设备维修登记表

26-01 员工保密承诺书

员工保密承诺书

我入职公司，从事××岗位职务。本人确认并同意，承诺担负如下岗位保密责任，履行相关保密义务。

1.我明白，公司一切未经公开的业务信息、财务资料、人事信息、合同文件、客户资料、调研和统计信息、技术文件（含设计方案等）、企划营销方案、管理文件、会议内容等，均属企业机密，我有保守该机密的责任。

无论我在任职期间或在离职之后，都不能将任何机密信息透露给公司以外的任何组织或个人，或者在没有得到公司书面允许的情况下将机密信息用于任何未经授权的目的。

当不确定某些具体内容是否为公司机密时，我承诺请示公司主管该事项的高层经理人员鉴定其性质。

2.公司的一切书面和电子教材、培训资料等，公司均有知识产权，我在未经授权许可的情况下，不能对外传播。

3.我因职务取得的商业和技术信息、发明创造和研究成果等，权益归公司所有。

4.任何公司财产，包括配备给我使用的办公桌、保险柜、橱柜，乃至储存在公司设备内的电子资料（无论是谁创建的），都是属于并且只属于公司，我不具有所有权及隐私权，如遇情况需要，公司有权进行检查和调配。

5.我在公司的任职期间，以上所列机密材料都只能由本人在公司授权的职责范围内使用，在以下两种情况中，只要有一种情况发生，我都将把所有属于我保管或处理范围的机密材料的原件及其副本立即交付给公司。

（1）在任何时候，公司提出此要求。

（2）我离职时。

在交付上述机密材料后，我不保留任何这些机密材料的原件和副本。

6.我明白，员工薪酬属于个人隐私，我不能公开或私下询问、议论。我如果掌握了此类信息，不以任何方式泄露。

7.我若收到外部邀请进行演讲、交流或授课，我承诺事先要征得上司批准，并就可能涉及的有关公司业务的重要内容征求上司意见。

8.我承诺对本人的各项工作进行密码保密，不对外提供和泄露。不盗用他人密码。

9.本承诺书中任何一条规定的无法执行性不影响承诺书其他规定的有效性和可执行性。

10.我同意，在签署本承诺书后，本承诺书不因我今后在公司的岗位、职责或报酬的任何改变而改变。公司有经济处罚和诉讼权。

我已经读过，并且已理解和同意遵守本承诺书所有条款，如本人违背承诺，愿意接受经济处罚和行政处罚，并承担相应的法律责任。

承诺人签字：_____

日期：_____

26-02　保密协议（适用于外协单位）

保密协议（适用于外协单位）

甲方：
乙方：
签订地点：
签订日期：_____年___月___日

为加强国家_____信息技术资料和数据的保密管理，双方根据国家有关法律、法规，本着平等、自愿、协商一致、诚实信用的原则，就乙方为甲方提供软件修改完善、数据处理和技术支持服务（下称项目）等工作中的保密事宜达成如下协议。

一、保密信息
1.在项目中所涉及的项目设计、图片、开发工具、流程图、工程设计图、计算机程序、数据、专利技术、招标文件等内容。
2.甲方在合同项目实施中为乙方及乙方工作人员提供必要的数据、程序、用户名、口令和资料等。
3.甲方应用软件在方案调研、开发阶段中涉及的业务及技术文档，包括政策、方案设计细节、程序文件、数据结构，以及相关业务系统的硬软件、文档、测试和测试产生的数据等。
4.其他甲方合理认为，并告之乙方属于保密的内容。

二、保密范围
1.甲方已有的技术秘密。
2.乙方持有的科研成果和技术秘密，经双方协商，乙方同意被甲方使用的。

三、保密条款
1.乙方应严格保守甲方的有关保密信息，不得以其他任何手段牟取私利，损害甲方的利益。
2.未经甲方书面许可，乙方不得以任何名义向有关单位或个人泄露甲方保密信息。
3.未经甲方书面许可，甲方的技术资料、技术成果乙方无权利用在其他项目上。
4.未经甲方书面许可，乙方不得对有关保密信息进行修改、补充、复制。
5.未经甲方书面许可，不得将保密信息以任何方式携带出甲方场所。

四、保密信息的所有权
以上所提及的保密信息均为甲方所有。

五、保密期限
本协议的保密期限为5年。
1.在本协议失效后，如果本协议中包括的某些保密信息并未失去保密性，本协议仍对这些未失去保密性的信息产生效力，约束双方的行为。
2.本协议是为防止甲方的保密信息在协议有效期发生泄露而制定。因任何理由而导致甲、乙双方的合作项目终止时，乙方应归还甲方所有有关信息资料和文件，但并不免除乙方的保密义务。

六、关系限制
本协议不作为双方建立任何合作关系或其他业务关系的依据。

七、违约责任
如乙方未遵守本协议的约定泄露或使用了保密信息，甲方有权终止双方的合作项目，乙方应按合作项目金额作为违约金支付给甲方，并按照有管辖权的人民法院认定的赔偿金额赔偿甲方遭到的其他损失，甲方有权进一步追究其一切相关法律责任。

八、其他事项
1.本协议以中文做成，一式两份，由甲、乙方各执一份，各份协议具有同等法律效力。

2.本协议未尽事宜，由甲、乙双方协商解决。
3.本协议自甲、乙双方签字之日起生效。

甲方：（签章）
乙方：（签章）

26-03 保密承诺书（适用于个人）

保密承诺书（适用于外协单位个人）

_____（客户单位）：
我了解有关保密法规制度，知悉应当承担的保密义务和法律责任。本人庄重承诺：
一、认真遵守国家保密法律、法规和规章制度，履行保密义务；
二、认真遵守本人工作单位与_____签订的保密协议；
三、认真遵守_____其他各项安全保密的相关规定；
四、对参与的信息化项目和服务所涉及技术资料及数据信息履行保密义务，未经许可_____，不得擅自发表或使用。
五、离岗时，对仍具有保密性的技术资料和数据信息履行保密义务。

承诺人（签字）：
承诺人身份证号码：
··

担保单位声明：
我单位工作人员_____由我单位委派到_____承担技术工作。我单位负责对该人员履行本保密承诺书进行监督管理，该人员如有违反，我单位将按照_____与我单位签订的《保密协议》承担相应的违约责任。

担保单位（盖章）：
____年___月___日

26-04 离职保密承诺书

员工离职保密承诺书

本人于____年___月___日入职_____，在_____部门从事_____岗位。现本人于____年___月___日离职，自离职之后，本人确认并同意，承诺担负如下保密责任，履行相关保密义务。
1.公司一切未经公开的业务信息、财务资料、人事信息、合同文件、客户资料、调研和统计信息、技术文件（含设计方案等）、企划营销方案、管理文件、会议内容等，均属企业秘密，本人在离职之后，不能将任何机密信息透露给公司以外的任何组织或个人，或者在没有得到公司书面允许的情况下将机密信息用于任何未经授权的目的。

2.本人在职期间因职务取得的商业和技术信息、发明创造和研究成果等，权益归公司所有，本人离职之后，所有因职务接触过的信息、发明创造、成果都不能为己所用，更不能以任何形式对外传播（由于职位接触过的项目信息及科研成果等见附表，附表所列项目，本人都对其有保密义务）。

3.公司一切书面和电子类的图纸、文件、培训资料等，公司均有知识产权，本人在未经授权许可的情况下，不能对外传播。

4.任何公司财产，包括配备给本人使用的办公桌、保险柜、橱柜，乃至储存在公司设备内的电子资料，都是属于并且只属于公司，本人不具有所有权及隐私权，离职之后，所有资料及资料的载体都应自觉归还。本人不保留任何资料的原件和副本。

5.本人对于接触过的资料（无论是文本、电子类）在离职之后都负有保密义务。本人一旦存在发生泄密行为，给公司带来直接或是间接的经济损失，公司对本人保有经济处罚和诉讼权。

本人已经读过，并且已理解和同意遵守上述所有条款，如本人违背承诺，愿意接受经济处罚和行政处罚，并承担相应的法律责任。

承诺人签字：＿＿＿＿＿＿＿＿＿＿＿

日期：＿＿＿＿＿＿＿＿＿

附表：

本人由于工作岗位关系，研发、制作、参与、接触过下列项目及其他资料，材料清单如下。

1.＿＿＿＿＿＿＿＿＿＿＿＿＿＿＿＿＿＿＿＿＿＿＿＿＿＿＿＿＿＿＿＿＿＿＿。

2.＿＿＿＿＿＿＿＿＿＿＿＿＿＿＿＿＿＿＿＿＿＿＿＿＿＿＿＿＿＿＿＿＿＿＿。

3.＿＿＿＿＿＿＿＿＿＿＿＿＿＿＿＿＿＿＿＿＿＿＿＿＿＿＿＿＿＿＿＿＿＿＿。

本人对上述材料负有保密义务，本人在离职之后，不会将任何机密信息透露给公司以外的任何组织或个人，或者在没有得到公司书面允许的情况下将机密信息用于任何未经授权的目的。

本人签名：　　　　　　　　　　日期：

26-05　保密承诺书签订情况汇总表

保密承诺书签订情况汇总表

单位名称（盖章）：

总人数	应签人数	实签人数	在岗人员		离岗人员	签订日期	知悉率	归档率	发放宣传资料/份
			管理层	基层					

填表人：　　　　　　　　　　　　　　　　　　　填表日期：　　年　月　日

26-06　机要文档外送申请表

机要文档外送申请表

申请人		工号		三级部门	
申请事项					
发送原因					
是否与对方签订保密协议等类似文件：□是　□否 注：如签订有保密协议等类似文件则请写出文件名称并将此文件的复印件附后					
文件名称：					
发送形式	□纸件　□电子件				
发送人		账号（若是使用E-mail则填写此项）			
接收人		账号（若是使用E-mail则填写此项）			
产品经理审核		日期			
部门最高机要人员审核		日期			
备注					

26-07　保密监督检查记录表

保密监督检查记录表

编号：

受检查部门		检查类别	
监督检查内容		检查结果及处理意见	
涉密人员是否全部按规定参加了保密培训教育				
涉密载体的八个管理环节是否严格按保密制度执行			
移动存储介质的使用情况：			
涉密计算机的使用管理情况：			
非涉密计算机的使用管理情况：			
涉密办公自动化设备的使用管理情况：			
非涉密办公自动化设备的使用管理情况：			
保密监督检查情况：			
保密经费使用情况：			
信息发布管理情况：			

续表

监督检查内容	检查结果及处理意见		
保密考核与奖惩情况：			
失密、泄密情况：			
检查人员 签名		检查组长 签名	年　月　日
配合检查 人员签名		受检部门 负责人签名	年　月　日
备注			

26-08　保密工作考核评分标准

保密工作考核评分标准

序号	项目	项目细则	分值 /分	扣分	得分	备注
Ⅰ	部门负责人履行职责（8分）	1.是否落实了公司安全保密管理规定	1			
		2.是否结合本部门业务工作制定相应的保密措施和实施细则	2			
		3.是否在本部门内经常进行安全保密检查，并有记载	1			
		4.是否结合本部门业务工作对涉密人员展开有针对性的保密教育，做到有计划、有记录，并保证一定教育学时	1			
		5.是否同本部门涉密人员签订了保密责任书	1			
		6.是否履行了部门领导保密审查的职责	1			
		7.是否认真进行保密自查并有记录	1			
Ⅱ	计算机管理（40分）	1.是否建立了计算机、存储介质、办公自动化台账，账、物是否相符	1			
		2.是否做到了涉密信息有相应的密级标识，密级标识与正文是否分离	1			
		3.新增涉密计算机是否通过安全保密检查	1			
		4.涉密计算机是否设有系统登录密码，同时登录密码长度是否不少于10个字符，且每30天更改一次	2			
		5.是否设置了自动锁屏而且时间不大于5分钟	2			
		6.是否取消了administrator/guest等不必要的用户	1			
		7.是否私自安装光盘刻录机、软驱、打印机、绘图仪及开通USB端口	2			
		8.是否安装了防病毒软件且定期杀毒	1			

续表

序号	项目	项目细则	分值/分	扣分	得分	备注
II	计算机管理（40分）	9.是否关闭了没有必要的文件共享，必须共享的文件夹是否设置了合适的访问权限	3			
		10.是否安装了防火墙软件的客户端并成功注册	1			
		11.是否配置了防火墙软件并开放防火墙端口	1			
		12.要求贴标签的设备是否贴上了涉密标签	1			
		13.是否安装了保密机箱并已经锁好前面板和后盖	1			
		14.涉密计算机没有安装调制解调器、无线上网卡、红外、蓝牙等网络设备	1			
		15.涉密计算机及外设是否安装了红黑电源隔离插座并启用了电磁干扰器	1			
		16.未经允许是否私自将公司内涉密信息接入计算机	2			
		17.非涉密计算机是否存储或处理过涉密信息	2			
		18.涉密机房以外的涉密计算机是否存储秘密级文件	2			
		19.计算机中是否存储黑客工具等与工作无关的软件	2			
		20.电子文件和中间机转换是否履行登记手续	1			
		21.各部门的重要服务器是否定期审计日志记录	1			
		22.涉密文件复制输出、移动存储介质携带外出、涉密计算机输出端口保留开通、非密机接国际互联网、带涉密部门计算机外出、保密机箱开启等是否办理了审批手续	4			
		23.办公局域网络开通及信息发布是否有降密使用的现象	1			
		24.涉密存储介质是否有降密使用的现象	1			
		25.便携计算机是否建立了单独的借用台账，实行统一管理，专人负责	1			
		26.带便携计算机外出是否办理了审批手续	2			
		27.便携计算机是否存有涉密信息	1			
III	存储介质管理（10分）	1.涉密移动存储介质是否统一编号，集中保管，贴上涉密标识和防盗磁条	1			
		2.涉密移动存储介质借用是否符合程序，外出携带存储介质是否办理了审批手续	1			
		3.外出携带涉密文件是否加密存储	2			
		4.借用的涉密移动存储介质归还后是否及时清除存储的文件	1			

续表

序号	项目	项目细则	分值/分	扣分	得分	备注
III	存储介质管理（10分）	5.是否将借用的涉密移动存储介质安全存放	2			
		6.涉密移动存储介质是否接入与国际互联网联网的计算机	2			
		7.非涉密存储介质是否存储涉密信息	1			
IV	国家秘密载体管理（30分）	1.涉密文件资料是否标明密级	1			
		2.密级文件是否按规定存放在密码铁皮柜中，并登记在册	2			
		3.人离开办公室后桌面上是否摆放有涉密文件	2			
		4.密级文件的打印、复印是否符合审批程序和工作流程	2			
		5.密级文件借阅、传阅是否按规定执行	2			
		6.外单位查阅密级文件是否办理了审批手续	2			
		7.涉密人员外出开会带回的密级文件是否及时归还	1			
		8.绝密级文件存放和阅读是否符合规定	2			
		9.是否控制了密级文件的知悉范围	2			
		10.输出和复制的密级文件资料是否履行了登记及签字手续，实行闭环管理	4			
		11.密级文件资料的收发是否进行了登记和签字手续	2			
		12.涉密废旧资料收集、存放、管理是否按规定执行	2			
		13.密级文件向外单位的传递渠道是否符合规定	2			
		14.携带密级文件资料外出是否按规定执行	2			
		15.机要收发是否按规定执行	2			
V	涉密活动管理（10分）	1.对外宣传报道是否进行了保密审查	1			
		2.对外发表论文是否经过保密审查	1			
		3.在外进行重大涉密活动是否报保密办公室审批	2			
		4.密级文件是否确定了责任人	1			
		5.密级会议是否进行了保密提醒	1			
		6.密级会议文件是否按规定管理	2			
		7.对外交流、合作谈判等活动是否制定了保密方案	1			
		8.是否用保密本记录密级会议内容	1			
VI	其他（2分）		2			

26-09　涉密人员保密自查表

涉密人员保密自查表

部门		姓名		涉密等级	
保密自查记录	1.本月是否产生过涉密文件或电子文档？				
	是否按规定进行了定密？			是□	否□
	是否进行了密级标示？			是□	否□
	2.本月是否有需要变更密级或解密的项目或文件？			是□	否□
	是否按规定进行了审批？			是□	否□
	是否更改了密级标示？			是□	否□
	3.本月是否制作过秘密载体？			是□	否□
	是否在规定的场所或上级保密部门批准的定点制作单位制作？			是□	否□
	4.本月是否携带秘密载体出差？			是□	否□
	是否按规定进行了审批？			是□	否□
	是否采取了合适的保护措施？			是□	否□
	5.本月是否参加过涉外活动？			是□	否□
	是否携带了秘密载体？			是□	否□
	携带秘密载体是否经过审批且采取了严格的保密措施？（没携带秘密载体的可不选择）				
				是□	否□
	6.本月是否曾经因公或因私出国（境）？			是□	否□
	是否按规定进行了审批？			是□	否□
	是否签订了保密协议书？			是□	否□
	是否在无安全保密措施的场所谈论过秘密事项？			是□	否□
	7.本人是否有便携式计算机？			是□	否□
	本月是否用便携式计算机处理过涉密文件？			是□	否□
	本月是否携带便携式计算机出国（境）？			是□	否□
	携带便携式计算机出国（境）是否按规定办理了批准和携带手续？			是□	否□
	8.本月是否复印过涉密文件？			是□	否□
	是否按规定进行了审批和复印？			是□	否□
	9.本月是否发送或传递过秘密载体？			是□	否□
	是否按规定专人传递或通过机要发送？			是□	否□
	10.本月是否接受过秘密载体？			是□	否□
	是否进行了知悉范围审批？			是□	否□
	11.本月是否对外提供过资料或物品？			是□	否□
	是否按规定进了审批？			是□	否□
	提供密品密件是否与接收方签订了保密协议？（如提供的资料或物品不涉密可不选择）				
				是□	否□
	12.本月是否撰写过文章或论文？			是□	否□
	是否按规定进了审批？			是□	否□
	13.本月是否进入过保密要害部位？			是□	否□
	是否遵守了保密要害部位的管理规定？			是□	否□
	14.本月是否通过网络发送过涉密邮件？			是□	否□

续表

保密自查记录	15.本月是否用手机谈论过涉密事项？	是□ 否□
	16.本月是否借阅过秘密载体？	是□ 否□
	是否按规定进行了审批和登记？	是□ 否□
	是否在安全保障的地点使用？	是□ 否□
	17.本月是否使用过涉密移动存储介质？	是□ 否□
	是否按规进行了使用？	是□ 否□
自查结果	符合要求□　　不符合要求□　　　　　　　　　签字：　　　　　　　　年　月　日	
部门负责人意见	签字：　　　　　　　　年　月　日	
保密办公室备案	签字（盖章）：　　　　　　　年　月　日	

26-10　部门保密自查记录表

部门保密自查记录表

部门负责人姓名		检查时间	年　月　日	
检查记录	1.本月内是否产生过涉密文件或电子文档？		是□	否□
	涉密文件或电子文档是否按规定进行管理？		是□	否□
	是否对定密工作进行了指导和监督？		是□	否□
	2.本月内是否有需要变更密级或解密的项目或文件？		是□	否□
	是否对变更密级工作进行了指导和监督？		是□	否□
	3.本月内是否举办过涉密会议？		是□	否□
	是否按规定进了审批？		是□	否□
	安全保密措施是否完备？		是□	否□
	是否指定了保密责任人？		是□	否□
	是否由保密管理机构进行了全面监督？		是□	否□
	会议文件是否由专人保管？		是□	否□
	4.本月内是否进行了涉密试验？		是□	否□
	是否按规定进了审批？		是□	否□
	安全保密措施是否完备？		是□	否□
	是否指定了保密责任人？		是□	否□
	是否由保密管理机构进行了全面监督？		是□	否□
	试验现场的文件是否由专人保管？		是□	否□
	5.本月内是否进行了涉外活动？		是□	否□
	是否按规定进了审批？		是□	否□
	安全保密措施是否完备？		是□	否□
	出国（境）人员是否签订了保密责任书？		是□	否□

续表

检查记录	6.本月内是否对外提供过资料或物品？ 　是否按规定进行了审批？ 　提供密品密件是否与接收方签订了保密协议？（如提供的资料或物品不涉密可不选择） 7.本月内是否有涉密人员撰写过文章或论文？ 　是否按规定进行了审批？ 8.本月内是否对保密要害部门进行过检查？ 　保密要害部门管理规定是否得到遵守？ 　保密要害部门保护措施是否有效？ 9.本月内对涉密人员保密自查表是否进行了审核？ 10.本月内涉密人员有无变动？ 　新增涉密人员有无按规定进行了审查？ 　密级变更的涉密人员有无按规定进行变更？ 　离职的涉密人员无忧按规定进行审批和管理，并对涉密文件进行清退？ 11.本月内本部门的涉密计算机是否按规定进行管理？ 12.本月内本部门的非涉密计算机是否按规定进行管理？ 13.是否清楚本部门的保密工作重点？ 14.本月内有无发生泄密事件？ 15.本月内是否对涉密人员进行过培训或保密教育？ 　是否保存了记录？ 16.兼职保密员是否按规定履行职责？	是□ 否□ 是□ 否□ 是□ 否□ 是□ 否□ 是□ 否□ 是□ 否□ 是□ 否□ 是□ 否□ 是□ 否□ 是□ 否□ 是□ 否□ 是□ 否□ 是□ 否□ 是□ 否□ 是□ 否□ 是□ 否□ 是□ 否□ 是□ 否□ 是□ 否□ 是□ 否□	
检查结论	符合□ 不符合□ 　　　　　　　　　　　　部门负责人签字：		年　月　日
检查情况事实确认意见	保密小组签字：		年　月　日
审核意见	分管领导签字：		年　月　日
保密办公室备案	签字（盖章）：		年　月　日

26-11　保密机要室保密自查表

保密机要室保密自查表

负责人姓名		检查时间		
保密自查情况	1.室内的防盗报警器装备是否有效？			是□ 否□
	2.楼道内的视频监控装置是否有效？			是□ 否□
	3.防盗网是否完好无损？			是□ 否□

续表

保密自查情况	4.出入人员是否按规定进行了登记？	是□	否□
	5.本月是否有外部人员进入参观？	是□	否□
	是否按规定进了审批？	是□	否□
	6.涉密计算机是否都按要求进行了口令更换和维护保养？	是□	否□
	7.涉密计算机是否安装了视频干扰器？	是□	否□
	8.涉密算计是否进行了涉密标示？	是□	否□
	9.涉密计算机是否与互联网隔离？	是□	否□
	10.涉密计算机中存储的涉密文件是否按规定进行了标示？	是□	否□
	11.中间转换机是否存储涉密文件？	是□	否□
	12.中间转换机是否按规定进行信息交换和处置？	是□	否□
	13.本月是否复印过涉密文件？	是□	否□
	是否按规定进行了审批和复印？	是□	否□
	14.本月是否销毁过秘密载体？	是□	否□
	是否按规定进行了审批并在专门的设备上销毁？	是□	否□
	15.本月是否使用过涉密移动存储介质？	是□	否□
	是否按规定进行了使用？	是□	否□
	16.本月是否有外部人员进入参观？	是□	否□
	是否按规定进了审批？	是□	否□
	17.本月是否接受过秘密载体？	是□	否□
	是否有知悉范围审批表？	是□	否□
	是否进行了归档？	是□	否□
	18.密码文件柜是否按规定进行了密码更换？	是□	否□
	19.密码文件柜是否完好？	是□	否□
	20.是否按规定编制了保密工作档案？	是□	否□
	密集项目档案是否完整？	是□	否□
	涉密人员档案是否完整？	是□	否□
	保密重点部门档案是否完整？	是□	否□
	保密机构档案是否完整？	是□	否□
	保密经费档案是否完整？	是□	否□
	保密审查档案是否完整？	是□	否□
	保密规章制度档案是否完整？	是□	否□
	保密日常工做记录是否完整？	是□	否□
	21.现存的秘密载体和目录是否核对无误？（若选择否则附上详细说明）	是□	否□
	经清查核对，显存秘密载体__份,其中上级来文__份,公司产生的秘密载体__份。	是□	否□
要求	1.对违规问题要详细记录情况及当事人姓名、计算机及文件编号、使用人等 2.对在检查中发现有上述没有的违规操作项，检查人员在备注栏内详细记录		
备注			
自查意见	自查结果： 符合要求□　限期整改□　不符合要求□ 　　　　　　　　　　　　　　检查人签字：　　　　　　年　月　日		

续表

部门负责人意见	签字： 年 月 日
保密办公室备案	签字（盖章）： 年 月 日

26-12 文档档案保密自查表

文档档案保密自查表

负责人姓名		检查时间	
保密自查情况	1.室内的防盗报警器装备是否有效？		是□ 否□
	2.楼道内的视频监控装置是否有效？		是□ 否□
	3.防盗网是否完好无损？		是□ 否□
	4.近三个月内是否有外部人员进入参观？		是□ 否□
	是否按规定进了审批？		是□ 否□
	5.近三个月内是否复印过涉密文件？		是□ 否□
	是否按规定进行了审批和复印？		是□ 否□
	6.近三个月内是否销毁过秘密载体？		是□ 否□
	是否按规定进行了审批并在专门的设备上销毁？		是□ 否□
	7.近三个内是否接受过秘密载体？		是□ 否□
	是否有知悉范围审批表？		是□ 否□
	是否进行了归档？		是□ 否□
	8.密码文件柜是否按规定进行了密码更换？		是□ 否□
	9.密码文件柜是否完好？		是□ 否□
	10.是否按规定编制了保密工作档案？		是□ 否□
	密集项目档案是否完整？		是□ 否□
	涉密人员档案是否完整？		是□ 否□
	保密重点部门档案是否完整？		是□ 否□
	保密机构档案是否完整？		是□ 否□
	保密经费档案是否完整？		是□ 否□
	保密审查档案是否完整？		是□ 否□
	保密规章制度档案是否完整？		是□ 否□
	保密日常工做记录是否完整？		是□ 否□
	11.现存的秘密载体和目录是否核对无误？（选择否附上详细说明）		是□ 否□
	经清查核对，显存秘密载体__份，其中上级来文__份，公司产生的秘密载体__份。		是□ 否□
自查意见	自查结果： 符合要求□　限期整改□　不符合要求□		
		检查人签字：	年 月 日

续表

审核意见	符合要求□　限期整改□　不符合要求□ 部门负责人签字：　　　　　　　年　　月　　日
分管领导意见	签字：　　　　　　　　　　　　　　年　　月　　日
保密办公室备案	保密办公室（盖章）：　　　　　　　年　　月　　日

26-13　计算机、办公自动化专项保密检查情况登记表

计算机、办公自动化专项保密检查情况登记表

受检单位			检查时间	
检查人			陪同人员	
项目			检查情况	
移动存储介质管理情况	去向明，入柜保存			
	借阅登记情况			
	标识粘贴情况			
	移动存储介质的使用	非密联网机是否使用涉密介质		
		非密不联网机是否使用涉密介质		
		涉密机是否使用非密介质		
	外出携带审批手续			
通信计算机信息系统及办公自动化设备保密管理情况	计算机标识情况			
	密码设置	主板密码		
		系统密码		
		屏保密码待机时间		
		密码更换周期		
	计算机内存储信息标识情况			
	涉密机与非涉密机操作情况	非密不联网机是否存储涉密信息		
		非密联网机是否存储涉密信息		
		涉密机是否上网		
		涉密机是否使用无线设备		
	摆放区域相对隔离			
	打印涉密文件登记情况			
	普通件的传真、复印登记			
	复印机的使用管理规章制度			
	涉密文件、资料的复印审批			
	复印涉密文件、资料的复印机配备碎纸机情况			
	其他通信及办公自动化设备管理情况			
要求	1.对违规问题，检查人员要详细记录违规情况及当事人姓名、计算机编号、使用人等 2.对在检查中发现有上述没有的违规操作项，检查人员在备注栏内详细记录			

26-14　涉密单位、部门负责人____年保密工作情况

涉密单位、部门负责人____年保密工作情况

单位：　　　　　　负责人：　　　　　　填报时间：

组织保密教育情况	
召开保密工作会议情况	
各项保密措施落实情况	
保密监督检查记录	
保密工作建议	

26-15　保密委员监督检查记录表

保密委员监督检查记录表

保密委员姓名		检查时间		
检查记录	1.年度内是否学习过国家保密政策和法律法规？		是□	否□
	2.年度内是否对分管的保密工作做出过指示？		是□	否□
	3.是否了解公司的保密工作重点？		是□	否□
	4.年度内是否具体解决过保密工作重要问题？		是□	否□
	5.年度内是否组织对分管的保密工作进行考核？		是□	否□
	6.年度内是否为分管的保密工作提供过人、物、财力上的支持？		是□	否□
	7.年度内是否在分管范围内组织进行过保密工作总结？		是□	否□
	8.年度内是否在分管范围内组织进行保密工作检查？ 　　检查结果是否合格？		是□	否□
	9.是否清楚分管范围内涉密人员情况？		是□	否□
	10.是否清楚在分管范围内涉密计算机情况？		是□	否□
	11.是否清楚在分管范围内保密要害部门、部位情况？		是□	否□
	12.是否清楚公司保密委员会工作情况？		是□	否□
	13.是否了解公司涉密项目情况？		是□	否□
	14.对公司保密经费预算及使用情况是否清楚？		是□	否□
	15.年度内是否在分管范围内进行过保密奖励？		是□	否□
	16.年度内分管范围内是否发生过泄密事件？		是□	否□
检查结论	符合要求□　　不符合要求□			
		检查人签字：	年　月　日	
检查情况事实 确认意见				
		受检人签名：	年　月　日	
保密办公室备案				
		保密办公室（盖章）：	年　月　日	

26-16　总经理保密监督检查记录表

总经理保密监督检查记录表

总经理姓名		检查人员		检查时间		
检查记录	1.年度内是否学习过国家保密政策和法律法规？				是□	否□
	2.年度内是否对公司的保密工作做出过指示？				是□	否□
	3.是否了解公司的保密工作重点？				是□	否□
	4.年度内是否研究解决过保密工作重要问题？				是□	否□
	5.年度内是否组织对公司内的保密工作进行考核？				是□	否□
	6.年度内是否为保密工作提供过人力、物力、财力上的支持？				是□	否□
	7.年度内是否组织进行过保密工作总结？				是□	否□
	8.年度内是否组织进行保密工作检查？ 检查结果是否合格？				是□	否□
	9.是否清楚公司涉密人员情况？				是□	否□
	10.是否清楚公司涉密计算机情况？				是□	否□
	11.是否清楚公司保密要害部门、部位情况？				是□	否□
	12.是否清楚公司保密委员会工作情况？				是□	否□
	13.是否了解公司涉密项目情况？				是□	否□
	14.对公司保密经费预算及使用情况是否清楚？				是□	否□
	15.年度内是否进行过保密奖励？				是□	否□
	16.年度内公司是否发生过泄密事件？				是□	否□
检查结论	符合要求□　不符合要求□			检查人签字：	年　月　日	
检查情况事实确认意见				受检人签名：	年　月　日	
保密办公室备案				保密办公室（盖章）：	年　月　日	

26-17　保密检查整改通知书

保密检查整改通知书

部门名称					
检查部位		负责人		职务	
检查情况及整改要求					
整改期限	从　　年　月　日～　　年　月　日止，共计　　天				

续表

检查人员：	
	年　月　日　午
受检查单位负责人：	
	年　月　日　午
复检意见	
	复检人员：　　年　月　日

26-18 ____年上半年保密监督检查表

____年上半年保密监督检查表

检查情况简介	根据公司的统一计划，组成由保密办公室主任带队，保密员、机要员及信息管理员参加的保密工作检查组，于5月25～31日对公司保密工作进行了全面检查		
检查组组成人员	姓名	部门	职务/职称
保密工作责任制情况：			
保密组织机构情况：			
保密制度建设情况：			
密级确定管理情况：			
涉密人员管理情况：			
涉密载体管理情况：			
要害部门管理情况：			
计算机和信息系统管理情况：			
通信及办公自动化设备管理情况：			
宣传报道管理情况：			

续表

涉密会议管理情况：	
协作配套管理情况	
涉外管理情况：	
保密检查情况：	
考核与奖惩情况：	
工作档案管理情况：	
保密资金保障情况：	
总评：	
	检查组组长签字：　　　　年　月　日
分管保密工作负责人意见	
	签名：　　　　年　月　日
保密委员会审批意见：	
保密委员会主任签名：	
	保密委员会盖章：　　　　年　月　日

26-19　保密津贴考核发放表

保密津贴考核发放表

单位（章）：____年___月　　　　　　　　　　保密小组组长签字：_____

序号	姓名	涉密等级	考核结果		应发金额	扣发金额	实发金额	签字	备注
			合格	不合格					
1									
2									
3									
4									
5									

续表

说明	1. "考核结果"一栏中"不合格"指个人保密意识欠缺或在保密工作检查时发现存在保密安全隐患的以及发生泄密的；考核结果为不合格的视情节轻重，扣发本月个人部分或全部保密津贴，对于泄密人员除扣除本月全部津贴外并按照泄密规定严肃处理（在备注栏内注明泄密） 2. 每月上旬，兼职保密员须填写此表，单位保密领导组组长签字加盖单位公章后，交保密办领取上月保密津贴，并上报更新保密工作系统 3. 涉密人员的保密津贴100%由公司发放

26-20 涉密计算机及办公自动化保密管理情况检查表

涉密计算机及办公自动化保密管理情况检查表

单位名称（加盖公章）：　　检查人：　　检查日期：

序号	部门	使用人	职务	设备型号及硬盘号	是否上互联网	是否感染木马病毒	是否使用非密介质	是否安装无线网卡	其他违规问题	使用人签字

26-21 非涉密计算机及办公自动化保密管理情况检查表

非涉密计算机及办公自动化保密管理情况检查表

单位名称（加盖公章）：　　检查人：　　检查日期：

序号	部门	使用人	职务	设备型号及硬盘号	是否存储处理涉密信息	是否使用非密介质	是否感染木马病毒	是否连接互联网	使用人签字

26-22　涉密移动存储介质保密管理情况检查表

涉密移动存储介质保密管理情况检查表

单位名称（加盖公章）：　　检查人：　　　　检查日期：

序号	部门	使用人	职务	介质型号及序列号	全省统一标示编号	是否在上互联网的计算机上使用	是否在非涉密计算机上使用	外出携带有无记录	是否感染木马病毒	使用存放环境是否安全	使用人签字

26-23　非涉密移动存储介质保密管理情况检查表

非涉密移动存储介质保密管理情况检查表

单位名称（加盖公章）：　　检查人：　　　　检查日期：

序号	部门	使用人	职务	介质型号及序列号	是否登记注册	是否存储过涉密信息	是否在非涉密计算机上使用	是否在上互联网的计算机上使用	是否感染木马病毒	使用人签字

26-24　涉密载体清理情况检查表

涉密载体清理情况检查表

单位名称（加盖公章）：　　检查人：　　　　检查日期：

检查内容	检查情况	备注
个人手中未履行登记手续的涉密纸质文件资料是否得到清理		

续表

检查内容	检查情况	备注
非工作需要的涉密电子文档是否得到清理		
未登记的移动存储介质是否得到清理		

26-25 办公网络使用管理情况检查表

办公网络使用管理情况检查表

单位名称（加盖公章）：　　　检查人：　　　检查日期：

网络情况		联网范围
涉密网名称		
内部办公网名称		
与互联网连接的办公网名称		
非涉密网	是否处理/存储/传输涉密信息	
涉密网	开通运行是否履行审批手续	
	是否与互联网及其他公共信息网连接	
	是否使用无线设备	
	是否将处理涉密信息的多功能一体机与公共电话线连接	
	网络终端是否接入其他网络的设备（如电视卡）	

26-26 失泄密事件查处情况记录表

失泄密事件查处情况记录表

序号	发生失泄密事件时间	发生失泄密事件内容	当事人姓名	失泄密事件基本情况、采取的补救措施	密级鉴定结果	处理结果

26-27　涉密载体销毁、涉密设备报废情况记录表

涉密载体销毁、涉密设备报废情况记录表

序号	涉密载体形式（含报废涉密设备）	涉密载体内容	数量	密级	销毁、报废流向	经办人	审批人

26-28　涉密会议活动情况记录表

涉密会议活动情况记录表

序号	涉密会议（活动）名称	涉密等级	涉密会议（活动）地点、时间	涉密会议（活动）知悉范围	保密办参与情况	主要管理措施

注：活动填写含重点涉密、涉外活动、涉密人员出国（境）情况一并填入此表。涉密会议保密预案附后。
处（室）负责人

26-29　信息发布保密审查情况记录表

信息发布保密审查情况记录表

序号	信息内容（标题）	信息来源	承办（提供）部门	发布途径	部门初审意见	专业审核人意见	单位领导签批意见	备注

处（室）负责人

26-30 计算机保密管理情况记录表

计算机保密管理情况记录表

总体情况	计算机数量		涉密计算机		接入互联网计算机数量
			笔记本	台式机	

涉密计算机分布情况	编号	型号	使用部门	配置	使用人	密级	批准人

处（室）负责人

26-31 存储介质保密管理情况记录表

存储介质保密管理情况记录表

涉密程度	编号	型号	容量	载体种类	使用处（室）	使用人
绝密						
机密						
秘密						
内部						
互联网						

注：载体种类填写"U盘、移动硬盘、软盘、光盘、存储卡、磁带"等。

26-32　保密要害部门部位登记表

保密要害部门部位登记表

保密要害部门名称	涉密程度	涉密主要范围	工作人员数量	批准文号

26-33　保密工作实施奖惩情况登记表

保密工作实施奖惩情况登记表

序号	事项（人员）名称	时间	奖励情况	惩处情况

注：奖励情况应分别注明颁发奖金数目、享受何种待遇或授予何种荣誉称号等；惩处情况应分别注明经济处罚数目、通报批评、调离岗位、取消何种待遇或追究何种党政纪、刑事责任等。

26-34　网络（网站）建设、运行保密管理情况记录表

网络（网站）建设、运行保密管理情况记录表

	建成时间	承建单位		审批部门	审批时间及文号
涉密网络管理					
		姓名	职务	学历	毕业学校	是否参加过计算机保密业务培训
	网络管理员					
	安全管理员					
	安全审计员					

续表

部门网站管理	网站名称			管理员	姓名	职务
	上网信息审批人			年，共　　条，其中转载　　条。		

处（室）负责人

26-35　涉密载体借阅登记表

涉密载体借阅登记表

序号	借阅时间	文件名称	密级	文号	份数	借阅人	审批人	归还时间

处（室）负责人

26-36　涉密文件（资料）打印登记表

涉密文件（资料）打印登记表

序号	打印时间	文件（资料）名称	文号	密级	份数	每份页数	起草部门	批准人	承办人	备注

处（室）负责人

26-37　涉密文件（资料）复制登记表

涉密文件（资料）复制登记表

序号	复制日期/承办人	文件（资料）名称	用途	文件制发单位	密级	文号	份数/每份页数	申请部门（申请人）	批准人	备注

处（室）负责人

26-38　涉密设备维修登记表

涉密设备维修登记表

序号	使用部门	设备类型（品牌型号）	密级	维修原因	送修时间	维修单位	监修人	部门意见	领导审批意见	备注